Philipp Lersch: Erlebnishorizonte – Schriften zur Lebensphilosophie

Philipp Lersch (1953)

Philipp Lersch

Erlebnishorizonte

Schriften zur Lebensphilosophie

Herausgegeben und eingeleitet von Thomas Rolf

Albvnea Verlag Mvenchen

REIHE LEBENSPHILOSOPHIE

Seldeneckstr. 18
D-81243 München
Tel.: ++49/(0)89/877165
www.albunea.de
info@albunea.de

Herstellung: Books on Demand GmbH, Norderstedt

ISBN 978-3-937656-14-4

INHALT

Thomas Rolf: Einleitung

I.

In einem der zahlreichen Nachrufe auf Philipp Lersch (4. April 1898 – 15. März 1972) ist zu lesen: „Lersch war eine der eindrucksvollsten und bedeutendsten Persönlichkeiten in der jüngeren Geschichte der Psychologie in Deutschland, die mit ihrem Wirken und ihrer Denkweise den Charakter einer ganzen Epoche dieser Wissenschaft mitprägte“.[1] Ob sich der Nachrufer der Tatsache bewußt war, daß in seine Würdigung zwei Begriffe eingehen, die nicht zuletzt durch die Forschungen Lerschs in den Fokus der wissenschaftlichen Psychologie geraten sind, darf hier dahingestellt bleiben. Fest steht jedenfalls, daß die Begriffe ‚Persönlichkeit' und ‚Charakter' auf Phänomene abzielen, um deren Erforschung sich Philipp Lersch Zeit seines Lebens bemüht hat.

In der Tat ist Lersch der akademischen Nachwelt in erster Linie als Persönlichkeitspsychologe und Charakterologe in Erinnerung geblieben. Das Verzeichnis seiner Schriften, die im engeren und weiteren Umkreis dieser Forschungsgebiete entstanden sind, ist beachtlich. Über ein Dutzend selbständige Veröffentlichungen sowie annähernd einhundert wissenschaftliche Aufsätze und Rezensionen zeugen von einer überaus regen Produktivität. Aus diesem Schrifttum ragt eine Arbeit heraus, die rückblikkend als Lerschs Lebenswerk bezeichnet werden kann: Der „Aufbau des Charakters“ (1938). Mit dem Schichtenmodell der menschlichen Person, welches er in diesem Buch vorlegt, gelingt dem Verfasser die psychologische Aufklärung sämtlicher für das menschliche Erleben, Denken und Handeln wesentlichen Entwicklungs- und Sinndimensionen. Lersch hat die Ausarbeitung seiner Schichtenlehre als *work in progress* begriffen. Das Hauptwerk erscheint seit der 4. Auflage (1951) unter dem Titel „Aufbau der Person“ und findet – nach beständiger Überarbeitung, Erweiterung und Aktualisierung – erst mit der 8. Auflage von 1962 seine abschließende Gestalt. Die Wirkung des zuletzt über 600-seitigen Textes reißt mit dem Tode Lerschs im

---

[1] H. Hiebsch: Philipp Lersch, in: Jahrbuch der Sächsischen Akademie der Wissenschaften zu Leipzig, 1971-1972, Berlin 1974, 348f., 348. – Über die Biographie Lerschs informieren R. Schumak: Pädagogik in Bayern. Geschichte einer wissenschaftlichen Disziplin an der Ludwig-Maximilians-Universität München 1863-1945, Teil 2: Anlagen, Hamburg 2005, 48-55 sowie etwas knapper H. Thomae: Lersch, Philipp, in: Neue Deutsche Biographie, XIV. Band, Berlin 1985, 319f. Ein umfangreiches, von G. Wiemers und Th. Lersch zusammengestelltes Verzeichnis der Schriften Lerschs sowie der Literatur zu seinem Werk (bis 1972) findet sich in: Jahrbuch der Sächsischen Akademie der Wissenschaften zu Leipzig, 1971-1972, a. a. O., 349-357 (m. Bildn.).

Jahre 1972 aber nicht ab. Bis heute gilt der „Aufbau der Person" als Klassiker der Persönlichkeitspsychologie, auf den nicht zuletzt in auflagenstarken Theorieüberblikken immer wieder Bezug genommen wird.[2]

Der Profession wie dem Selbstverständnis nach war Philipp Lersch Psychologe. Dennoch ist unverkennbar, daß er sich Zeit seines Schaffens um eine philosophische oder genauer: um eine philosophisch-anthropologische Begründung psychologischen Denkens bemüht hat.[3] Dieses Bemühen tritt in seinen Schriften überall dort zutage, wo es um die Einordnung psychologischer Detailbefunde in einen allgemeinen Deutungsrahmen geht; also dort, wo sich die wissenschaftliche Auseinandersetzung mit den menschlichen Seelenvermögen zu einem umfassenden „Menschenbild"[4] erweitert. Bezüglich der Generierung eines derart übergreifenden Bildes vom Menschen ist die Psychologie auf Unterstützung seitens der Philosophischen Anthropologie angewiesen. Erst diese nämlich bestimmt den Menschen nicht als ein Forschungsobjekt unter anderen, sondern als geistige Quelle jeglicher Bedeutungsbildung. In Bezug auf die konstitutionelle Ambivalenz des Menschen zwischen objektiver Faktizität und Bedeutsamkeit arbeitet Lersch im „Aufbau der Person" mit dem Begriffspaar ‚Gegebenheit' und ‚Aufgabe'; eine Terminologie, in der Kants Unterscheidung von physiologischer und pragmatischer Anthropologie hintergründig mitschwingt. Wörtlich heißt es hier:

> „Allgemeine Psychologie, Entwicklungspsychologie und Charakterologie erforschen das seelische Leben in der Tatsächlichkeit seines Daseins und Soseins innerhalb der Erfahrung. Sofern wir die seelische Wirklichkeit aber gerade am Menschen aufsuchen, drängt die gedankliche Besinnung über die bloße Ermittlung der in der Erfahrung gegebenen seelischen Sachverhalte hinaus. Es kennzeichnet die Situation des Menschen, daß ihm sein Dasein nicht, wie dem Tiere, einfach gegeben, sondern *aufgegeben* ist. Deshalb ist es vom Menschen her geboten, das, was die Seelenkunde als Erfahrungswissenschaft an Tatbeständen ermittelt, unter die Frage zu stellen, welche Bedeutung ihm im Hinblick auf Wesen und Aufgaben menschlichen Seins im Ganzen der Wirklichkeit zukommt, welcher Sinn menschlichen Daseins den verschiedenen seelischen Vorgängen und Zuständen zugehört".[5]

---

[2] Exemplarisch seien hier erwähnt: K. A. Schneewind: Persönlichkeitstheorien II: Organismische und dialektische Ansätze, Darmstadt ²1996 und H.-J. Fisseni: Persönlichkeitspsychologie. Ein Theorienüberblick, Göttingen u. a. ⁴1998.

[3] Vgl. A. Vetter: Das menschliche Selbstverständnis bei Philipp Lersch, in: Zeitschrift für Klinische Psychologie und Psychotherapie, 20. Jahrgang, Heft 3 (1972), 195-198. Vetter zufolge gehen insbesondere Lerschs umfangreiche Überarbeitungen des „Aufbaus des Charakters" auf die anthropologischen Zielsetzungen des Verfassers zurück.

[4] Ph. Lersch: Die anthropologische Wende in der Psychologie, in: Jahrbuch für Psychologie und Psychotherapie, 5. Jahrgang, Heft 1/2 (1957), 5-9, 6.

[5] Ph. Lersch: Aufbau der Person, München ^{8}1962, 70.

In dieser anthropologisch-existentiellen Charakterisierung seiner Forschungsabsichten überschreitet Lersch den Rahmen dessen, was die Psychologie als wissenschaftliche Disziplin zu leisten beabsichtigt. Während die positive Psychologie das Bewußtsein gleichsam nur punktuell, nämlich als ein Kollektivum singulärer Seelenvermögen in Augenschein nimmt, strebt eine ins Anthropologische gewendete Psychologie danach, „die Tatsachen menschlichen Seelenlebens [...] vor den Hintergrund einer Idee des Menschen“[6] zu bringen; sie also – wie der Autor im Anschluß an eine Formulierung von Wilhelm Windelband (1848-1915) bemerkt – ‚zu Ende zu denken'. Wo immer Lersch dieses Denken praktiziert, also das psychologische Material auf die Idee des Menschen bezieht, dort entspricht sein Vorgehen einer für die Philosophische Anthropologie ganz generell charakteristischen Methode. Am Leitfaden von Intuition und Abstraktion richtet sich sein Blick auf das übergreifend Allgemeine und Typische am individuellen Phänomen mit der Zielstellung, Strukturaussagen über den jeweiligen Gegenstand zu machen. Das Strukturelle, das Lersch an den psychischen Phänomenen aufsucht, wird freilich nicht im Sinne des Platonismus objektiv vorausgesetzt bzw. den Erscheinungen als ideale Form übergeordnet. Vielmehr erinnert die Strukturpsychologie Lerschs in ihrer Durchführung eher an die von Edmund Husserl (1859-1938) eingeführte phänomenlogische Wesensschau, deren Ziel bekanntlich darin besteht, die Immanenz allgemeiner Strukturen im Erlebnisfluß nachzuweisen.

Das seelische Leben ist, wie Lersch bereits in der Einleitung seines Hauptwerks betont, grundsätzlich ein Leben im Werden bzw. in Entwicklung.[7] Im Gegensatz zu den Verfechtern eines psychologischen Heraklitismus vertritt Lersch jedoch die These, daß die Dynamik des Erlebnisstroms keineswegs gegen die Möglichkeit einer erlebnisimmanent sich ereignenden Struktur- und Gestaltbildung spricht. Überhaupt läßt sich festhalten, daß ‚Struktur', ‚Gestalt' und ‚Integration' bei Lersch sowohl in Bezug auf die Logik der psychologischen Forschung als auch hinsichtlich des thematischen Feldes menschlichen Erlebens zu Zentralbegriffen avancieren. Diese Akzentsetzung bedeutet eine entschiedene Abkehr von der im 19. und frühen 20. Jahrhundert dominierenden Assoziationspsychologie sowie eine entsprechende Hinwendung zu der von Wilhelm Dilthey (1833-1911) auf das Strukturkonzept gegründeten geisteswissenschaftlichen Psychologie.[8] Lersch zufolge kann die Psychologie ihre Aufgabe nur erfüllen, „wenn es ihr gelingt, das seelische Leben so darzustellen, daß nicht bloß ein mosaikartiges, oft beziehungsloses Nebeneinander zahlreicher Einzeltatsachen entsteht, sondern das Ganze des Lebenszusammenhanges sichtbar wird, innerhalb dessen jede Einzeltatsache ihren Ort und ihre Bedeutung hat“.[9] Das Postulat, die

---

[6] Ebd., 70f.
[7] Vgl. ebd., 34f.
[8] Vgl. etwa W. Dilthey: Ideen über eine beschreibende und zergliedernde Psychologie, in: Gesammelte Schriften, Band V: Die geistige Welt. Einleitung in die Philosophie des Lebens, 1. Hälfte: Abhandlungen zur Grundlegung der Geisteswissenschaften, hg. von G. Misch, Berlin/Leipzig 1924, 139-240.
[9] Ph. Lersch: Aufbau der Person, a. a. O., 5.

Allgemeine Psychologie in Richtung auf eine Strukturlehre der Erlebnisse hin zu erweitern, ist keineswegs eine willkürliche Forderung. Sie findet ihre sachliche Rechtfertigung durch die tatsächliche, d. h. im phänomenalen Erleben selbst anzutreffende Strukturiertheit seelischer Zustände, auf die, ähnlich wie Lersch, schon der Leipziger Ganzheitspsychologe Felix Krueger (1874-1948) aufmerksam gemacht hatte.

Lerschs Auffassung, daß zwischen Erlebnisdynamik und Erlebnisstruktur – oder, metaphysisch ausgedrückt, zwischen psychischem Werden und außerpsychischem Sein – keine strikte Kluft besteht, ist für die Beurteilung seiner Darlegungen von zentraler Bedeutung. Mit dieser Auffassung wird nämlich der Psychologismus reinen Werdens, wie er sich bei nicht wenigen Autoren der Lebensphilosophie findet,[10] von vornherein ebenso unterwandert wie ein dezidierter Antipsychologismus, aus dessen Sicht der Zugriff auf das Erleben einzig im Umweg über Begriffe möglich erscheint. Gegen den Psychologismus (und die mit ihm verbundenen Theorien subjektivistischer Innerlichkeit) wendet Lersch ein, daß die Dynamik des Seelischen ihre Grenze an den Phänomenen des Ausdrucks findet. In den Ausdrucksgestalten kristallisiert das psychische Werden zu (relativ) stabilen Charakteren, welche sich deskriptiv erfassen und klassifizieren lassen; und erst dort, wo durch Artikulationen ganz unterschiedlicher Qualität eine erste, sozusagen vorreflexive Gestaltbildung stattfindet, läßt sich die Kategorie der Bedeutung sinnvoll auf den Dynamismus der Erlebnisse anwenden. ‚Bedeutsam' sind Ausdrucksformen insofern, als sie zwar genetisch aus der Innerlichkeit des Erlebens hervorgehen, zugleich aber – bedingt durch die Prozesse der inneren Gestaltung – bereits in eine Differenz zum subjektiv-seelischen Werden treten.[11] Zwar lassen sich in Erlebnissen Genese und Geltung nicht objektiv voneinander trennen. Wohl aber lassen sie sich, hierin dem Leib-Seele-Verhältnis nicht unähnlich,[12] funktionell voneinander unterscheiden.

Die Betonung der bereits von Dilthey herausgearbeiteten differentiellen Einheit von Erlebnis und Ausdruck zieht unmittelbar auch die Ablehnung antipsychologistischer Bedeutungstheorien nach sich. Während der Antipsychologismus in der Regel darauf abzielt, subjektiven Erlebnissen ihren Gehalt rein äußerlich, etwa durch die Annahme konzeptueller Schemata zuzuordnen, bewahrt Lersch den phänomenlogischen Immanenzstandpunkt. Für ihn sind psychologische Begriffe zwar Erkenntnisinstrumente, aber als solche keineswegs rein rationale Konstrukte. Die Begriffe setzen an den manifesten Ausdrucksgestalten an, von wo aus sie wiederum – in Form einer

---

[10] Vgl. A. Ebrecht: Das individuelle Ganze. Zum Psychologismus der Lebensphilosophie, Stuttgart 1991.

[11] „Was wir *Ausdruck* nennen, ist immer die untrennbare, zentrifugal integrierte Ganzheit spezifischer Erscheinungs- und Innerlichkeitsgehalte [...]. Die Ausdruckserscheinung ist das Offenbarwerden der Innerlichkeit, die Innerlichkeit der ablesbare Gehalt der Ausdruckserscheinung" (Ph. Lersch: Aufbau der Person, a. a. O., 568).

[12] Bezüglich Lerschs Auffassung zum so genannten Leib-Seele-Problem vgl. die Ausführungen ebd., 111-116.

„vermittelten Unmittelbarkeit" (H. Plessner) – mit dem seelischen Leben selbst in Verbindung stehen. Einzelne seelische Stimmungen (wie Heiterkeit oder Traurigkeit) und Erregungszustände (wie Angst oder Ekstase) sind – ganz ähnlich wie das „Lebensgefühl"[13] im allgemeinen – keine unsichtbaren, in der Innerlichkeit der einsamen Psyche verborgenen Qualitäten; und zwar auch dann nicht, wenn sie den Tiefen der seelischen Vitalität entspringen. Psychologische Begriffe sind im Ausdrucksgeschehen motiviert – denn in diesem tritt das Wie der strukturellen Entwicklung von Erlebnissen ebenso vor die Sinnlichkeit des psychologischen Betrachters wie das objektive Was ihrer Bedeutung. Natürlich ist der Psychologe bei der Beschreibung dessen, was sich im Erlebnisausdruck offenbart, auf Begriffe bzw. im weitesten Sinne auf die Sprache angewiesen; und natürlich kann die Alternative nicht lauten: „Psychologie ohne Seele" (F. A. Lange) oder ‚Psychologie ohne Kategorien'. Entscheidend ist aber, daß psychologische Konzepte ihren Gegenstand sowie dessen Bedeutung nicht rational erzeugen, sondern sich im Gegenteil dem jeweiligen Phänomen anzumessen haben. Die Norm dieser Anmessung ist, und genau hierauf zielt Lersch ab, kein Ergebnis konstruktiv-rationaler Synthesisleistungen. In Bezug auf das seelische Sein ist Lersch, ähnlich wie der von ihm geschätzte Ontologe Nicolai Hartmann (1882-1950), phänomenologischer Realist: Es ist die vorbegrifflich-reale Strukturiertheit der Erlebnisse sowie die „kommunikative Verflochtenheit von Seele und Welt",[14] durch die der Gebrauch psychologischer Konzepte in letzter Instanz gerechtfertigt ist.

II.

Wie die im vorliegenden Band abgedruckten Schriften zeigen, hat sich Lersch bereits rund zehn Jahre vor Erscheinen des „Aufbaus des Charakters" in einer Reihe kleinerer Arbeiten auf philosophisches Terrain begeben. Lersch profiliert sich seit dieser Zeit als überaus sensibler Beobachter der lebensphilosophischen Bewegung, die sich – um 1930 auf ihrem Höhepunkt angelangt – allmählich mit phänomenologischen, existenzphilosophischen und anthropologischen Denkweisen zu verbinden beginnt. Daß Lersch mit Vertretern, Methoden und Zielsetzungen der Lebensphilosophie sehr gut vertraut ist, beweist eine Monographie, die in der vorliegenden Edition als Auftakttext fungiert: die „Lebensphilosophie der Gegenwart" (1932).[15] Sieht man von der zehn Jahre zuvor erschienenen polemischen Lebensphilosophie-Schrift Heinrich Rickerts (1863-1936) ab,[16] so kann dieser Text als erste Überblicksdarstellung zur

[13] Ebd., 304ff.
[14] Ebd., 52.
[15] Vgl. in diesem Band 41-123.
[16] H. Rickert: Die Philosophie des Lebens. Darstellung und Kritik der philosophischen Modeströmungen unserer Zeit, Tübingen ^{2}1922. Bezüglich der Differenzen zwischen Rickerts und Lerschs Lebensphilosophie-Darstellung vgl. die Rezension der „Lebensphilosophie der

Lebensphilosophie angesehen werden, die historische und systematische Ansprüche miteinander verknüpft.[17] Über mehr als zwanzig Jahre hinweg behauptet das etwa 90-seitige Büchlein eine Alleinstellung. Erst im Jahre 1958 unternimmt Otto Friedrich Bollnow (1903-1991) erneut den Versuch, die zu diesem Zeitpunkt bereits vom Existentialismus eingeholte Lebensphilosophie ideengeschichtlich zu überschauen.[18]

Die Tatsache, daß Lersch der „Lebensphilosophie der Gegenwart" die Funktion eines Forschungsberichts zuweist, mag angesichts der über weite Strecken personenbezogenen Darstellung gerechtfertigt erscheinen – denn zumindest rein quantitativ betrachtet bilden die Ausführungen zu Henri Bergson (1859-1941), Wilhelm Dilthey, Oswald Spengler (1880-1936), Georg Simmel (1858-1918), Ludwig Klages (1872-1956) und Melchior Palágyi (1859-1924) den Schwerpunkt des Buches. Die Orientierung an namhaften Lebensphilosophen darf jedoch nicht über Lerschs eigene Akzentsetzungen hinwegtäuschen; und zwar gerade deshalb nicht, weil der von Lersch gewährte Einblick in die einzelnen Lebensphilosophien keineswegs auf eine bloße Widerspiegelung der Ideen ihrer Hauptvertreter hinausläuft. Wo Lersch eine (konstruktive) Kritik einzelner lebensphilosophischer Denkansätze für notwendig erachtet, dort spricht er diese stets unumwunden aus. Das ist, um hier nur ein Beispiel zu nennen, in Bezug auf Spengler der Fall. Dessen organizistisches Geschichtsbild lehnt Lersch unter Hinweis auf die historische Wirklichkeit des Menschen in seiner spezifischen Geistigkeit als „vitalistischen Biologismus" (vgl. 71) ab.

Im Gegensatz zu Rickert geht es Lersch darum, die Lebensphilosophie aus deren inneren Motiven heraus zu verstehen, anstatt sie, wie Rickert, als eine bloß zeitgeschichtlich bedingte Modeströmung zu begreifen: „Der Kern dessen, was die Lebensphilosophie will, stellt ein überzeitliches Problem der Besinnung dar [...], ein Problem, mit dem es um nichts weniger als um das Ganze des Menschen und das Ganze des Wirklichen geht" (42). Wenn Lersch an dieser Stelle vom lebensphilosophisch zu ermittelnden ‚Ganzen' des Menschen und seiner Wirklichkeit spricht, so hat er freilich keinen empirischen Umfangsbegriff im Auge, welcher die Totalität objektiver Lebenstatbestände rein äußerlich umgreift. Das „Leben des Alltags" (42) in seiner puren Tatsächlichkeit mag Gegenstand einer vulgären Lebensphilosophie sein. Doch dringt eine konkretistische Philosophie des Alltagslebens gerade nicht zu demjenigen Ursprungspunkt vor, von dem aus das Leben in immer wieder neuen Formen als organisierte Ganzheit entspringt. Die Philosophie des organischen Lebens wiederum

---

Gegenwart" von R. Müller-Freienfels, in: Zeitschrift für angewandte Psychologie, Band 46, Heft 3/4 (1934), 267f.

[17] Durch diesen Anspruch unterscheidet sie sich von der Einführung von A. Messer: Lebensphilosophie, Leipzig 1931 sowie von der später erschienenen von H. Kern: Von Paracelsus zu Klages. Studien zur Philosophie des Lebens, Berlin 1942. Was das Buch von G. Misch (Lebensphilosophie und Phänomenologie. Eine Auseinandersetzung der Diltheyschen Richtung mit Heidegger und Husserl, Leipzig ^{2}1931) angeht, so geht dieses lebensphilosophisch weniger in die Breite, sondern ist eng an der lebensphilosophischen Hermeneutik orientiert.

[18] Vgl. O. F. Bollnow: Die Lebensphilosophie, Berlin/Göttingen/Heidelberg 1955.

mag zwar – wie es im Neovitalismus Hans Drieschs (1867-1941) der Fall ist – mit der Kategorie der ‚Ganzheit' des Lebens und seiner Erscheinungsformen operieren. Doch läßt sich die eigentliche Zielsetzung der Lebensphilosophie im Ausgang von einer Philosophie des Organischen schon deshalb nicht formulieren, weil bei der Betrachtung selbst noch des ganzheitlich strukturierten Organismus das Originäre des menschlichen Lebensbezugs unberücksichtigt bleibt. Geht man, anders gesagt, vom Leben als dem „Inbegriff aller *Lebensvorgänge*" (42) aus, so ist dann zwar der Ganzheitsaspekt unmittelbar im Spiel. Es ist in diesem Fall aber noch längst nicht ausgemacht, ob bzw. inwiefern das Leben in seiner humanen Gestalt „mehr-als-Leben" (G. Simmel), d. h., mehr als Lebendigkeit im bloß vitalen Wortsinn ist.

Was den für die Lebensphilosophie maßgeblichen Lebensbegriff angeht, so erschöpft sich dieser keineswegs im vitalistischen oder organizistischen Konzept von Lebendigkeit. Vielmehr läßt die anthropologische Akzentsetzung Lerschs es als sinnvoll erscheinen, das Leben vom Standpunkt des *Erlebens* aus in den Blick zu nehmen. Als Lebensphilosophie im prägnanten Sinne kann mithin erst eine Philosophie gelten, „in der es sich handelt um die philosophische Besinnung auf die Inhalte des Erlebens, genau gesprochen um die Frage, ob und wieweit das Erleben imstande ist, uns den Bereich der Wirklichkeit aufzuschließen" (42). In dieser Bemerkung steht das ‚uns', welches auf das Erlebnissubjekt verweist, ohne Zweifel für die *conditio humana*; so daß der Erlebnisbegriff entsprechend auf menschliches Erfahren eingeschränkt wird. Lersch möchte auf diese Weise nichtmenschlichen Lebewesen keineswegs die Erlebnisfähigkeit absprechen.[19] Wohl aber möchte er damit sagen, daß sich menschliches Leben – im Gegensatz zum funktionskreisregulierten biologischen Leben – grundsätzlich als ekstatisches „In-der-Welt-sein" (M. Heidegger) vollzieht.

Das im Erleben sich ereignende ‚Aufschließen der Wirklichkeit', von dem im Zitat die Rede ist, darf buchstäblich genommen werden. Es zielt auf die sprichwörtliche Weltoffenheit des Menschen, dessen horizonthaftes Erleben sich kategorial von der tierischen Einbindung in spezifische Umwelten unterscheidet. Kategoriale Differenzen wiederum erschöpfen sich nicht in begrifflichen Unterschieden – also nicht in der Art, wie die wissenschaftliche Betrachtung in ihrer Sprachlichkeit die Grenzen zieht. Aus Sicht einer realistischen Phänomenologie des Erlebens gehen kategoriale Unterschiede vielmehr in letzter Instanz auf Seinsunterschiede, also auf das reale Verschiedensein des Lebens in Pflanze, Tier und Mensch zurück. Natürlich

[19] Das Tier ist, wie Lersch im „Aufbau der Person" herausstellt, „nicht nur Lebewesen, sondern auch ein erlebendes und damit psychologisch betrachtbares Wesen" (a. a. O., 595). Plausibel wird diese Auffassung insbesondere dann, wenn man mit Lersch von verschiedenen Aktualitätsstufen des Erlebens ausgeht. Was den Modus des sogenannten „schlichten Erlebens" angeht, so findet sich dieser im tierischen wie im menschlichen Erleben gleichermaßen. Dagegen ist die Fähigkeit, „Erlebnisse in der Rückbesinnung auf ein gemeinsames Zentrum, [nämlich] das Ich" (ebd., 596) zusammenzufassen, auf menschliche Erlebnisse beschränkt. Das schlichte Erleben liegt der Subjekt-Objekt-Spaltung voraus, das bewußte Erleben dagegen besteht in einem „Stellungnehmen" (ebd., 597) des Ichs zu den Erlebnissen und ihren Inhalten.

ist es der Mensch, der, als Wissenschaftler vom Leben, Lebewesen qualifiziert und kategorisiert. Zugleich aber finden diese Qualifizierungen und Kategorisierungen ihr Maß am ontischen Sosein der Objekte, das jeder Kategorisierung vorausgeht. Es sind diese ontische Unterschiede, die phänomenologisch ins Auge springen – und die als eben augenfällige Differenzen in die Kategorisierung eingehen. Laut Lersch gehört zu diesen Augenfälligkeiten nicht zuletzt das Anderssein des menschlichen gegenüber dem tierischen Erleben, welches sich kategorial als Andersartigkeit ausdrücken läßt.

Wie bereits bei Dilthey, so verbindet sich auch bei Lersch die Bezugnahme auf das menschliche Erleben mit einer Unterscheidung zweier grundsätzlich verschiedener Bewußtseinshaltungen. Von diesen Haltungen ist nur die eine dazu geeignet, das spezifisch Erlebnishafte des menschlichen Wirklichkeitszugangs zu charakterisieren:

> „Die eine Art umfaßt alles das, was uns *gegenständlich* und distant, als ein Anderes und Fremdes im Schema der Spaltung von Subjekt-Objekt gegeben ist. Hierzu gehören die Wahrnehmungen, Vorstellungen, Begriffe und ihre Verbindungen. Neben diesen Inhalten finden sich, wenn auch in noch so geringem Grade, in dem jeweils aktuellen Gesamtzustand des Bewußtseins immer auch Wesensgehalte, die uns gegeben sind als die Erfahrung eines inhaltlich qualifizierten – also nicht nur rein formal existenten – subjektiven Kerns, als die Qualitas einer intimen *Zuständlichkeit.* Dieser Unterschied von Bewußtseinsgegenständlichkeit und Bewußtseinszuständlichkeit ist es, an dem der Begriff ‚Erlebnis' seinen engeren Sinn gewinnt; von Erlebnis sprechen wir im Hinblick auf die Erfahrung von Wesensgehalten der Zuständlichkeiten, der Befindlichkeit, die immer ausgezeichnet sind durch das Moment der *Unmittelbarkeit*, mit der der Modus des eigenen Seins gewußt wird. In dieser unvergleichlichen Art sind die Gehalte des Erlebens phänomenal etwas wesensmäßig anderes als die Bewußtseinsgehalte vom Charakter der Gegenständlichkeit" (43f.).

Was hier in Gestalt zweier Klassen von Bewußtseinserlebnissen in Erscheinung tritt – nämlich die Differenz zwischen gegenständlich-rationaler Erkenntnis und zuständlich-vorrationaler Befindlichkeit, wird von Lersch im späteren „Aufbau der Person" zwei unterschiedlichen Schichten der menschlichen Person zugeordnet. Während die gegenständliche Erkenntnis in Form von Wahrnehmungen, Vorstellungen und (reflexiven) Denkakten dem „personellen Oberbau"[20] angehört, sind die zuständlichen (und ihrer Art nach grundsätzlich leibnahen) Momente des Erlebens im so genannten „endothymen Grund"[21] anzusiedeln, der die triebhaften und emotionalen Kernbestände der Person umfaßt.[22] Die Integration der verschiedenen Person-Aspekte, die eine der

---

[20] Vgl. Ph. Lersch: Aufbau der Person, a. a. O., 495-593.

[21] Ebd., 121-346.

[22] Laut A. Vetter dürfte „die eigentliche Entdeckung Lerschs [...] der ‚endothyme Grund' sein". In Bezug auf dieses Konzept sei allerdings zu beachten, daß es sich bei der Rede vom ‚Grund' nur um eine metaphorische Ausdrucksweise handelt; denn: „Als integrative Basis für den gegensätzlich angelegten Oberbau stellt der endogene Thymos tatsächlich die *zentrale*

Hauptaufgaben des späteren Schichtenmodells darstellt, wird in der Frühschrift freilich noch als Problem formuliert. Hier nämlich spricht Lersch, durchaus in Übereinstimmung mit dem lebensphilosophischen *common sense*, von einem manifesten „Gegensatz von Erleben und Denken“, angesichts dessen „Gefühl, Stimmung, Affekt und Trieb“ auf der einen sowie „rationale[s] diskursive[s] Denken“ (45f.) auf der anderen Seite in eine nur schwer zu vermittelnde Opposition geraten.

Angesichts dieses (in der Sache selbst liegenden) Gegensatzes überrascht es kaum, daß Lersch auch für die personenbezogenen Abschnitte seiner Darstellung ein Oppositionsschema wählt. Die Ausführungen zu den Hauptvertretern der Lebensphilosophie werden jeweils unter Titel gestellt, welche die für das lebensphilosophische Denken im ganzen charakteristischen Gegensatztypen zum Ausdruck bringen sollen. Der Abschnitt über Bergson entwickelt dessen Ideen über die immanente Zeitlichkeit des Erlebnisstromes entlang des Gegensatzes von ‚Innen und Außen'; wobei Lersch nicht versäumt, auf die Grenzen des Bergsonschen Intuitionismus aufmerksam zu machen (vgl. 58f.). Das Kapitel über Dilthey und Spengler legt den Akzent auf die Differenz von ‚Geschichte und Natur' und führt u. a. zu einer Diskussion des Gegensatzes von kausal-erklärender und motivational-verstehender Wissenschaftsmethodik (vgl. 63f.). Die Ausführungen zu Simmel arbeiten sich an der Dualität von ‚Leben und Form' ab, wobei Lersch zugleich auf die Spielräume und Grenzen einer dialektisch-ideellen Auflösung dieser Zweiheit hinweist (vgl. 81ff.). Schließlich nimmt das Kapitel über Klages und Palágyi den Gedanken einer grundsätzlichen Unvereinbarkeit von ‚Seele und Geist' zum Anlaß, nach einer unmetaphysischen Konzeption des Geistphänomens Ausschau zu halten (vgl. 93ff. sowie unten Abschnitt III).

Daß Lersch in seiner Revue lebensphilosophischer Protagonisten auf die ausführliche Diskussion richtungsweisender Vorläufer wie Arthur Schopenhauer (1788-1860) und Friedrich Nietzsche (1844-1900) verzichtet, dürfte dem Umstand geschuldet sein, daß sich die „Lebensphilosophie der Gegenwart“ auf die zur Entstehungszeit aktuellen Tendenzen beschränkt; wobei Lersch im Anschluß an eine Formulierung Simmels aber immerhin daran erinnert, daß durch den Anti-Cartesianismus Schopenhauers und Nietzsches „die größte Achsendrehung des Begriffes ‚Mensch' erfolgt ist“ (112). Außerdem versäumt es Lersch im Schlußkapitel seines Buches nicht, einige Schlaglichter auf die Entstehungsgeschichte der Lebensphilosophie im späten 18. und frühen

---

Sphäre im Aufbau des Seelenlebens dar. Wenn Lersch sie gleichwohl als ‚Grund' bezeichnet, so deshalb, weil in der Frühfassung des Buches der *vitalen* Grundschicht noch keine Eigenständigkeit zuerkannt wird. Dieser Umstand hat freilich zu dem Mißverständnis beigetragen, die emotionale Mitte sei identisch mit der ‚unbewußten' Seelenschicht der Tiefenpsychologie“; während es sich stattdessen jedoch eher um „die verborgene Inständigkeit des ‚Gemüts' im Sinne Kants [handelt]“ (Das menschliche Selbstverständnis bei Philipp Lersch, a. a. O., 195). – Um einer verdinglichenden bzw. verräumlichenden Interpretation des Seelischen vorzubeugen, hat Lersch immer wieder auf den bloß metaphorischen Sinn des Stufenmodells hingewiesen. Im Anschluß an Maurice Merleau-Ponty (1908-1961) tut dies übrigens auch die Phänomenologie;

19. Jahrhundert zu werfen, wobei der Romantik eine Initialfunktion zufällt.[23] Weiterhin zeigt er auf, wie die Autoren des deutschen Idealismus, allen voran Georg Friedrich Wilhelm Hegel (1770-1831) und Friedrich Wilhelm Joseph Schelling (1775-1854), auf untergründige Weise im lebensphilosophischen Denken anwesend sind.[24] Erwähnung finden überdies auch Philosophen, die, wenngleich nicht im engeren Sinne der Lebensphilosophie zugehörig, deren Ideen dennoch inspiriert haben oder ihrerseits von ihnen beeinflußt worden sind; was auf so heterogene Autoren wie Hermann Lotze (1817-1881), Rudolf Eucken (1846-1926), Ernst Troeltsch (1865-1923), Max Scheler (1874-1928) und Nicolai Hartmann (1882-1950) zutrifft.

Die „Lebensphilosophie der Gegenwart" ist unverkennbar ein Kind ihrer Zeit; und ohne Zweifel fehlt dem Text derjenige innere Abstand zur lebensphilosophischen Bewegung, durch den der spätere Versuch Bollnows ausgezeichnet ist. Und doch fallen im Vergleich beider Darstellungen die Urteile neuerer Rezipienten zugunsten der „Lebensphilosophie der Gegenwart" aus. Robert Kozljanič etwa bezeichnet Lerschs Buch als „die beste, verständnisvollste und kritik-ausgewogenste Einführung in die Lebensphilosophie".[25] Und Ferdinand Fellmann gibt ihm gegenüber dem Bollnowschen Text vor allem deshalb den Vorzug, weil es Lersch aufgrund seines Ansetzens an der Selbsterfahrung erstmals gelingt, die Lebensphilosophie systematisch zu perspektivieren.[26]

---

so etwa B. Waldenfels: Das leibliche Selbst. Vorlesungen zur Phänomenologie des Leibes, Frankfurt/M. 2000, 144.

[23] „Die Romantik ist insofern eine historische Vorläuferin moderner Lebensphilosophie, als gerade in ihr eine Besinnung einsetzt auf das Ganze des Innenlebens, wie es sich konstituiert in der Atmosphäre von Stimmungen und Gefühlen, im ungeklärten Halbdunkel von Trieben und Begehrungen und wie es sich schließlich in verschwommenen Grenzen verliert ins Dunkel des Unbewußten. Die Welt [...] soll verstanden werden aus dem Ganzen dieses Erlebens, und zwar als etwas, das den Inhalten des Erlebens analog, also vom Typus des psychischen Lebens ist" (110). Der romantische Impuls gegen den Rationalismus ist, wie Lersch darlegt, ursprünglich von Johann Gottfried Herder (1744-1803) sowie Frans Hemsterhuis (1721-1790) gegeben worden.

[24] Was Schelling angeht, so ist, wie Lersch meint, Bergson ohne dessen Einfluß nicht verständlich (vgl. 112). Der Bezug Hegels zur Lebensphilosophie erschließt sich laut Lersch indirekt, nämlich über dessen Differenz zu Kant: „Mit der gesamten Lebensphilosophie hat Hegel dies gemeinsam, daß er die metaphysische Frage da aufnimmt, wo Kant sie mit der Rede vom ‚Ding an sich' beiseite gestellt hat. Der Blick der menschlichen Bewußtheit, die die Wirklichkeit in sich aufzunehmen sucht, bleibt bei Kant festgehalten in der Schicht der Erscheinung. Hegels Denken aber ist vorwärts getrieben von der metaphysischen Leidenschaft zum Innen, er wagt den geistigen Griff aus der Oberfläche der Erscheinung in die substantiale Tiefe, also dorthin, wo die Mannigfaltigkeit des Außen aufgehoben ist in der Einheitlichkeit eines absoluten Selbstes der Dinge" (113f.). Über Hegels Rolle als Vorläufer der Lebensphilosophie vgl. die Habilitationsschrift von H. Marcuse: Hegels Ontologie und die Theorie der Geschichtlichkeit, Frankfurt/M. 1932.

[25] R. Kozljanič: Lebensphilosophie. Eine Einführung, Stuttgart 2004, 249.

[26] Bollnow löst, wie Fellmann meint, „die Idee der Lebensphilosophie in eine Vielzahl geisteswissenschaftlicher Strömungen auf, von denen man nicht weiß, wohin sie führen. Demgegen-

Gerade angesichts der gegenwärtig sich abzeichnenden Renaissance der Lebensphilosophie ist der Wert einer solchen Systematisierung erheblich. Eine glaubhafte Rehabilitierung der Lebensphilosophie dürfte jedenfalls nur dann gelingen, wenn diese sich in jeder Hinsicht vom seinerzeit durch Georg Lukács (1885-1971) erhobenen Irrationalismus-Vorwurf zu distanzieren vermag.[27] Was die „Lebensphilosophie der Gegenwart" angeht, so handelt es sich weder um ein Plädoyer für den Irrationalismus noch gar um eine profaschistische Kampfschrift.[28] In bis heute lesenswerter Weise zeigt Lersch vielmehr diejenigen Wege auf, welche der Vernunft bei der Erfahrung wie der wissenschaftlichen Erkundung seelischen Seins zwischen Erlebnis und Wirklichkeit offenstehen.

III.

Im Laufe der 1930er Jahre hat sich Lersch immer wieder mit derjenigen Form von Lebensphilosophie auseinandergesetzt, die – in Gestalt einer ‚biozentrischen Metaphysik' – durch Ludwig Klages (1872-1956) auf der lebensphilosophischen Bühne auftritt.[29] Die Bemühungen, die Klages zur Grundlegung einer aus seiner Sicht ganz neuartigen Wissenschaft des Wirklichen im Laufe der 1920er anstrengt, finden ihren

über besitzt die ältere, an Dilthey orientierte Darstellung von Ph. Lersch [...] den Vorteil, daß sie eine einheitliche Perspektive schafft, die den Geltungsanspruch der Lebensphilosophie als Theorie der ‚Selbsterfahrung des Erlebens' deutlich macht" (Lebensphilosophie. Elemente einer Theorie der Selbsterfahrung, Reinbek bei Hamburg 1993, 32f.).

[27] Vgl. G. Lukács: Die Zerstörung der Vernunft. Der Weg des Irrationalismus von Schelling zu Hitler, Berlin [4]1988.

[28] Die „Lebensphilosophie der Gegenwart" sowie generell den philosophischen und psychologischen Ansatz Philipp Lerschs als irrationalistisch oder gar profaschistisch zu bezeichnen, hieße, ihn gänzlich zu verkennen. Gleichwohl darf nicht unerwähnt bleiben, daß sich Lersch in der NS-Zeit anzupassen und als ehemaliger Heerespsychologe (1925-33) auch Karriere zu machen wußte, obwohl er nie NSDAP-Mitglied war und antisemitische Nazi-Propaganda und Hetze vermied. Einige dieser Anpassungen konnte Klaus Weber in seiner Schrift „Vom Aufbau des Herrenmenschen. Philipp Lersch – eine Karriere als Militärpsychologe und Charakterologe" (Pfaffenweiler 1993) *erstmals* aufdecken. Leider ist Webers Schrift nicht frei von Einseitigkeiten und Fehldarstellungen. Eine ebenso kritische, aber wesentlich gerechtere Sicht auf Lersch entwirft Ulfried Geuter (Die Professionalisierung der deutschen Psychologie im Nationalsozialismus, Frankfurt/M. 1984, 169ff. u. passim). Vgl. hierzu auch: R. Kozljanič: Philipp Lersch – Psychologe des ‚Herrenmenschen' oder Philosoph der Innerlichkeit? In: e-Journal Philosophie der Psychologie, Nr. 15 (2011).

[29] Eine Übersicht über Lerschs Bezugnahmen auf Klages findet sich bei H. Kasdorff: Ludwig Klages. Werk und Wirkung, 2 Bände, Bonn 1969 und 1974. Interessant ist die Tatsache, daß die feststellbar letzte Äußerung Lerschs zur Lebensphilosophie – nämlich ein im April 1938 in der „Deutschen Philosophischen Gesellschaft" (Ortsverein Berlin) gehaltener Vortrag mit dem Titel „Zur Lebensphilosophie der Gegenwart" – eine an Klages adressierte Kritik des Biozentrismus ist. Vgl. die Besprechung dieses Vortrags in: Deutsche Allgemeine Zeitung (Ausgabe Groß-Berlin), 77. Jahrgang, Nr. 200, Berlin, 30. April 1938.

Abschluß in einer der umfassendsten Monographien der deutschen Lebensphilosophie – nämlich in Klages' Hauptwerk „Der Geist als Widersacher der Seele" (1929-1932). Daß Lersch die Klagessche Schrift bereits unmittelbar nach ihrem Erscheinen zur Kenntnis genommen hat, zeigt sich daran, daß er unter dem Titel „Eine Philosophie des Lebens" bereits zwei Jahre später eine Rezension des „Widersachers" in den „Blättern für deutsche Philosophie" vorlegt.[30] In dieser setzt sich Lersch ebenso ausführlich wie kritisch mit den metaphysischen und phänomenologischen Thesen von Klages auseinander. Recht deutlich lassen sich dabei diejenigen Aspekte der Klagesschen Lebenslehre ausmachen, die dem Urteil des Rezensenten standzuhalten vermögen. Es handelt sich dabei insbesondere um Aspekte, die später auch in Lerschs eigene Überlegungen zur Theorie der Persönlichkeit Eingang gefunden haben.[31]

Lersch zufolge fordert der Autor des „Widersachers" seine Leser dazu auf, die Brücken zur philosophischen Tradition hinter sich abzureißen. Doch nicht nur dies. Klages fordert zudem, daß der Leser auf Distanz zur wissenschaftlich-rationalen Erkenntnis geht, wie sie in den verschiedenen Schulen der zeitgenössischen philosophischen Psychologie gepflegt wird. Man muß, wie Lersch ausführt, bei der Lektüre der Klagesschen Schrift „alles wissensmäßige Eingliedern des sinnlich Gegebenen in schon Bekanntes beiseite lassen und sich in absoluter Aufgeschlossenheit aller Sinne zum Empfang der Erscheinungen bereitstellen, die aus der Tiefe des Raumes und der Zeit auf uns zuströmen" (126). Einzig auf diese Weise sei es möglich, diejenigen Verzerrungen, welche das philosophisch-wissenschaftliche Denken an den Phänomenen der Lebenswirklichkeit vornimmt, wieder zu entzerren, also im Habitus prärationalen ‚Schauens' die strömende Bilderwelt des Lebensgeschehens bald kontemplativ, bald in erscheinungswissenschaftlicher Haltung entgegenzunehmen.

Lersch zufolge ist ein Zugang zur Wirklichkeitsauffassung von Klages dadurch zu gewinnen, daß man – die romantischen Wurzeln seiner Lebensphilosophie stets mitbedenkend – von Bergsonschen Voraussetzungen bei Klages ausgeht. Ähnlich nämlich wie für Bergson vollziehe sich auch für Klages alles unmittelbare Wirklichkeitserleben im Modus reiner Zeitlichkeit. Lebendige Wirklichkeit ist „Nie-Gegenwärtigkeit", während demgegenüber die Vorstellung eines absolut gegenwärtigen Jetzt „aus einem anderen Prinzip entstanden, von einer anderen Instanz gesetzt sein [muß]" (126f).

Wie Lersch rekonstruiert, sind es bei Klages insbesondere die Akte bewußten Auffassens, durch die das Idol einer (am mathematischen Jetztpunkt orientierten) Gegenwart in den Fluß der Erscheinungen projiziert wird; woraus *ex negativo* bereits

---

[30] Vgl. in diesem Band 125-144.

[31] So fließt etwa, um nur ein Beispiel zu nennen, Klages' Unterscheidung von Ausdruck und Darstellung in Lerschs Überlegungen zum Phänomen der Echtheit ein. Vgl. Ph. Lersch: Das Problem der Echtheit, in: Zeitschrift für angewandte Psychologie und Charakterkunde, Band 48 (1935), 41-79.

erhellt, daß für Klages alles phänomenale Erleben der Wirklichkeit in ebenso bewußtseinsfreier wie gegenstandsunbezüglicher Weise geschieht.

Was die Herkunft der Klagesschen Zeittheorie angeht, so verweist Lersch an dieser Stelle jedoch nicht unmittelbar auf Bergson, sondern auf einen der wenigen philosophischen Autoren, die im „Widersacher" als produktive Stichwortgeber vorkommen. Gemeint ist der ungarische Naturphilosoph Melchior Palágyi (1859-1924), in dessen Arbeiten (speziell über das Empfinden und Wahrnehmen) Klages seine These von einer grundlegenden Dualität von Bewußtsein und Erlebnis vorformuliert findet (vgl. 127f.).[32]

Was das erscheinungsfremde und damit seinem eigenen Wesen nach außerzeitliche Prinzip angeht, durch das im Auffassungsakt das Erlebnisgeschehen zum Stillstand gebracht wird, so ist dieses bei Klages der Geist. Indem dieser durch eine spezifische Aktivität, nämlich durch die rationale Auffassung und Beurteilung von Dingen sowie ganz allgemein durch die Vergegenständlichung der an sich selbst fließenden Phänomene charakterisiert ist, stellt er laut Klages die ihrerseits von Raum und Zeit unabhängige Ursache sämtlicher Lebensstörungen dar. Was die Lebensfeindlichkeit des Geistes anbelangt, so geht Klages einen entscheidenden Schritt über Palágyi hinaus. Während letzterer, wie Lersch nachweist, lediglich eine Polarität von Geist und Leben behauptet – eine Interpretation, der Lersch im „Aufbau der Person" zustimmen wird –, wächst diese Polarität bei Klages zu einer handfesten und irreversiblen Spaltung von Geist und Leben aus. Alle Tätigkeit des Bewußtseins ist damit unwiderruflich vom elementaren Erlebnisvollzug abgeschnitten; zumal sich dieser eben rein wirklichkeitszeitlich, jener dagegen – wenigstens dem Klagesschen Anspruch gemäß – vollends außerzeitlich ereignet.

Es ist nun speziell die metaphysische Charakterisierung des Geistes, von der aus Lersch in der „Widersacher"-Rezension seine kritischen Einwände gegen Klages aufbaut. In der Hypostasierung des Geistes zu einer transzendenten Entität verbirgt sich laut Lersch ein logischer Widerspruch, den er wie folgt formuliert:

> „Die Auffassung […], der Bewußtseinsakt, durch den die rein vitalen Widerfahrnisse in das Licht des Bewußtseins gehoben werden, erfolge schlechthin zeitlos, enthält ohne Frage eine logische Schwierigkeit. Wenn Klages […] vom Auffassungsakte als einem ‚Ereignis' […] spricht, so hat er den Begriff der Zeit schon kategorial angewendet. Es liegt ohne Frage ein nicht wegzustreitender Widersinn darin, dem Auffassungsakt den Vorgang des Stattfindens und Erfolgens zuzuerkennen und nicht zugeben zu wollen, daß das Erfolgen in der Dimension der Zeit gelegen ist" (128).

---

[32] Über den heute nahezu vergessenen Melchior Palágyi informiert der Katalog zu einer Ausstellung, die die Klages-Gesellschaft Marbach e.V. anläßlich des 100. Geburtstages von Klages in der Badischen Landesbibliothek in Karlsruhe veranstaltet hat. Siehe H. E. Schröder (Hg.): Ludwig Klages (1872-1956). Centenar-Ausstellung 1972, Katalog, Bonn 1972, 206-213.

Lersch zufolge hätte sich Klages zur Vermeidung dieser Aporie auf Lösungsansätze besinnen sollen, die Kant sowie die Neukantianer bei der Erörterung des Zeitproblems erwogen haben. Indem Kant und nach ihm Georg Simmel die Zeit auf der Seite der Bewußtseinsformen ansiedeln, haben sie, wie Lersch überzeugt ist, keineswegs der von Klages monierten ‚Entwirklichung' der Zeit Vorschub geleistet – und in der Tat macht ja die Kantische Unterscheidung von transzendentaler Idealität und empirischer Realität der Zeit deutlich, daß dem Kritizismus nichts ferner liegt als der Versuch, der Zeit ihr Wirklichsein abzusprechen. Lersch selbst spricht sich in diesem Zusammenhang jedenfalls recht entschieden gegen den Klagesschen Vorwurf aus, Kant habe die Zeit in das Gefängnis der Subjektivität eingesperrt und als objektive Grundlage existentieller Wirklichkeitsorientierung geleugnet.

Da Klages dem Geist nicht nur die Zeitlichkeit, sondern darüber hinaus auch die Räumlichkeit abspricht, überträgt Lersch seinen zeittheoretischen Einwand gegen Klages konsequenterweise auch auf die Raumthematik: „Die Kritik, die Klages an der ‚Irrlehre Kants' [in Bezug auf den Raum] führt, wird hinfällig durch die Unterscheidung eines pragmatischen und eines geformten Raumes, wie sie von E. Cassirer getroffen ist" (130). Was den Begriff des pragmatischen Raumes bei Cassirer angeht, so finden sich laut Lersch tatsächlich beachtliche Übereinstimmungen zu Klages' Deutung des vorrationalen Raumerlebens – denn Cassirer versteht unter ‚pragmatischem Raum', der Sache nach sehr nahe bei Klages, das vor allem im mythischen Weltauffassen zum Vorschein kommende Erlebniskorrelat, welches erscheinungswissenschaftlich als eine „Sphäre webender Mächte" (130) aufzufassen ist. Während Klages aber seinerseits den Raum ganz auf seine vorgegenständlich-atmosphärische Funktion festlegt, gesteht Lersch in Übereinstimmung mit Cassirer dem geformten Raum ein relatives Recht zu; also dem Raum, welcher als Ort der Gegenstände in ihrem jeweiligen Hier und Dort das feste Bezugssystem der nachmythischen Wirklichkeitswahrnehmung bildet. Die perspektivische Vervielfältigung raumtheoretischer Sichtweisen, die Cassirer durch seine Unterscheidung von pragmatischem und geformtem Raum erzielt, muß Klages aufgrund seiner metaphysischen Voraussetzung als wertlos ablehnen. Für ihn ist alles, was dem Bewußtsein in geformter Weise räumlich begegnet – insbesondere also Dinge und deren objektive Eigenschaften – durch die aktiven Eingriffe des Geistes bereits dazu verdammt, ein unwirkliches Schattendasein zu führen.

Was die metaphysische Grundweichenstellung des „Widersachers" anbelangt, so ist diese laut Lersch mit Vorsicht zu genießen. Allerdings bildet diese letztlich nur den ideologischen Überbau einer Erscheinungslehre, die im übrigen aufgrund ihres Reichtums an deskriptiv-psychologischen Erkenntnissen durchaus zu würdigen ist: „Überall da, wo Klages von seelischen Vorgängen spricht, wird er wesentlich und tiefschürfend. Sein Buch enthält eine Fülle neuer Aspekte, die bedeutungsvoll sind für das gesamte Gebiet der Seelenkunde, im besonderen für die Ausdruckslehre und die Charakterologie des Wollens" (144). Was die Ausdrucklehre angeht, so sei es Klages mit seinen Darlegungen zur Selbstentfremdungstendenz der Seele gelungen, den

Dogmen des seinerzeit dominierenden Psychologismus wirkungsvoll entgegenzuarbeiten. Und was die Theorie des Willens betrifft, so habe Klages durch seine Unterscheidung von planmäßig-bewußter Zweckhandlung und pathischem Getriebensein durch ungegenständliche Triebziele dazu beigetragen, die anthropozentrische Deutung der Lebewesen deutlich zu relativieren (vgl. 139ff.).

Gerade dort also, wo es um die psychologischen und charakterologischen Errungenschaften geht, erntet Klages das Lob seines Kritikers Lersch. Besonders deutlich wird dies in Lerschs Behandlung Klagesscher Ausführungen über die Synästhesien sowie über den Begriff des Unbewußten. Was die synästhetische Natur der Wahrnehmungen betrifft, so habe Klages in wünschenswerter Klarheit nachgewiesen, daß der Sensualismus aufgrund seiner atomistischen Auffassung der einzelsinnlichen Vermögen jegliches Gespür für die charakterologischen Züge sinnlichen Erlebens vermissen läßt. Es sind gerade die synästhetischen Charaktere, die in natürlicher Erfahrungseinstellung unmittelbar das Erlebnis bestimmen und diesem seine eigentümliche Prägnanz verleihen. Lersch kommentiert die Klagessche Sichtweise in diesem Punkt wie folgt:

> „Tatsächlich erleben wir mit den Sinnen gar nicht, wie es nach dem Sensualismus den Anschein hat, einen Komplex von Farben, Linien, Gerüchen usw., die einzelnen Dingen eigenschaftlich zugehören, sondern es sind uns lebendige Mächte gegenwärtig, die nicht dingeigenschaftlich bezeichnet, sondern nur in ihrem Wesen charakterisiert werden können. [...] Wenn dingeigenschaftlich Farbe und Ton voneinander geschieden werden, so besteht eine [...] Disparatheit der Sinnesgebiete im anschaulichen Erleben, wie Klages vor allem an der Sprache erwiesen glaubt, durchaus nicht. Wir sprechen vom hellen Lichte ebenso wie vom hellen Ton. Dingeigenschaftlich, also so, wie sie vom Geiste gedacht werden, haben diese Gegebenheiten nichts miteinander zu tun, wesenseigenschaftlich dagegen sind sie unmittelbar miteinander verwandt. In beiden Fällen ist es ein und dasselbe Wesen, das Wesen nämlich der Helligkeit, das erlebt wird. Diese Helligkeit ist eine lebendige [...] Macht, von der die Seele irgendwie sich berührt fühlt" (133).[33]

Ebenso eindeutig wie im Falle des Synästhetischen fällt Lerschs Würdigung in Bezug auf Klages' Konzept des Unbewußten aus. Zwar sei die Mißbilligung, mit der Klages der psychoanalytischen Deutung des Unbewußten bei Sigmund Freud (1856-1939) gegenübertritt, „radikal und unberechtigt schroff" (135). Immerhin aber habe Klages deutlich gemacht, daß in Freuds Begriff des Unbewußten „lediglich das Bewußtsein

[33] Der Husserl-Schüler Wilhelm Schapp (1884-1965) hat bereits rund zwanzig Jahre vor Erscheinen des „Widersachers" eine Wahrnehmungslehre vorgelegt, die in antisensualistischer Haltung ebenfalls auf die Phänomene der Synästhesie gegründet ist. Siehe Wilhelm Schapp, Beiträge zur Phänomenologie der Wahrnehmung, Nachdruck der 1. Auflage (1910), mit einem Vorwort von Th. Rolf, Frankfurt/M. ^{4}2004.

noch einmal gesetzt sei. Denn es werden ihm eine Reihe von Eigenschaften zuerkannt, die [...] gerade das Wesen des Bewußtseins im Unterschied zum Erleben ausmachen, nämlich die Wirksamkeit von Wünschen, das Verfolgen von Zwecken und das Anstellen von Kalkulationen, durch welche die Mittel für gewollte Absichten gefunden werden" (135).

Laut Lersch habe Freud mit seiner Annahme, das Unbewußte sei eine virtuelle Form der Wunscherfüllung, eher den Bezirk des „Unterbewußtseins" (135) erschlossen, welcher im Gegensatz zu Klages' zugespitztem Konzept des Vital-Unbewußten zumindest prinzipiell bewußtseinsfähig ist.[34]

Insgesamt macht die „Widersacher"-Rezension deutlich, daß Lersch in Klages einen Charakterologen erster Güte sieht. Lerschs Skepsis gegen die auf einen Leben-Geist-Dualismus hinauslaufende metaphysische Grundweichenstellung bei Klages ist dagegen unverkennbar. Was die Geistigkeit des Menschen angeht, so argumentiert Lersch in enger Anknüpfung an Max Scheler[35] seinerseits anthropologisch, wenn er festhält:

> „Geist ist mehr als begriffliche Aufteilung und technische Bewältigung der Welt. Wäre der Mensch völlig geistfrei, dann wäre er wie das Tier eingesponnen in das Hier und Jetzt [...]. Der Geist erst ist imstande, den Menschen, wie Scheler es nennt, umweltfrei, weltoffen zu machen, ihm existentiale Entbundenheit, Freiheit, Ablösbarkeit zu verleihen. Daß diese Weltfreiheit [...] schon eine Entfernung und Entfremdung vom Lebendigen in sich schließt, ist ein Preis, um den jedes Menschsein erkauft wird" (143).

In dieser Einschätzung scheint eine alternative Deutung des Geistphänomens sowie der damit verbundenen technisch-instrumentellen Rationalität auf. Mit den Worten Arnold Gehlens (1904-1976) kann man sagen, daß sich Lersch im Gegensatz zu Klages die Option offenhält, zwischen ‚wirklichem' und ‚unwirklichem' Geist zu unterscheiden;[36] wobei eines der Kriterien für die Wirklichkeit des Geistes im Grade der Lebensdienlichkeit rationaler Verfahren und Techniken liegen könnte. Für die Rezeption der Philosophie Klages' hat Lersch in seiner Besprechung des „Widersachers" mithin einen konstruktiven Vorschlag unterbreitet, mit dem die das Klagessche Werk zerschneidende Kluft zwischen biozentrischer Metaphysik und Philosophischer An-

---

[34] Im „Aufbau der Person" hat Lersch später versucht, die Mehrdeutigkeiten des Begriffs des Unbewußten aufzuzeigen. Dabei wird deutlich, daß Klages' Idee der vitalen Unbewußtheit Affinitäten zu Lerschs Begriff des „Lebensgrundes" aufweist, welcher allem Erleben vorgeordnet ist. Vgl. Ph. Lersch: Aufbau der Person, a. a. O., 612ff.

[35] Wie aus einer autobiographischen Notiz hervorgeht, ist der Einfluß Schelers auf Lersch sehr hoch einzuschätzen: „J'ai été influencé essentiellement dans ma formation scientifique par la phénoménologie de Max Scheler" (Revue de Psychologie Appliquée, Band 3 / Heft 12 [1962], 216).

[36] Vgl. A. Gehlen: Wirklicher und unwirklicher Geist. Eine philosophische Untersuchung in der Methode absoluter Phänomenologie, Leipzig 1931.

thropologie überwunden werden kann. Daß sich Klages ebensowenig wie seine engsten Anhänger mit einem solchen Vorschlag anfreunden konnte, hat dem Fortwirken seiner Philosophie erheblich geschadet. Eines jedenfalls scheint gewiß. Wer auf die noch in heutiger Zeit gestellte Frage: „Was bleibt vom Philosophen Ludwig Klages?“[37] eine vernünftige Antwort sucht, der wird in der „Widersacher“-Rezension Lerschs eine Reihe wichtiger Hinweise finden.

IV.

Die kritischen Einwände, die Lersch in der „Widersacher“-Rezension gegen die metaphysische Konzeption des Geistes vorbringt, werden von ihm in einem fünf Jahre später erschienenen Aufsatz erneut aufgenommen und systematisch vertieft. Wie bereits der Titel des Textes – „Grundsätzliches zur Lebensphilosophie“[38] – erkennen läßt, bemüht sich Lersch um eine Konturierung derjenigen Gehalte, welche für das lebensphilosophische Denken im ganzen charakteristisch sind. Es geht, anders als noch in der „Lebensphilosophie der Gegenwart“, nicht um „eine geschlossene Darstellung der einzelnen Lebensphilosophien und ihrer Verschiedenheiten“, sondern im Gegenteil um „das Gemeinsame ihrer Ausgangspunkte und Ziele“ (147). Lersch zielt auf das Übergreifende der Lebensphilosophie. Insbesondere möchte er zeigen, an welchen Stellen die lebensphilosophische Problematisierung von Mensch und Welt in offensichtliche „Aporien“ einmündet, so daß an solchen Stellen geradezu „eine Revision ihrer Grundbegriffe zu fordern ist“ (147).

Der Aufsatz gliedert sich in drei Abschnitte, die mit „Die Theorie der inneren Erfahrung“ (147-156), „Die Wirklichkeit des Lebens“ (156-171) sowie „Zum Wesen des Menschen“ (171-176) überschrieben sind. Durch diese Titel scheint der Gedankengang des Textes schemenhaft hindurch. Der Weg, den Lersch abschreitet, hebt an beim individuellen seelischen Erlebnis und dessen spezifischer Innerlichkeit; er geht dann über in eine Strukturtheorie des Lebens, im Rahmen derer die Idee der Weltbezogenheit des Psychischen an Bedeutung gewinnt; und schließlich mündet er in eine anthropologisch ausgreifende Besinnung über die *conditio humana*, wobei Lersch insbesondere auf existenzphilosophische Autoren und Denkformen Bezug nimmt.

In „Grundsätzliches zur Lebensphilosophie“ zeichnet sich Lerschs Bemühen, lebensphilosophische Fragestellungen anthropologisch zu fundieren, mit besonderer Deutlichkeit ab. Daß Lersch die Lebensphilosophie an die Philosophische Anthropologie sowie die Existenzphilosophie anzuschließen versucht, hat mindesten zwei Gründe. Es liegt zum einen an seinen Vorbehalten gegen jegliche Form der Ideologi-

---

[37] H. Schmitz: Was bleibt vom Philosophen Ludwig Klages?, in: St. Hammer (Hg.), Widersacher oder Wegbereiter. Ludwig Klages und die Moderne, Heidelberg/Berlin 1992, 14-22.
[38] Vgl. in diesem Band 147-176.

sierung und der Irrationalisierung lebensphilosophischen Denkens – eine Gefahr, auf die er bei seinen Bezugnahmen auf Autoren wie Klages, Spengler oder auch Theodor Lessing immer wieder hinweist. Zum anderen dürfte der Versuch eines Brückenschlages dadurch begründet sein, daß sich im Laufe der 1930er Jahre ein allmähliches Dominantwerden der Anthropologie sowie der Existenzphilosophie im Diskurs der akademischen Philosophie abzeichnet – die Reaktionen auf Martin Heideggers Frühwerk „Sein und Zeit" (1927) prägen mittlerweile ebenso das geistige Klima wie die Wirkung anthropologischer Entwürfe, allen voran diejenigen von Max Scheler und Helmuth Plessner (1892-1985).[39] Nimmt man ferner den Umstand hinzu, daß sich, von der weiterhin beachtlichen Wirksamkeit der Hermeneutik Wilhelm Diltheys abgesehen, zahlreiche weitere Theoretiker um die anthropologische Einbettung lebensphilosophischer Motive bemühen – exemplarisch erwähnt sei Ernst Cassirer (1874-1945) und dessen „Philosophie der symbolischen Formen" (1923-1929) – so erscheint die anthropologische Wende, die sich in „Grundsätzliches zur Lebensphilosophie" abzeichnet, bereits um einiges verständlicher.[40]

Und doch geht es in diesem Text um mehr als um eine äußere Anpassung der Lebensphilosophie an die Anthropologie. Lersch versichert dem Leser vielmehr, daß die Hinwendung zur Anthropologie bereits ganz ursprünglich im Denkhorizont der Lebensphilosophie angelegt ist. Erkundigt sich die philosophische Anthropologie gezielt nach dem Wesen des Menschen sowie nach dem Sinn seiner Existenz, so ist es, wie Lersch darlegt, gerade die Stellung und Beantwortung der Sinnfrage, die im Zentrum auch der lebensphilosophischen Reflexion liegt. Ankerpunkt dieser Behauptung ist Lerschs These, daß alles menschliche Welterleben, im Gegensatz zum kognitiv-theoretischen Erkennen der Welt, durch „existentiale Anteilnahme" (E. Rothacker) des Individuums an den jeweiligen Erlebnisinhalten gekennzeichnet ist. Sofern es für den Menschen streng genommen kein strikt neutrales Zur-Kenntnis-Nehmen der Welt und ihrer Gegenstände gibt, ist für ihn die „‚Bedeutsamkeit' als kategorialer Modus des Erlebens gesetzt" (154). Was die nähere Charakterisierung der (bereits von Dilthey sogenannten) ‚Lebenskategorie' der Bedeutsamkeit angeht, so führt Lersch sie seinerseits unmittelbar anthropologisch ein; und zwar dadurch, daß er sie in die Bestandteile „Bedeutung" und „Sinn" ausdifferenziert. Diese Differenz markiert, wie Lersch in beachtlicher systematischer Nähe zu Plessner darlegt, die

[39] Die Entwicklung der philosophischen Anthropologie ist inzwischen in umfassender Weise aufgearbeitet worden durch J. Fischer: Philosophische Anthropologie. Eine Denkrichtung des 20. Jahrhunderts, Freiburg/München 2008.

[40] Unter Bezugnahme auf die Geschichte der Psychologie im engeren Sinne hat Lersch selbst von einer ‚anthropologische Wende' gesprochen; vgl. Ph. Lersch: Die anthropologische Wende in der Psychologie, in: Jahrbuch für Psychologie und Psychotherapie, 5. Jahrgang, Heft 1/2 (1957), 5-9. Zahlreiche Motive, die bereits in „Grundsätzliches zur Lebensphilosophie" begegnen, klingen hier wieder an. Es treten aber auch neue Gesichtspunkte hinzu; so etwa die Berücksichtigung der anthropologischen Auffassungen von Arnold Gehlen (vgl. ebd., 6f.) und August Vetter (vgl. ebd., 8f.).

Grenze zwischen tierischer und humaner Lebensform. Mit dem Tier hat der Mensch die Vitalität gemeinsam; wobei aus eben dieser – im Begriff des Triebes zentrierten – Lebendigkeit die für das Lebewesen relevanten Bedeutungen entstehen:

> „Von ‚Bedeutung' soll dann gesprochen werden, wenn die Wirklichkeit sich zeigt lediglich in den für die individuelle Lebenserhaltung und Lebensförderung wichtigen Qualitäten, wie es für das Dasein des Tieres als eines reinen Lebewesens zutrifft. Das Tier ‚erlebt' seine Welt als Gefüge von Orten lebensfördernder und lebensbeeinträchtigender Kräfte und Wirklichkeiten und steht zu ihnen im Verhalten des Angezogen- und des Abgestoßenwerdens. Es handelt sich bei diesem Innewerden um ein ‚Wahr-nehmen' insofern, als es ein Entdecken und Herausholen von Wirklichkeit ist, deren Gegebensein von einem emotionalen Erlebnis begleitet wird. [...] Diese Wahrnehmung bleibt jedoch eine rein biologische Erkenntnis: das Auffinden ist verwurzelt in einem Suchen, das geleitet wird von den Triebkräften und Instinkten der Selbst- und Arterhaltung" (155).

Was die primäre und gleichsam biopragmatische Schicht der Umwelterfahrung angeht, so bildet sie, rein im Motivkreis der Selbsterhaltung verbleibend, die Schnittfläche von Mensch und Tier. Ähnlich wie Plessner in seinem Buch „Die Stufen des Organischen und der Mensch" (1928) der tierischen Organisationsform eine zentrale Positionalität attestiert, so ordnet auch Lersch dem Tier bereits eine ursprüngliche Zentriertheit seiner vitalen Erlebnisse zu; womit u. a. gesagt ist, daß das Tier, freilich vor jeder gegenständlich-bewußten Erkenntnis, zur Unterscheidung zwischen (lebensschädigenden oder lebensdienlichen) Umweltzuständen auf der einen sowie animalischen Bedürfnissen auf der anderen Seite gelangt. Am Rande sei erwähnt, daß sich, vermittelt über den Begriff der vitalen Bedeutung, eine Brücke von Lersch und Plessner zu aktuellen biokognitivistischen Positionen schlagen läßt. So vertritt etwa der amerikanische Kognitionswissenschaftler Daniel C. Dennett (*1942) in seinem Buch „Spielarten des Geistes" (2001) eine Auffassung von Intentionalität, welche sich gegenüber den Stufen des Lebendigen methodisch neutral verhält. Es ist, so Dennett, durchaus sinnvoll, bereits den Tieren gegenüber die intentionale Einstellung („*intentional stance*") einzunehmen; also ihre Auseinandersetzung mit der Umwelt als eine (wenngleich noch irreflexive) Weise der Bedeutungsbildung zu verstehen. Die zentrale Voraussetzung dafür, Tieren Geist zuschreiben zu können, liegt laut Dennett darin, Intentionalität nicht an Selbstbewußtsein bzw. an das Konzept der mentalen Selbstrepräsentation zu binden. Während bewußte Selbstrepräsentation mitsamt der Frage nach dem Sinn der eigenen Existenz für den Menschen charakteristisch ist, ist die Bedeutungsbildung in biopraktischer Absicht ein Merkmal, welches sich durch sämtliche Stufen des Organischen zieht.

Ebenso wie der Mensch ist für Lersch auch das Tier im schlichten Erleben auf Bildeindrücke bezogen. Diese Eindrücke strömen dem Lebewesen auf sämtlichen Sinnesgebieten entgegen und informieren ihn unmittelbar über das Zuträgliche und Abträgliche der Lebenswelt. Trotz dieser Übereinstimmung jedoch klafft, wie Lersch ganz im Sinne Plessners fortfährt, ein Abgrund zwischen tierischer und menschlicher Lebendigkeit. Denn das instinktive Fungieren und Reagieren innerhalb einer natürlichen Umwelt ist kategorial verschieden von derjenigen „Welthabe“ (E. Husserl), über die, jenseits naturaler Funktionskreisbindungen, allererst der Mensch verfügt. Während die Bedeutungskategorie für einen Lebensbezug steht, „in dem die Umwelt ganz um das Lebewesen zentriert wird“, ist der Sinnbegriff für „geistige Lebewesen“ reserviert, welche „sich selbst auf den Horizont einer Welt“ (155) zu entwerfen vermögen. Erst mit der buchstäblichen Eröffnung des Sinnsbezirks werden somit aus artspezifischen Umwelten vitalen Erlebens geistige Erlebniswelten, in denen sich der Mensch als selbstbewußter Designer betätigt. In dem Maße, in dem diese Welten zu einer freien, auf Sinnbildung bezogenen Gestaltung hin geöffnet sind, haben sie den Charakter von Welthorizonten; wobei der objektiven Unendlichkeit der gestalteten Welt-Horizonte auf subjektiver Seite die konstitutive „Exzentrizität“ (H. Plessner) der humanen ‚Geist-Natur’ mitsamt der so entstehenden Pluralität ihrer Erlebnishorizonte entspricht. Lersch beruft sich in diesem Zusammenhang freilich nicht direkt auf Plessners Kategorie der Exzentrizität, sondern er entscheidet sich für das Vokabular der (Heideggerschen) Existenzialontologie. „Im Lebensbezug des Sinns“ so heißt es dementsprechend, „schlägt der Begriff des Erlebens um in den der Existenz“ (155). An Heideggers Konzept der Existenz mag Lersch vor allem dessen konstitutive Bezogenheit auf Individualität fasziniert haben, von welcher ein verstehender Psychologe ja niemals absehen kann. Während der Erlebnisbegriff systematisch auf Subjektivität und Bedeutsamkeit in ihrer generischen Allgemeinheit abstellt, radikalisiert der Existenzbegriff Subjektivität zur ‚Jemeinigkeit‘, welche nicht mehr als besonderer Fall einem allgemeinen Begriff subsumiert werden kann.

Ausgehend von derjenigen Daseinsstufe, auf welcher die Wege des Menschen zur Welt über den existenzphilosophischen Begriff des Sinns vermittelt sind, eröffnen sich nun auch für die Lebensphilosophie neue Perspektiven. Laut Lersch erledigen sich damit vor allem Denkanstrengungen, die durch Vertiefung der Kluft zwischen (Er-)Leben und Geist gekennzeichnet sind. Gegen die Aufrechterhaltung des schroffen Gegensatzes beider spricht schon ganz vordergründig die Tatsache, daß in der Lebensphilosophie (u. a. bei Simmel, Scheler oder auch Eucken) nicht selten *intentione recta* vom ‚geistigen Leben’ und dessen Entwicklung die Rede ist;[41] eine

---

[41] Hinsichtlich der lebensphilosophischen Idee der Entwicklung unterscheidet Lersch zwei Deutungsrichtungen, nämlich eine teleologisch-eidogenetische und eine dialektisch-ideelle. Da es Lersch in seinem Text um eine anthropologische Interpretation der lebensphilosophischen Grundbegriffe zu tun ist, erstaunt es nicht, daß er der zweiten, mit Hegels Philosophie verbundenen Lesart den Vorzug gibt: Es besteht, so schreibt Lersch, „nur *eine* Möglichkeit, die heraklitische Grundidee des *πάντα ῥεῖ* beizubehalten und zugleich das fließende Geschehen in Beziehung zu bringen zu einer es überformenden Wirklichkeit, durch die allein der Mensch Halt im Dasein findet. Diese Möglichkeit besteht darin, daß der Entwicklungsgedanke durch die Kategorie des Sinnes fundiert und aus der [in Aristoteles’ Naturphilosophie grundgelegten und im modernen Vitalismus Drieschs wiederkehrenden] teleologisch-eidogenetischen Fassung

Ausdrucksweise, die Lersch – anders als viele Vertreter des Vitalismus und des Organizismus – keineswegs für bloß metaphorisch hält. Vor allem aber spricht der Umstand, daß auf der Höhenstufe menschlich-kultureller Sinnbezüge die Differenz von Geist und Leben „in der Ebene des Geistes aufgehoben ist“ (162), gegen das starre Festhalten an einer undialektischen Konzeption der beiden Pole. Die Idee der Aufhebung des Leben-Geist-Gegensatzes im Begriff des ideellen Sinns motiviert Lersch geradezu zu der Formulierung, daß „in dieser Sicht [...] Lebensphilosophie immer Philosophie des Geistes“ ist (165) – eine These, die aufgrund der existentiellen Verankerung des Geistes in individuellen Sinn-Erfahrungen allerdings nicht zur Identifikation von Lerschs Position mit dem Geistidealismus Hegels verleiten darf. Da das subjektive Erlebnis ebenso wie das objektive (z.B. ästhetische oder historische) Hervorbringen von Sinn stets am einzelnen Bewußtsein entspringt, ist für den Existenzphilosophen Lersch das Vermögen der Person, „aus der Innerlichkeit seines Seelengrundes zu wesen“ (175), die unhintergehbare Sinnquelle überhaupt. Nicht Hegel, sondern eher Meister Eckhart wird für Lersch in dieser Hinsicht zum ersten „Metaphysiker der inneren Erfahrung“ (175).

Der Gedanke einer dialektisch-ideellen Aufhebung der Geist-Leben-Dichotomie gewinnt dadurch an Überzeugungskraft, daß Lersch zwei Weisen des praktischen Geistgebrauchs unterscheidet: die „technisch-intellektuelle“ und die „hermeneutische“ (160). Es ist allein die erste Rationalitätsform, gegen die sich, und auch hier nur im begründeten Fall, die These von der Lebensfeindschaft des Geistes aufrechterhalten läßt; denn unter pragmatischen Zweckgesichtspunkten werden hier Sprache und Denken mit der Aufgabe betraut, die Lebenserscheinungen so umzudenken, daß deren technische Manipulation möglich wird. Daß die Beherrschbarkeit der Phänomene, wie Lersch schreibt, „allerdings *eine* Seite ihres Wirklichseins ausmacht“, ist ohne Zweifel eine vernünftige Einschätzung der Potenzen und Grenzen der instrumentellen Vernunft. Diese wird nun aber gerade nicht, wie bei Klages, pauschal in Mißkredit gebracht. Vielmehr ergibt sich auf der Grundlage von Lerschs Differenzierung die Möglichkeit, zwischen lebensdienlicher und lebensabträglicher Technologie ebenso zu unterscheiden wie zwischen lebensfremden und lebensnahen Formen instrumentell-technischer Intelligenz.

Nicht viele Lebensphilosophen können sich, was die Beurteilung der instrumentell-technischen Vernunft angeht, mit dem Realismus messen, der für Lerschs Standpunkt kennzeichnend ist.[42] Lersch scheint klar gesehen zu haben, daß die

---

übergeführt wird in die dialektisch-ideelle, die Hegel inauguriert hat“ (164). Als Grund führt Lersch an: Nur die dialektisch-ideelle Deutung kennt ein „dem Werden sich gestalthaft enthebende[s] und es übergreifende[s] Prinzip“, nämlich eben die prinzipiell unabschließbare „Wirklichkeit des Sinnes“, während der teleologisch-eidogenetische Entwicklungsgedanke „letzten Endes doch wieder in der Kategorie des statischen Seins gedachte [und damit endliche] Form“ (ebd.) ist.

[42] Vgl. E. Oldemeyer: Leben und Technik. Lebensphilosophische Positionen von Nietzsche zu Plessner, München 2007.

zivilisationsskeptischen Klagen über die Entzauberung der Welt *qua* Technik auf einer Unaufrichtigkeit (im Sinne der *mauvaise foi* Sartres) beruhen. Natürlich ist es nicht so, daß das historische Realsein der Technik als solches bereits ein Argument für das Realseinsollen des Technischen abgibt; denn diese ‚Argumentation' würde natürlich einem historistischen Fehlschluß gleichen. Lerschs Einschätzung zielt aber darauf ab, daß die instrumentelle Vernunft und ihre praktischen Leistungsergebnisse nicht nach Art eines Schicksals – Heidegger würde sagen: eines ‚Geschicks' – betrachtet werden dürfen, denen der Mensch in seinsgeschicklicher Passivität ausgeliefert ist. In dem Maße, in dem die Technik Menschenwerk und instrumentelle Vernunft Menschendenken ist, ist sie jederzeit zumindest prinzipiell vom Menschen kanalisierbar und korrigierbar; und dies ganz abgesehen davon, daß auch von ihr zweifelsohne eine eigene Art des Zaubers ausgeht. In Bezug auf die Technik Realist zu sein bedeutet einzusehen, daß es die Technik nun einmal gibt und daß sie, gerade indem es sie gibt, etwas ist, das beherrscht werden (oder als zunehmend unbeherrschbar kritisiert werden) kann. Der Punkt, an dem das menschliche Beherrschen-Können der Technik in ein sie Beherrschen-Müssen umzuschlagen hat, kann seinerseits klar benannt werden. Er ist erreicht, wenn der Zauber der Technik dem Zauber des Leben mehr schadet als dient.

Nicht zufällig greifen Lerschs Darlegungen gegen Ende von „Grundsätzliches zur Lebensphilosophie" in den Bereich des Ethischen hinüber. Gegen den von Theodor Litt (1880-1962) erhobenen Vorwurf, die Lebensphilosophie münde in moralischer Hinsicht entweder in einen impressionistischen Hedonismus oder in ein expressionistisches Sichausleben, hält Lersch die mit der Lebensphilosophie durchaus vereinbare Idee eines existentiellen Selbstes, wie es von Sören Kierkegaard (1813-1855) in die moderne Philosophie eingeführt worden ist. An Kierkegaard erinnert nicht zuletzt der Gedanke, daß die ästhetische Erfahrung allein nicht dazu imstande ist, die Moralisierung des Individuums voranzutreiben. Angesichts der Gefahr einer „emotionalen Verichung" (174) wird, wie Lersch ausführt, „das Beispiel der Kunst, durch die mehrmals die Intentionen der Lebensphilosophie verständlich gemacht wurden, unzulänglich" (ebd.). Nicht als ästhetisches Phänomen ist das Ich moralisch zu rechtfertigen, sondern einzig durch seinen Bezug zum Entweder-Oder selbstverantworteter Entscheidungen. Unter moralischem Gesichtspunkt betrachtet

> „genügt sich [das Erleben] nicht mehr als bloßes Pathos des Lebensaufschwungs und der emotionalen Ergriffenheit, sondern es geht ihm um nichts weniger als um die Idee des eigenen Daseins im Horizont des Absoluten, es drängt zur Entscheidung über Sinngehalte, die für die Lebensführung und Lebensformung verbindlich werden und für die der Mensch mit seiner gesamten Existenz verantwortlich zeichnet. Im Existieren hält sich der Mensch in der Erschlossenheit als der ‚ursprünglichsten Wahrheit des Daseins' (Heidegger) [...]. Er lebt in der Haltung der Innerlichkeit des Existierens sein Dasein nicht als die Folge auswechselbarer Standpunkte und Verhaltungen, sondern er setzt es als absolut, als unaufhebbare

und unumkehrbare Geschichte und erfüllt damit seine metaphysische Wirklichkeit [...]" (174).

Auch wenn diese Ausführungen klar zu belegen scheinen, daß Heideggers Philosophie der Eigentlichkeit bei Lersch angekommen ist: der Schein trügt. Im Gegensatz nämlich zu Heidegger, der seine ‚Neubegründung' der Ontologie an der Subjektivität vorbeiführt, wahrt Lersch auch und gerade in ethischer Perspektive den Standpunkt des Erlebens. Die anonyme Heideggersche ‚Seinsgeschichte' bleibt bei Lersch stets die individuelle Lebensgeschichte;[43] und das, was von Heidegger als ‚Bodenständigkeit' des Daseins ausgemacht wird, behält bei Lersch als „Innerlichkeit des Seelengrundes" (176) seine konstitutive Ambivalenz und ‚Abgründigkeit'.

V.

Ähnlich wie in „Grundsätzliches zur Lebensphilosophie" tritt Lersch auch in dem Aufsatz über „Seele und Welt. Zur Frage nach der Eigenart des Seelischen" (1941; ^{2}1943) als systematischer lebensphilosophischer Autor in Erscheinung.[44] Der 1943 in zweiter Auflage erschienene Text geht zurück auf eine Antrittsvorlesung, die Lersch 1940 an der Universität Leipzig gehalten hat. Das bestimmende Thema dieses Textes ist die Diskussion eines Problems, das Lersch in den 1930er Jahre vielleicht am stärksten beschäftigt hat. Es handelt sich um die Frage nach der Transzendenz des Bewußtseins bzw. dem Weltbezug psychischer Erlebnisse; also um die Frage, ob – und falls ja, in welcher Weise – das binnenseelische Leben in Verbindung mit der außerseelischen Wirklichkeit steht. In dieser Fragestellung klingt das Eingangsmotiv aus der „Lebensphilosophie der Gegenwart" in leicht veränderter Akzentuierung wieder an. Es ist jedoch kaum zu übersehen, daß zwischen dem Erscheinen beider Texte rund zehn Jahre liegen, in denen Lersch – nicht zuletzt bedingt durch die Arbeit am „Aufbau des Charakters" – viele seiner psychologischen Theoreme nach und nach präzisieren konnte.

Vordergründig wendet sich Lersch in „Seele und Welt" an einen engeren Kreis psychologischer Fachvertreter – denn die Schrift hebt an mit der Frage nach dem „heutigen Stand der wissenschaftlichen Seelenkunde" (179) sowie der Erörterung einer allgemeinen Skepsis, die der Psychologie als akademischer Disziplin zur damaligen Zeit entgegengebracht wird.[45] Betrachtet man den Aufsatz jedoch in seiner

---

[43] Vgl. R. Miller: Die Geschichtlichkeit des Seelischen in der anthropologischen Konzeption von Philipp Lersch, in: G. Jüttemann (Hg.): Wegbereiter der historischen Psychologie, München/Weinheim 1988, 340-348.

[44] Vgl. in diesem Band 179-197. – Eine psychologiegeschichtliche Verortung der Schrift findet sich in L. Pongratz: Problemgeschichte der Psychologie, München ^{2}1984, 32.

[45] Vgl. etwa K. Bühler: Die Krise der Psychologie, Jena 1927. – Laut A. Vetter liegt ein Hauptgrund für die gegen die Psychologie gerichtete Skepsis in deren „Aufspaltung [...] in das verstehende und das experimentelle Vorgehen", wodurch bedingt die Psychophysik des 19. Jahr-

Gesamtheit, so zeigt sich, daß Lersch auf die Behandlung psychologischer Spezialprobleme verzichtet, um statt dessen die Hauptgründe für den Reputationsverlust der Psychologie in einigen ihrer philosophischen Hintergrundannahmen zu suchen. Es sind laut Lersch vor allem drei Umstände, die das Mißtrauen gegen die Rationalität der zeitgenössischen psychologischen Forschung schüren; wobei alle drei erwähnten Momente im weitesten Sinne dem Methodenarsenal der empiristisch-positivistischen Erkenntnis- und Wissenschaftstheorie entstammen.

Da ist zunächst „das Prinzip der isolierenden Betrachtung“ (179) des psychischen Geschehens, welches sich bereits in den Erkenntnislehren des klassischen (britischen) Empirismus antreffen läßt und von dort aus in die Elementenpsychologie des 19. Jahrhunderts einfließt. Grundlegend für den isolierungstheoretischen Zugang zum Bewußtsein ist die Auffassung, daß sich psychische Phänomene in direkter Analogie zu den Tatsachen der äußeren Wahrnehmung modellieren lassen – daß sie also ursprünglich in dinghafter und vereinzelter Form im Bewußtsein vorliegen und sich, als derart analytische ‚Einheiten‘, nach bestimmten Gesetzmäßigkeiten miteinander verbinden oder voneinander trennen. Ein charakteristisches Defizit dieser Ansicht besteht laut Lersch darin, daß in ihr das Exaktheitsideal der messenden Naturwissenschaften unkritisch auf die Sphäre der inneren Erfahrung übertragen wird. Auch wenn der isolierenden Betrachtung, wie Lersch einräumt, eine gewisse Berechtigung bei der Aufklärung elementarer Funktionen der Sinnlichkeit zukommt, so ist diese jedoch nicht imstande, das im eigentlichen Sinne Seelische der subjektiven Zustände in den Blick zu nehmen. Genuin komplexe psychische Zustände „wie Launenhaftigkeit, Eitelkeit, Humor, Selbstsucht, Güte, Resignation, Eigensinn [oder] Verzweiflung“ (180) sind als qualitative Zuständlichkeiten einer quantifizierenden Betrachtung prinzipiell unzugänglich.[46] Sie gehören in diejenige Klasse psychischer Geschehnisse, auf die sich die These vom Primat der ursprünglichen Isolation psychischer Tatsachen nicht sinnvoll anwenden läßt.

---

hunderts zuletzt zur einer „Psychologie ohne Seele werden konnte“ (Das menschliche Selbstverständnis bei Philipp Lersch, a. a. O., 195).

[46] Zu demselben Ergebnis kommt Nicolai Hartmann: Der Aufbau der realen Welt. Grundriß der allgemeinen Kategorienlehre, Berlin 1940. Laut Hartmann bricht die Möglichkeit, in den Wissenschaften quantifizierend, also *grosso modo* mathematisierend zu arbeiten, spätestens auf der Schichtenhöhe des seelischen Seins ab: „Die Reichweite des Quantitativen im Aufbau der realen Welt deckt sich nicht mit einem Ausschnitt der mathematischen Verhältnisse. Die Quantität des Realen ist nur in der niedersten Realschicht eine mathematische, und nur hier ist sie zahlenmäßig exakt faßbar. [...] Schon im Organismus ist das Meßbare mehr äußerlich [...]. In der Sphäre des Menschenlebens unterliegen nur noch die ökonomischen Verhältnisse mathematischer Gesetzlichkeit, und auch die nur in einem Teil ihrer bestimmenden Faktoren“ (ebd., 391). Eine Ontologie seelischen Seins auf mathematischer Grundlage ist für Hartmann insbesondere deshalb unmöglich, weil es im Seelischen keine atomaren Entitäten gibt, die als Basis einer sachangemessenen Quantifizierung dienen können. In der Zurückweisung der Elementenpsychologie trifft sich Hartmann also mit Lersch sowie mit dem damaligen phänomenologischen *common sense*.

Lersch zufolge hat die neuere Psychologie genau dies erkannt: „Nachdem schon Wundt das Gesetz der schöpferischen Synthese aufgestellt hat, vor allem aber unter der Anregung des Diltheyschen Strukturbegriffs und der Fortschritte des biologisch-genetischen Denkens stellte sich dem Prinzip der isolierenden das der ganzheitlichen Betrachtung entgegen“ (180). Aus Sicht einer am Struktur- sowie am Ganzheitsgedanken orientierten philosophischen Seelenlehre muß die Kernannahme der Elementenpsychologie nicht etwa bloß korrigiert, sie muß vielmehr vollständig umgekehrt werden. Das psychische Geschehen, so wie es sich in der inneren Erfahrung zeigt, verweist laut Lersch auf den „Singular einer Seele“, der keineswegs bloß eine „vorwissenschaftliche Fiktion“ (180) darstellt. In der vorwissenschaftlich normalen, d. h., in der personalen Einstellung ist ein psychischer Zustand gerade kein Mosaik aus Empfindungen oder seelischen Atomen, sondern stets ein ursprünglich synthetisches Ganzes; eine Totalität, deren ‚Teile' sich selbst im Falle einer möglichen seelischen Desintegration niemals im strengen Sinne des Wortes (dinglich) voneinander abtrennen, sondern sich allenfalls aus dem nach wie vor sinnvoll erscheinenden Gesamtablauf des psychischen Prozesses abheben oder ausgliedern lassen.

Es ist der Sinnbegriff, durch dessen Auslegung Lersch die Grenzen der Elementenpsychologie aufzuweisen sucht. Abgesehen davon, daß die Elementen-Hypothese den Evidenzen der Selbsterfahrung widerstreitet, ließe sich mittels eines Aggregats isoliert gegebener Seelen-‚Teile' niemals in nachträglicher Addition subjektiver Sinn erzeugen. Das Sinnphänomen ist grundsätzlich kein Effekt einer „mentalen Chemie“ (J. St. Mill), welche ihrerseits auf eine Art Mentalmathematik zurückdeuten würde. Sinn ist vielmehr unmittelbares Korrelat derjenigen Strukturiertheit, durch die seelisches Leben als solches ausgezeichnet ist. Natürlich verfügt auch die außerseelische Natur über das Merkmal der Strukturiertheit. Aber erst in den (organischen und vor allem) seelischen Strukturen paart sich die Ordnung der Strukturmomente mit einer Sinnbezüglichkeit, die über das rein Quantitative in den Verhältnissen klar hinausweist.

Die zweite Quelle des Unbehagens an der zeitgenössischen Psychologie besteht laut Lersch in der „Methode des Experiments“ (181ff.).[47] Das akademische Publikum, zu dem Lersch spricht, dürfte an dieser Stelle des Vortrages besonders hellhörig geworden sein; denn gerade in Leipzig hat die experimentelle Richtung der Psychologie seit Gründung des ersten deutschen experimentalpsychologischen Labors durch Wilhelm Wundt (1832-1920) im Jahre 1879 ein besonders großes Gewicht.

Lersch weiß natürlich um diesen Umstand – und hütet sich daher davor, den praktischen Nutzwert von Experimenten für die psychologische Forschung radikal in Frage zu stellen. Zugleich aber weist er darauf hin, „daß es nur ein sehr beschränkter Umkreis vorwiegend peripherer seelischer Vorgänge ist, die sich durch experimentel-

[47] Zu diesem Problemkreis siehe A. Wellek: Der Rückfall aus der Methodenkrise der Psychologie und ihre Überwindung, in: H. Balmer (Hg.): Die Psychologie des 20. Jahrhunderts, Band 1: Die europäische Tradition. Tendenzen, Schulen, Entwicklungslinien, Zürich 1976, 41-66.

le Anordnung im Laboratorium hervorrufen lassen, und daß gerade die tieferen und zentraleren Erlebnisse sich niemals dem wissenschaftlichen Kommando des Experimentes stellen“ (181).

Wie schon im Hinblick auf die isolierende psychologische Betrachtungsweise geht es Lersch also auch im Falle der Beurteilung der experimentellen psychologischen Praxis darum, einer binnendisziplinären Arbeitsteilung durchaus ihr Recht einzuräumen. Einzig denjenigen Fachvertretern, die auf das Experiment als der alleinigen Quelle psychologischer Erkenntnisse setzen, wirft Lersch einen einseitigen methodischen Optimismus vor. Dieser Optimismus kann letztlich nur durch den Nachweis gebändigt werden, daß sich bestimmte Seelenzustände der experimentellen Erforschung unter Laborbedingungen kategorisch entziehen und daß daher „der Weg der *klinisch-charakterologischen* Erfahrung und der Beobachtung an schicksalsmäßig gegebenen aktuellen Lebenslagen zum mindesten als gleichberechtigt neben die Methode des Laboratoriumsexperiments“ (181) gestellt werden muß. Was hier einerseits wie eine Forderung nach Methodenvielfalt klingt, entspricht andererseits dem realen Gang der Wissenschaftsgeschichte. Nicht zuletzt darin, daß etwa Wundt im Rahmen seiner „Völkerpsychologie“ vom Vorrang der experimentellen gegenüber der geisteswissenschaftlichen Methode abgewichen ist,[48] sieht Lersch eine Bestätigung seines Votums für einen psychologischen Methodenpluralismus.

Die dritte Form des Unbehagens an der Psychologie der Gegenwart übertrifft laut Lersch die beiden bereits genannten Problemfelder sowohl an Bedeutsamkeit als auch an Grundsätzlichkeit. Alle Fragen, die Lersch im Verlauf von „Seele und Welt“ weiterhin diskutiert, hängen mit dem von ihm so bezeichneten „Theorem von der Binnenhaftigkeit des Seelischen“ (182ff.) auf das engste zusammen. Im Falle dieses Theorems besteht die besondere Schwierigkeit der von Lersch beabsichtigten Kritik darin, daß die Anzahl der Autoren, die auf der Grundlage der Binnenhaftigkeitsvorstellung argumentieren, beachtlich ist. Die Akzeptanz und Verbreitung des Theorems ist nämlich nicht auf eine besondere Schulrichtung innerhalb der Psychologie eingeschränkt, „sondern es [das Theorem] entspringt gewissen metaphysischen und erkenntnistheoretischen Vorentscheidungen, die seit Descartes und Locke das neuzeitliche Denken verhängnisvoll beeinflußt haben“ (182). Wie man an der Rede vom ‚verhängnisvollen Einfluß’ erkennt, bedient sich Lersch in diesem Zusammenhang eines Verfahrens, das man in seinen frühen Arbeiten selten antrifft. Gemeint ist eine Doxographie mit verfallsgeschichtlicher Schlagseite, wie man sie in verschärfter Form vor allem von Heidegger kennt. Die pathetische Verhängnisrhetorik hält Lersch im Textverlauf allerdings nicht durch. Mehr und mehr weicht sie einer Reihe sachlicher Begründungen dafür, warum der Empirismus wie der Rationalismus am Problem der Transzendenz des Seelischen scheitern mußten.

---

[48] Vgl. G. Jüttemann: Wilhelm Wundts anderes Erbe. Ein Mißverständnis löst sich auf, Göttingen 2006.

Lerschs Erläuterung des Theorems der Binnenhaftigkeit ist an dem von Dilthey aufgestellten „Satz der Phänomenalität" orientiert. Diesem zufolge ist alles, was der Mensch erfährt, lediglich als Bewußtseinstatsache gegeben. Geht man vom sogenannten Phänomenalismus aus, so steht zweierlei auf dem Spiel: zum einen die Existenz der ‚Außenwelt' als der vom Bewußtsein unabhängigen Wirklichkeit der Dinge an sich; zum anderen (und unmittelbar damit verbunden) die Möglichkeit des Bewußtseins, im Vollzug kognitiver, volitiver und emotionaler Akte die Wirklichkeit der Erscheinungen zu transzendieren und zur außerseelischen Realität vorzudringen. Lersch zielt nun seinerseits darauf, den im Theorem der Binnenhaftigkeit liegenden Psychologismus, durch den die Seele ganz und gar in den „Käfig der Subjektivität" eingeschlossen und zugleich alles „Dasein subjektiviert und relativiert wird" (182), zu überwinden. Er möchte zeigen, „daß gerade die vorbehaltlose und voraussetzungsfreie Besinnung auf die schlichte Gegebenheit bestimmter seelischer Vorgänge zur Annahme einer überpsychischen Wirklichkeit nötigt, in die die Seele mit ihren Erlebnissen vorstößt, ja daß gerade die Eigenart gewisser Erlebnisse nur aus der Anerkennung einer solchen *Transzendenz* der Seele zureichend verständlich gemacht werden kann" (182).

Grundsätzlich verfolgt Lersch damit ein ähnliches Ziel wie die Phänomenologie; denn spätestens seit den „Logischen Untersuchungen" (1900/01) bemüht sich auch Edmund Husserl am Leitfaden des phänomenologischen Grundbegriffs der Intentionalität darum, das psychologistisch subjektivierte Bewußtsein wieder zur Welt hin zu öffnen. Jean-Paul Sartre (1905-1980) hat die befreiende Wirkung, die Husserls Intentionalitätskonzept auf die philosophische Psychologie um 1900 ausgeübt hat, in sehr anschaulichen Formulierungen eingefangen. Husserl zerstört, so Sartre, mit seiner Idee der Intentionalität die „dem Realismus und Idealismus gemeinsame Illusion", daß Erkenntnis auf „Assimilation" bzw. auf „Einverleibung" des Erkenntnisobjekts beruhe: „Gegen die Verdauungsphilosophie des Psychologismus wird er nicht müde zu behaupten, man könne die Dinge nicht im Bewußtsein auflösen".[49] Im Prinzip trifft das, was Sartre über Husserl und die phänomenologische Bewegung feststellt, auch auf den Standpunkt Lerschs in „Seele und Welt" zu. Die grundsätzliche Übereinstimmung kann jedoch nicht darüber hinwegtäuschen, daß Lersch, der in „Seele und Welt" nicht auf Husserl, wohl aber auf dessen vorphänomenologischen Stichwortgeber Franz Brentano (1838-1917) zu sprechen kommt (vgl. 194f.), die Transzendenz des Seelischen auf eher hermeneutische Weise nachzuzeichnen sucht. Aus Sicht Lerschs ist das Bestreben der Phänomenologie, den Psychologismus unter Rückgriff auf die Intentionalitätskategorie in die Schranken zu weisen, einseitig am Muster des kognitiven Weltzugangs orientiert. Diese Ausrichtung widerstreitet jedoch der ganzheitlichen Auffassung des Seelischen, auf deren Grundlage Lersch seinerseits die Transzendenz des Erlebens nachweisen will. Während das von der klassischen

[49] J.-P. Sartre: Eine fundamentale Idee der Phänomenologie Husserls: die Intentionalität (1938), in: Die Transzendenz des Ego. Philosophische Essays 1931-1939, Hamburg 1997, 33-37, 34.

Phänomenologie ausgezeichnete Feld des kognitiv bzw. vorstellungsmäßig Gegebenen gerade derjenige psychische Bereich ist, auf dem sich das Dogma der Binnenhaftigkeit besonders hartnäckig behaupten kann, sind es laut Lersch gerade die unbewußten Funktionen des Seelischen, welche die genuine Weltbezüglichkeit des Erlebens zu Tage treten lassen.

Es ist daher nicht überraschend, daß Lersch die Transzendenz des Erlebens in „Seele und Welt" vorrangig am Vorbild des Gefühls sowie des Wollens demonstriert; wobei er sich aus verständlichen Gründen nicht auf Husserl, sondern eher auf Arthur Schopenhauer, Max Scheler, Wilhelm Dilthey und Nicolai Hartmann beruft. Was die Auslegung der Gefühle angeht, so wendet sich Lersch diesbezüglich gegen die in der Schulpsychologie maßgebliche Auffassung, daß Gefühle – deren qualitative Skala im übrigen weitaus reicher ist als die aus dem Utilitarismus stammende Unterteilung in Lust- bzw. Unlustempfindungen glauben machen möchte – lediglich etwas Subjektives und Privates sind. Insbesondere die Analyse des Phänomens des Mitgefühls macht deutlich, daß der mit dem Psychologismus unmittelbar zusammenhängende Egoismus der Gefühle nicht erst in moralischer, sondern bereits in erkenntnistheoretischer Hinsicht unhaltbar ist.[50] Überall dort, wo es sich nicht um bloße Scheinformen des Mitfühlens handelt, dort versagt die sogenannte „Einfühlungstheorie" der Gefühle, „nach der wir uns im Mitleid mit dem Anderen identifizieren, uns in seine Lage versetzen, seine Gefühle als unsere eigenen wiederholen und so handeln, als ob wir selbst dieser Andere wären" (183). Während das mitleidende Ich gemäß der Einfühlungstheorie bloß zu einer Repräsentation des fremden Leidens gelangt, haben u. a. Schopenhauer, Scheler und Klages gezeigt, daß allen Gefühlen (und insbesondere den Mit-Gefühlen) naturgemäß ein ekstatischer Charakter innewohnt. Nicht das vom Alter abgeschnittene Ego muß sich, wie Lersch referiert, ‚einfühlend' in sein Gegenüber hineinversetzen, sondern es verhält sich geradezu umgekehrt: In den mannigfaltigen Formen seines Zum-Ausdruck-Drängens transzendiert sich das Mit-Gefühl unmittelbar selbst, um als vorlogische Form der Artikulation immer schon beim Ausdrucksempfänger angekommen zu sein. Was somit im buchstäblichen ‚Gefühlsausbruch' ebenso stattfindet wie im Falle der „ästhetischen Gefühle" (184) oder auch der „Liebe" (185), ist laut Lersch stets eine Begegnung zweier Seelen, die einander in der Polarität von Artikulation und Verständnis verbunden sind.

Ähnlich wie im Falle der Gefühle, hält Lersch die Behauptung einer ursprünglichen Transzendenz des Seelischen auch in Bezug auf menschliches Wollen aufrecht. Hinsichtlich der volitiven, also unmittelbar in Handlungen mündenden Seite des Erlebens argumentiert Lersch vor allem gegen Ansichten, „nach denen alle menschlichen Strebungen ihr Ziel in subjektiven Zuständen haben" (186). Gemäß dieser Auffassung, die Lersch u. a. in Freuds psychoanalytischer Libido-Theorie vorzufinden

---

[50] Zur aktuellen Diskussion der Mitgefühle und ihrer Zentralstellung im ‚Alphabet' der Gefühle vgl. Ch. Demmerling/H.Landweer: Philosophie der Gefühle. Von Achtung bis Zorn, Stuttgart/Weimar 2007, 167-193.

glaubt, ist jede Form des Altruismus nur eine oberflächliche Bekleidung egoistischer Strebungen – also zuletzt nur die „Verkleidung des Eigennutzes und der Selbstsucht" (186). Gegen die Universalisierung dieser defätistischen Hypothese wendet Lersch ein, daß durch sie die Phänomene echter „Hingabe an Ideale" (187) sowie des Einsatzes für überpersönliche Ziele und Zwecke nicht zureichend erklärt werden kann. Die Beweislast dafür, daß es sich in Fällen, in denen zwischenmenschlich eine Art „kollektive Intentionalität" (J. R. Searle) zum Tragen kommt – Menschen also ihr selbstbezügliches Wohl-Wollen solidarisch zugunsten eines genuin sozialen Wohlergehens überschreiten –, um bloß imaginäre Weisen des Mitseins handelt, schiebt Lersch den Theoretikern des Subjektivismus sowie des (moralphilosophischen) Egoismus zu. Aus seiner Sicht legen dagegen die schlichten Tatsachen der volitiven Selbsterfahrung einen Schluß nahe, den bereits José Ortega y Gasset (1883-1955) aus ihnen zieht: „Es ist schwerer, als man glaubt, ein reiner Egoist zu sein" (187); und zwar nicht zuletzt deshalb, weil die vielfältigen Formen menschlicher Koexistenz und Kooperation weitaus mehr sind als bloße Weisen der „Sublimierung" (S. Freud) natürlichen Eigensinns.

Mit dem Problem der Transzendenz des Erlebens begibt sich Lersch in „Seele und Welt" auf den Boden einer Diskussion, die in der philosophischen Psychologie seit ihren Anfängen geführt wird (vgl. 190). Es spricht für den geistesgeschichtlichen Weitblick Lerschs zu erkennen, daß der aus dem Rationalismus hervorgegangene Bewußtseinsidealismus letzten Endes ebenso am Phänomen der Seelentranszendenz scheitert wie der empiristische Sensualismus (vgl. 190f). Die beiden Richtungen der Erkenntnistheorie gemeinsame Unterstellung lautet, daß sich der Mensch im subjektiven Vollzug von Bewußtseinsakten lediglich auf Vorstellungen (Bilder und Zeichen), also mit einem Wort: auf Repräsentationen der Wirklichkeit zu beziehen vermag. Durch die Unterstellung einer bloß repräsentationalen Gegebenheit der Realität entgeht den Theoretikern jedoch die entscheidende und in ihrer fundamentalen Bedeutung für die Psychologie allererst durch die Lebensphilosophie erschlossene „zweipolige koexistentielle Einheit" (191) von Seele und Welt. Natürlich sind, wie Lersch einräumt, durchaus auch Bewußtseinszustände denkbar, in denen diese Koexistenz an Spannung verliert und ein Transzendieren des Erlebnisses hin zur Wirklichkeit faktisch nicht zustande kommt. Wenn Lersch in diesem Zusammenhang exemplarisch auf die Halluzinationen als die „empirische Möglichkeit eines Befangenbleibens im Subjektiven" (192) hinweist, so wird jedoch deutlich, daß es sich hierbei gerade nicht um den Normalfall menschlicher Seele-Welt-Beziehungen handelt. Für die Halluzinationen gilt im Prinzip das Gleiche wie für Träume, Selbsttäuschungen und Wunschphantasien: aus ihrem bloß faktischen Vorkommen im menschlichen Seelenleben lassen sich keine Aussagen über eine ideale Norm des Erlebens ableiten. Es gilt vielmehr das Umgekehrte. Wo subjektivistisch gedeutete Erlebniszustände als defiziente Modi des Psychischen zum Argument für den Phänomenalismus werden, dort liegt einer solchen Argumentation stets „die grundsätzliche Anerkennung der Möglichkeit der Seele, über sich selbst hinauszukommen und unmittelbar zur Welt zu werden“ (192), zugrunde. Man kann die Bodenlosigkeit des Phänomenalismus im Prinzip auch als eine spezifische Form von Blindheit charakterisieren. Die Reduktion der normalen Transzendenz des Bewußtseins auf bloße Phänomene, also auf subjektive Erscheinungen, ist blind für die Tatsache, daß auch das Erscheinen von etwas eine Weise des Seins ist. Die Blindheit des Phänomenalisten besteht also darin, daß er das Sein der Erscheinung nicht ‚sieht‘, also etwa nicht anerkennt, daß ein Traum eben wirklich ein Traum, eine Halluzination eben wirklich eine Halluzination *ist*. Indem er Sein auf Erscheinen reduziert, ist er gezwungen, das Erscheinende zugleich als bloßen Schein aufzufassen, was seinen Standpunkt mit einem Schlag *ad absurdum* führt.

Die Rede von der Transzendenz des Seelischen zielt bei Lersch im doppelten Sinne auf die Normalität des Erlebens. Einerseits bilden die das individuelle Selbst überschreitenden psychischen Zustände bereits rein quantitativ betrachtet den Normalfall; wie denn auch Halluzinationen gegenüber Wahrnehmungen das empirisch seltenere Phänomen darstellen. Andererseits fungieren die ursprünglich auf Transzendenz hin organisierten Erlebnisformen für den Psychologen stets als normativer Maßstab zur Beurteilung abweichender (sowie unter Umständen pathologischer) seelischer Zustände, welche ihrerseits erst vor dem Hintergrund des Transzendenzgedankens an Prägnanz und Schärfe gewinnen. In diesem die Forschungsmethodologie betreffenden Punkt trifft sich Lersch durchaus mit Freud. Denn auch dieser geht davon aus, daß sich Urteile über psychische Normalität nur *ex negativo*, nämlich unter Berücksichtigung der jeweiligen Abweichung vom Normalen erhärten lassen.[51]

Lerschs Anliegen in „Seele und Welt“ besteht darin, die Zweifel am Gegenstand sowie an der Methodologie psychologischen Forschens zu beseitigen; und die unmittelbare Wirkung des Textes deutet auf den Erfolg dieser Absicht hin. Bereits kurz nach Erscheinen der ersten Auflage erscheint in psychologischen Fachjournalen eine Reihe von Rezensionen, in denen die Fruchtbarkeit von Lerschs Überlegungen für die Psychologie und deren Grenzgebiete bestätigt wird.[52] Diese positive Einschätzung läßt sich, und zwar gerade mit Blick auf die Zurückweisung des Repräsentationsmodells des Bewußtseins, bis in die Gegenwart hinein verlängern. Denn die Kritik an bestimmten Formen des Repräsentationalismus hat, wie neuere Untersuchungen zeigen, ebensowenig an Aktualität eingebüßt wie der in „Seele und Welt“ skizzierte Gedanke einer anthropologischen Neuformulierung des Repräsentationsproblems.[53]

[51] In einer mit „Der Humor“ (1927) betitelten Schrift heißt es dementsprechend bei Freud: „Eines Urteils über das Normale getrauen wir uns vorläufig insoweit, als wir aus den Isolierungen und Verzerrungen des Krankhaften das Normale erraten” (Gesammelte Werke. Chronologisch geordnet, hg. von A. Freud u. a., London/Frankfurt/M. 1940-1960, Band XIV: Werke aus den Jahren 1925-1931, 383-389, 388).

[52] Siehe A. Breitkopf, in: Zeitschrift für angewandte Psychologie und Charakterkunde, LXII (1942), 124f.; G. R. Heyer, in: Zentralblatt für Psychotherapie und ihre Grenzgebiete, Band 14 (1942), 91-93; G. Zillig, in: Der Nervenarzt, Jahrgang 14, Heft 7 (1942), 321f.

[53] Vgl. Th. Rolf: Erlebnis und Repräsentation. Eine anthropologische Untersuchung, Berlin 2006.

Noch heute führt die von Lersch in Gestalt der Assoziationspsychologie bekämpfte Variante des Repräsentationalismus innerhalb der Kognitionswissenschaften ein zweifelhaftes Eigenleben. Und noch immer kommen dabei – vor allem in den sogenannten Computermodellen des Geistes – metaphysische Vorurteile zum Tragen, für deren Überwindung sich Lersch in seinen lebensphilosophischen Frühschriften nachdrücklich ausgesprochen hat.

Wenn daher die Arbeiten Lerschs aus den 1930er Jahren im Zuge einer Reanimation der Lebensphilosophie heute neu zu entdecken sind, so ist der Wert einer solchen Wiederentdeckung mehr als ein bloßer Erinnerungswert. Jede Erinnerung an vergangene wissenschaftliche Leistungen ist wertvoll nur in dem Maße, in dem das ehemals Geleistete dazu beiträgt, Antworten auf aktuelle Problemstellungen zu finden. Was Lerschs Philosophie des Erlebens anbelangt, so ist diese in vielfältiger Weise an aktuelle Diskussionen innerhalb der philosophischen Psychologie anschlußfähig. Insbesondere dort, wo sich in den *cognitive sciences* der Gegenwart das Problem der Subjektivität des Mentalen aufdrängt, können Lerschs Intuitionen über die Zuständlichkeit des Seelischen dazu beitragen, auf Lücken und Schwächen psychofunktionalistischer Ansätze hinzuweisen. Dies gilt nicht zuletzt für die Frage danach, welche Rolle den Gefühlen in der Selbst- und Welterfahrung zukommt: ein Problem, welches von den Vertretern eines materialistischen Reduktionismus ebenso gern beiseite geschoben wird wie seitens vieler Vertreter der KI-Forschung. Dem Versuch, phänomenale Erlebnisse entweder auf Materiezustände oder auf (computational gedeutete) Geistzustände zu reduzieren, können Qualia-Theoretiker mit dem berechtigten Hinweis darauf begegnen, daß die Zuständlichkeit der Selbst- und Welterfahrung jedem Gegenstandsbezug seine innere Lebendigkeit verleiht.[54]

Daß die Anerkennung der qualitativen Aspekte menschlichen Erlebens keineswegs dazu führen muß, die Seele als Substanz oder als weltabgeschiedenes Refugium subjektivistischer Innerlichkeit zu deuten: dies hat Philipp Lersch in aller Schärfe erkannt. Heutige Qualia-Verfechter können in dieser Hinsicht unmittelbar an seine Frühschriften zur Lebensphilosophie anknüpfen. Sie können aus seinen subtilen Zustandsbeschreibungen des Seelischen wertvolle Argumente gegen einen Psychofunktionalismus gewinnen, der, von der lebensphilosophischen Tradition psychologischen Denkens abgeschnitten, den Eigensinn menschlicher Erlebnishorizonte einem ebenso modischen wie horizontlosen Naturalismus opfert.

---

[54] Zur zeitgenössischen Diskussion um phänomenale Qualia vgl. H.-D. Heckmann/S. Walter (Hg.): Qualia. Ausgewählte Beiträge, Paderborn 2001.

Editorische Notiz und Danksagung

Die lebensphilosophischen Schriften Philipp Lerschs erscheinen in der vorliegenden Edition erstmals in gesammelter Form. Was die textliche Substanz betrifft, so wurden alle Schriften in ihrem Originalzustand belassen. Selbst dort, wo gelegentliche Redundanzen einen Eingriff möglich gemacht hätten, wurde auf Textkürzungen verzichtet. Grund dafür ist die Auffassung des Herausgebers, daß Redundanzen nie bloße Wiederholungen darstellen, sondern eine (und sei es noch so geringfügige) Neuakzentuierung des Gedankens beinhalten.

Auch im Hinblick auf die Orthographie wurden die Texte in ihrem ursprünglichen Zustand belassen. Ausnahmsweise Veränderungen waren lediglich dort nötig, wo die zugrundeliegenden Fassungen offenkundige Fehler aufweisen oder der Autor zu uneindeutiger Schreibweise (etwa ‚Kantischen' versus ‚Kant'schen') neigt.

Was die Zitierweise sowie die bibliographischen Angaben angeht, so weisen die ursprünglichen Texte beachtliche Heterogenitäten auf. Wo immer es möglich war, wurden diese gemäß heutiger wissenschaftlicher Standards zu vereinheitlichen versucht. Eine Ausnahme bildet der Text „Grundsätzliches zur Lebensphilosophie". Dieser wurde in derjenigen Form belassen, welche seinerzeit von den verantwortlichen Redakteuren der „Blätter für Deutsche Philosophie" akzeptiert worden ist.

Ich danke Ronny Becker (TU Chemnitz) für seine große Unterstützung bei der Digitalisierung der Texte sowie bei den Korrekturlesegängen. Dem Verleger Robert Kozljanič gilt mein Dank für die Anregung des Editionsprojekts sowie dafür, daß er es bis zur Fertigstellung in vielerlei Hinsicht hilfsbereit betreut hat.

Marburg, Februar 2011
Thomas Rolf

Nachweis der Erstveröffentlichungen

Philipp Lersch: Lebensphilosophie der Gegenwart. Berlin: Junker und Dünnhaupt 1932 (Philosophische Forschungsberichte, 14).

Philipp Lersch: Eine Philosophie des Lebens. (Zu Ludwig Klages „Der Geist als Widersacher der Seele". I. u. II. Band, Leipzig 1929), in: Blätter für Deutsche Philosophie 5 (1931/1932), 92-109.

Philipp Lersch: Grundsätzliches zur Lebensphilosophie, in: Blätter für Deutsche Philosophie 10 (1936), 22-55.

Philipp Lersch: Seele und Welt. Zur Frage nach der Eigenart des Seelischen. Leipzig: Joh. Ambr. Barth 1941, ^{2}1943.

Lebensphilosophie der Gegenwart (1932)

Einleitung

In dem der geistigen Situation unserer Gegenwart eigenen Suchen nach neuen Sinn- und Wesensgehalten des menschlichen Daseins sind die Begriffe des Lebens und Erlebens zur Signatur mannigfach verzweigter geistiger Bestrebungen geworden. Der Bereich, innerhalb dessen die genannten Begriffe ihre Anwendung finden – und zwar fast immer mit einem gewissen Pathos – ist vielgestaltig. Er umfaßt sowohl das Gebiet der Kunst und Kunsttheorie als auch das der Religion; er erstreckt sich ebenso auf ein Teilgebiet der Naturwissenschaften, die Biologie, wie auf die Diskussion der Fragen menschlicher Lebensgestaltung und Lebensführung. Vor allem aber ist – worauf besonders Simmel[1] hinweist – der Begriff des Lebens im zwanzigsten Jahrhundert zu einem Zentralbegriff des philosophischen Denkens geworden in demselben Sinne, in dem in der Antike das Sein, im Mittelalter der theistische Gottesbegriff, in der Renaissance die Natur, in der klassischen deutschen Philosophie das Naturgesetz und in der romantischen Epoche das Ich philosophische Zentralbegriffe waren. So hat sich nach einem großartigen Auftakt, der von Nietzsche ausging, etwa seit der Jahrhundertwende eine besondere Philosophie des Lebens herausgebildet, deren Lehrmeinungen, nur selten in der geschlossenen Form eines Systems dargeboten, sich vor allem an die Namen Bergson, Dilthey, Spengler, Simmel und Klages knüpfen.

H. Rickert[2] hat vor etwas mehr als einem Jahrzehnt die Philosophie des Lebens einer scharfen Kritik unterzogen und sie *in summa* als *Modeerscheinung* qualifiziert. Das war ein hartes Wort; denn es stellt die Lebensphilosophie in die Reihe alles dessen, was gerade auf dem Markte des Zeitgeistes nachgefragt und gehandelt wird; kein Vorwurf aber könnte eine Philosophie, deren Anspruch ja immer auf Wahrheit und Endgültigkeit geht, schneidender treffen als das genannte Rickertsche Wort. Nun ist zuzugeben, daß der Begriff Leben und alle diejenigen, die von ihm abgeleitet sind, wie vor allem derjenige des Lebensgefühls, in gewissem Grade zu zeittypischen Schlagworten geworden und dadurch belastet sind mit der ganzen Fragwürdigkeit, die eben den Schlagworten einer Epoche eigentümlich ist. Jedoch in dieser modischen

---

[1] G. Simmel: Der Konflikt der modernen Kultur, München ^{3}1926.

[2] H. Rickert: Die Philosophie des Lebens. Darstellung und Kritik der philosophischen Modeströmungen unserer Zeit, Tübingen ^{2}1922.

Aktualität der Lebensphilosophie erschöpft sich keineswegs der wesentliche Gehalt der Sache, um die es hier geht. Der Kern dessen, was die Lebensphilosophie will, stellt ein überzeitliches Problem der philosophischen Besinnung dar, das freilich gerade heute aus der geistesgeschichtlichen Konstellation heraus eine besondere Akzentuierung erfährt, ein Problem, mit dem es um nichts weniger als um das Ganze des Menschen und das Ganze der Wirklichkeit geht.

Bevor hier versucht wird, eben diesen Problemkern der modernen Lebensphilosophie herauszuschälen und in den Abwandlungen ihrer einzelnen Vertreter darzustellen, ist es geboten, den Begriff der Lebensphilosophie zu präzisieren, und zwar im Hinblick auf seinen schwankenden Sinn im philosophischen Sprachgebrauch, wo mindestens vier verschiedene Bedeutungen zu unterscheiden sind.

In einer mehr vulgären Auffassung ihres Begriffes erscheint die Lebensphilosophie als Philosophie *für* das Leben, als eine Anwendung philosophischen Wissens auf das Leben des Alltags. In solchem Sinne eines in philosophischer Orientierung geführten Lebens wird etwa Sokrates von Riehl als der hauptsächlichste Vertreter der Lebensphilosophie im Altertum erwähnt.[3]

In einer zweiten Bedeutung ist die Lebensphilosophie zu verstehen als die Besinnung auf die Frage nach dem *Sinn des menschlichen Lebens*, der Stellung des Menschen im Kosmos der Natur und der Geschichte. Hier geht es um die Deutung des Menschen aus der Welt und diejenige der Welt aus dem Menschen.[4]

Nach einer ganz anderen Richtung geht derjenige Gebrauch des Begriffes einer Philosophie des Lebens, in dem Leben verstanden wird als Inbegriff aller *Lebensvorgänge*. Hierher gehören die Problemkreise des Vitalismus und Neovitalismus, die sich heute um eine „Philosophie des *Organischen*“ in Kontrastierung zur Wissenschaft des Mechanischen zentrieren.[5]

Als eine vierte Bedeutung des Begriffes einer Philosophie des Lebens hat schließlich diejenige zu gelten, in der es sich handelt um die philosophische Besinnung auf die Inhalte des Erlebens, genauer gesprochen um die Frage, ob und wieweit das Erleben imstande ist, uns den Bereich der Wirklichkeit aufzuschließen. Dabei rückt sogleich die Klärung des Begriffes „Erleben“ in die Mitte der Problemstellung.

Ausschließlich in diesem letzteren Sinne einer *Philosophie des Erlebens* wird hier der Begriff der Lebensphilosophie gebraucht. Diese Abgrenzung geht insoweit konform mit der Rickertschen Auffassung, als auch Rickert die im Erleben fundierte „in-

---

[3] A. Riehl: Zur Einführung in die Philosophie der Gegenwart, Leipzig 1908, 189. – Hierher gehört auch A. Messer: Lebensphilosophie, Leipzig 1931.

[4] Vorwiegend in diesem anthropologischen Sinne gebraucht B. Groethuysen (Philosophische Anthropologie, München/Berlin 1931) den Begriff der Lebensphilosophie.

[5] Vgl. hierzu vor allem H. Driesch: Der Vitalismus als Geschichte und als Lehre, Leipzig ²1922. Ders.: Die Philosophie des Organischen, Leipzig ²1921. – Hierüber auch W. Burkamp: Naturphilosophie der Gegenwart, Berlin 1930 (Philosophische Forschungsberichte, Heft 2). Ferner das Sammelwerk H. Driesch (Hg.): Das Lebensproblem im Lichte moderner Forschung, Leipzig 1931.

tuitive Lebensphilosophie“ als die allgemeinste Richtung dessen bezeichnet, was heute als das Vielerlei lebensphilosophischer Bestrebungen zu finden ist.[6] Nun ist allerdings die hier zugrunde gelegte Abgrenzung des Begriffes der Lebensphilosophie gegen die drei übrigen Bedeutungen nicht ganz streng. Denn auch von einer Philosophie des Erlebens werden die drei anderen der genannten Problemkreise gestreift bzw. betreten. Vor allem gilt dies für den biologistisch-vitalistisch gemeinten Begriff der Lebensphilosophie. Der für sie entscheidende Gedanke des Organismus und der Totalität ist letzten Endes inspiriert von der Erfahrung dessen, was hier als der Inhalt des Begriffes „Erleben” zu klären ist.

I. Erlebnis und Gegenständlichkeit

Es ist ein doppelter Sinn, den der *Begriff des Erlebnisses* einschließt, ein weiterer und ein engerer. In seiner weiteren Bedeutung findet sich der Terminus „Erlebnis“ angewandt überall da, wo von *„Bewußtseinserlebnissen*“ gesprochen wird, um einen Oberbegriff zu setzen für alles das, was für ein Ich erfahrbar ist. Von einer Philosophie des Erlebens in diesem Sinne könnte allenfalls die Rede sein im Hinblick auf den erkenntnistheoretischen Idealismus, wie er in Berkeleys Prinzip des *esse = percipi* festgelegt ist. Jedoch findet sich nirgends der Begriff der Erlebnisphilosophie in diesem Sinne verwandt. Um vielmehr die Bedeutung des Erlebnisbegriffes in Zusammenhang mit der modernen Lebensphilosophie aufzuhellen, ist es nötig, den Gesamtbestand der Bewußtseinserlebnisse zunächst einmal psychologisch-deskriptiv aufzugliedern in zwei Arten von Inhalten, die, wenn auch jeweils in verschiedenen Anteilen, so doch grundsätzlich das Ganze jeder Bewußtseinslage konstituieren.

Die eine Art umfaßt alles das, was uns *gegenständlich* und distant, als ein Anderes und Fremdes im Schema der Spaltung von *Subjekt-Objekt* gegeben ist. Hierzu gehören die Wahrnehmungen, Vorstellungen, Begriffe und ihre Verbindungen. Neben diesen Inhalten finden sich, wenn auch in noch so geringem Grade, in dem jeweils aktuellen Gesamtzustand des Bewußtseins immer auch Wesensgehalte, die uns gegeben sind als die Erfahrung eines inhaltlich qualifizierten – also nicht nur rein formal existenten – subjektiven Kerns, als die Qualitas einer intimen *Zuständlichkeit*.[7]

Dieser Unterschied von Bewußtseinsgegenständlichkeit und Bewußtseinszuständlichkeit ist es, an dem der Begriff „Erlebnis“ seinen engeren Sinn gewinnt; von Erlebnis sprechen wir im Hinblick auf die Erfahrung von Wesensgehalten der Zuständlichkeit, der Befindlichkeit, die immer ausgezeichnet sind durch das Moment der *Unmittelbarkeit*, mit der der Modus des eigenen Seins gewußt wird. In dieser

[6] H. Rickert: Die Philosophie des Lebens, a. a. O., 36.

[7] Auch der Begriff der Befindlichkeit, den Heidegger („Sein und Zeit“) einführt, kann zur Erhellung dieses Tatbestandes dienen, wenngleich er nicht eigentlich zu deskriptiv-psychologischen Zwecken aufgestellt ist.

unvergleichlichen Art sind die Gehalte des Erlebens phänomenal etwas wesensmäßig anderes als die Bewußtseinsgehalte vom Charakter der Gegenständlichkeit.[8]

Natürlich ist bei dieser Unterscheidung daran festzuhalten, daß das, was phänomenologisch als Zweiheit zu kennzeichnen ist, existentiell ein Ganzes bildet. Erst das gegenseitige Verhaftetsein von Wesensgehalten der Gegenständlichkeit und solchen des Erlebnisses macht das Ganze der Erfahrung unseres In-der-Welt-Seins und unseres Welthabens aus. Dabei erscheint es jedoch von Bedeutung, daß die verschiedenen Bewußtseinslagen sich sehr mannigfach voneinander unterscheiden je nach dem Maße, in dem die Erlebnisgehalte oder die Gehalte der Gegenständlichkeit den eigentlichen Sinn- und Wertakzent des Bewußthabens tragen. Der Vollzug eines logisch-mathematischen Gedankens, bei dem der entscheidende Sinnakzent und Wesensgehalt ganz in der Sphäre der Gegenständlichkeit liegt, und anderseits die Bewußtseinslage im Zustand der Angst stehen sich hier als mögliche Extreme gegenüber.

Der spezifische Sinn einer Unterscheidung von Erlebnis und Gegenständlichkeit innerhalb unserer Gesamterfahrung ist es also, der der Philosophie des Erlebens ihren eigentlichen Sinn verleiht. So interpretiert auch Rickert den Begriff des Erlebens im Hinblick auf die moderne Lebensphilosophie mit jener Gewohnheit, in der wir sagen, es sei uns etwas Erlebnis, wenn wir damit meinen, daß uns etwas nicht fremd und distant geblieben, sondern zu einem Stück unseres Selbst geworden sei.[9]

Die nichtgegenständliche Unmittelbarkeit der Erlebniserfahrung betont unter den Lebensphilosophen vor allem Dilthey: „Das Erlebnis steht nicht als ein Objekt dem Auffassenden gegenüber, sondern sein Dasein für mich ist ununterschieden von dem, was in ihm für mich da ist."[10] Im Erlebnis besteht nach Dilthey – eine übrigens unmittelbar an die mystische Gotteserfahrung gemahnende Formulierung – „nicht der Unterschied zwischen einem Gegenstand, der erblickt wird, und dem Auge, welches ihn erblickt".[11]

Ist nun Philosophie die Besinnung auf die Wirklichkeit und auf Möglichkeit und Weg ihrer Erkenntnis, so hat die Philosophie des Erlebens ihr Grundmerkmal darin, daß sie die Erfahrung von Wirklichkeit letztlich begründet sein läßt nicht in Merkmalen, mit denen uns Welt lediglich als Gegenständlichkeit gegeben ist und als solche

---

[8] Grundsätzlich dieselbe Trennung trifft Reininger, indem er von Erlebnis und Vorstellung spricht: „Erlebnis und Vorstellung sind die beiden deutlich unterscheidbaren Seiten jeder Bewußtseinserscheinung und jedes Bewußtseinsmomentes. Dieses sind zwei einander durchdringende Momente jeder augenblicklichen Bewußtseinslage." (R. Reininger: Das psychophysische Problem, Wien 1916, 2. Kapitel, 1: Erleben und Vorstellung.)

[9] H. Rickert: Die Philosophie des Lebens, a. a. O., 43. Freilich sieht Rickert die Tragweite dieser Formulierung nicht, wie er überhaupt den eigentlichen Intentionen der Lebensphilosophie nicht voll gerecht zu werden vermag.

[10] W. Dilthey: Der Aufbau der geschichtlichen Welt in den Geisteswissenschaften, in: Gesammelte Schriften, Band VII, hg. von B. Groethuysen, Berlin/Leipzig 1927, 139.

[11] Zitiert in Mischs Vorbericht zu W. Dilthey: Die geistige Welt. Einleitung in die Philosophie des Lebens, 1. Hälfte: Abhandlungen zur Grundlegung der Geisteswissenschaften, in: Gesammelte Schriften, Band V, hg. von G. Misch, Berlin/Leipzig 1924, VII-CXVII, LXXIX.

von uns gewußt wird, sondern daß für sie das wesenhafte Haben und das wissensmäßige Innesein von Wirklichkeit sich konstituiert in Wesensgehalten des Erlebens. Der oben rein psychologisch-deskriptiv angedeutete Unterschied von Erlebnis und Gegenständlichkeit erfährt also eine Wendung in der Richtung der philosophischen Wirklichkeitsfrage, in der das Erlebnis recht eigentlich als das Organon der Welterfahrung und des Welterkennens zur Geltung kommt.

Zugleich mit dem Organ der Wirklichkeitserfahrung ist auch ihr Inhalt modifiziert. Wird für die Lebensphilosophie das Erleben in seiner Intimität und Unvermitteltheit zum Prototyp des adäquaten Wissens um Wirklichkeit, so wird die Wißbarkeit der Phänomene gerade da *nicht* gesucht, wo Kant sie in der Selbstbescheidung diskursiven Wissens als allein möglich erklärt hat, nämlich in ihrem Gegenstand-Sein, sondern man bemüht sich um das der psychischen Erfahrung des Erlebens analog gemeinte intime In-Sich-Sein der Phänomene, für das der Begriff des Lebens in Anspruch genommen wird. Der Begriff des Lebens ist in den Philosophien des Erlebens also nicht aus dem naturwissenschaftlichen Erfahrungsbereich übernommen, sondern ursprünglich an der Erfahrung des Erlebens konzipiert und allenfalls von hier aus dann an den biologischen Erfahrungskreis herangetragen. „Ehedem suchte man von der Welt aus Leben zu erfassen. Es gibt aber nur den Weg von der Deutung des Lebens zur Welt. Und das Leben ist nur da im Erleben.“[12] Analog leitet auch Palágyi die lebensphilosophische Bedeutung des Lebensbegriffes von der Erfahrung des Erlebens ab in dem Sinn, daß im Begriff des Lebens das Erleben auf seinen Wirklichkeitsgehalt hin gesehen wird. „Von vitalen Tatsachen kann [...] nur deshalb die Rede sein, weil wir das Leben in uns selbst finden. Könnten wir es nicht in uns selbst finden, so wären wir auch nicht imstande, es irgendwo anders zu suchen.“[13]

Mit der bis jetzt versuchten Klärung der Begriffe ist freilich nur eine sehr allgemeine und vorläufige Bestimmung dessen, worauf die Lebensphilosophie abzielt, angebahnt. Wenn sich ihr Sinn auch erst differenziert in der Erörterung der einzelnen lebensphilosophischen Problemkreise, so läßt sich dennoch an dieser Stelle schon zweierlei grundsätzlich sagen:

Sucht die Lebensphilosophie die Wirklichkeit in der intimen Erfahrung des Erlebens, so ist es begreiflich, daß in ihr eine besondere Bedeutung *den* Tatsachen zukommt, die wir als *Gefühl, Stimmung, Affekt und Trieb* kennen.[14] Und ferner: Indem die Lebensphilosophie sich mitten hinein stellt in die Erfahrung des Erlebens, gerät sie notwendig in einen Gegensatz gegen das *rationale diskursive Denken.* Das diskursive Denken gründet sein Wirklichkeitsbild lediglich auf die Tatbestände des Gegenstandbewußtseins, auf Wahrnehmungen und Vorstellungen als Inhalten, die

---

[12] W. Dilthey: Der Aufbau der geschichtlichen Welt in den Geisteswissenschaften, a. a. O., 291.

[13] M. Palágyi: Naturphilosophische Vorlesungen. Über die Grundprobleme des Bewußtseins und des Lebens, Leipzig ^{2}1924, 6.

[14] „Trieb, Gefühl, Leidenschaften, Volitionen sind das Zentrale in dem, was wir Leben nennen“ (W. Dilthey: Die geistige Welt, 1. Hälfte, a. a. O., XC).

immer schon kategorial durch das Denken geformt sind, ein Gegenstand-Sein intendieren, also im Schema der Subjekt-Objekt-Spaltung erscheinen, in dem das Denken sich wesensgesetzlich vollzieht. So erhält die Lebensphilosophie ihren besonderen Akzent durch den *Gegensatz von Erleben und Denken.* Als das *primum datum* der philosophischen Besinnung auf die Wirklichkeit der Außenwelt sowohl wie diejenige des nach innen schauenden Subjektes wird nicht das *cogito* des Descartes anerkannt, sondern die Augustinische Selbstgewißheit der Realität des *vivo*, die wesentlich gegeben ist in den Modi der Zuständlichkeit. Für das diskursive Denken dagegen ist wißbare Wirklichkeit von Hause aus gegeben in der Kategorie der Gegenständlichkeit, so daß in seinem Geltungsbereich etwa die Zuständlichkeit einer Stimmung oder eines Gefühls als ein Weg, auf dem Wirklichkeit zur Erfahrung gelangt, niemals in Frage kommen kann.

Von hier aus divergieren zwei wesensverschiedene Geltungsreihen: die *psychologische* des *Erlebens* und die *kritisch-logische* des *diskursiven Denkens.*[15] Der Geltungsbegriff wird wesentlich ins *Emotional-Irrationale* abgedreht, dem Erleben wird nicht nur ein autonomer, sondern der eigentlich primäre Geltungswert zuerkannt. „Leben ist die Grundtatsache, die den Ausgang der Philosophie bilden muß. Es ist das von innen Bekannte, es ist dasjenige, hinter welches nicht zurückgegangen werden kann. Leben kann nicht vor den Richterstuhl der Vernunft gebracht werden."[16]

In der gekennzeichneten originären Position des Erlebens liegt es eingeschlossen, daß die Lebensphilosophie bei allen ihren Vertretern einsetzt mit einer Besinnung auf das *Ganze* unseres Bewußtseins in seiner Unmittelbarkeit, daß sie sich in ihrem Bemühen, die Wirklichkeit zu finden und zu erhellen, nicht begnügt mit einem Aufenthalt in der formalen Sphäre der Gegenständlichkeiten, sondern daß sie hineinhorcht in den Menschen bis in jenen dunklen substantialen Grund der tausend Nuancen von Zuständlichkeiten, Stimmungen, Gefühlsregungen und Antrieben, in die die distinkten Inhalte dessen, was als Gegenständlichkeit gewußt wird, wie in einen Mutterboden eingesenkt sind und an denen der Wortschatz der Sprache völlig unzulänglich wird. Indem dann bei fast allen Lebensphilosophen aus der Besinnung auf das Ganze der psychischen Erfahrung die psychologische Wirklichkeit metaphysiziert wird, eröffnet sich ein Wirklichkeitsaspekt, der kontrastiert wird zum Weltbild des gegenständlich Gedachten. Zwei Welten treten auseinander, hier die Welt des Seelischen in ihrer unmittelbaren Ganzheit, die hineingeht bis in die letzten Horizonte und die ins Dunkel verschwindenden Tiefen der Lebenszuständlichkeiten, und dort die Welt der vorgestellten und gegenständlich gedachten, begrifflich *clare et distincte* umzirkten Dinge und Sachverhalte.

[15] A. Liebert: Das Problem der Geltung, Berlin 1914 (= Kant-Studien, Ergänzungsheft 32), 15.
[16] W. Dilthey: Der Aufbau der geschichtlichen Welt in den Geisteswissenschaften, a. a. O., 359.

II. Innen und Außen

H. Bergson

Ist *Bergson* derjenige Kopf, der von je als der eigentliche Vertreter moderner Lebensphilosophie[17] galt und der auch heute noch neben Klages in erster Linie zu nennen ist, so zeigt sich gerade bei ihm in grundsätzlicher Form, daß der Aspekt der ausschließlich in der Kategorie der Gegenständlichkeit gewußten Wirklichkeit – also vor allem der Wirklichkeit dessen, was wir die *Außenwelt* nennen – nicht nur eine Einengung und Beschneidung, sondern auch eine Transformierung des ursprünglichen Erfahrungstatbestandes darstellt. Nennt man diesen primären Gehalt der Bewußtseinsgegebenheiten *Erlebniswirklichkeit* – nicht zwar deshalb, weil er sich ausschließlich konstituiert aus Wesensgehalten der Zuständlichkeit, sondern im Hinblick darauf, daß er die Wesensgehalte des Erlebens als fundierende, substantiale Momente in seine Totalität mit einschließt –, so kommt Bergson das Verdienst zu, die wahre Ansicht der Erlebniswirklichkeit wiedergewonnen zu haben, indem er sie freimachte aus der Umklammerung von Denkgewohnheiten, mit denen wir uns in der gegenständlich gedachten Außenwelt bewegen.[18] Diese Welt erscheint als das Insgesamt von Dingen, die ihre festen Grenzen haben und in ihren wesentlichen Bestimmungsmerkmalen an verschiedenen Stellen des Zeitverlaufs identisch sind. Die Besinnung auf die Erlebniswirklichkeit, die jedenfalls nicht ausschließlich die Gegebenheitsweise reiner Gegenständlichkeit hat, zeigt dagegen einen Bereich unablässiger Veränderung, ein Fließen ohne Ende, bei dem sich die Zustände von Sekunde zu Sekunde wandeln. Abgesehen von diesem *fließenden Charakter* unterscheidet sich die Erlebniswirklichkeit noch durch ein zweites Moment grundsätzlich von der Wirklichkeit des Gegenständlichen. Die erstere wäre in ihrer Originalität falsch beurteilt, wenn sie gesehen würde unter dem Bilde etwa einer Perlenreihe, die im Schema des *Nebeneinander* auf den Faden des Ich gereiht ist. Denn jede dieser Perlen steht zu den anderen in der Beziehung der *äußeren Ausschließung*. Die Eigenart dagegen, die Bergson für die seelische Wirklichkeit beansprucht, wäre am ehesten anschaulich zu machen durch das Bild von Wellenkreisen, die um den Einfall eines Steines auf einer Wasseroberfläche entstehen und sich nach außen immer weiter fortpflanzen, wobei jeder neue Kreis alle vergangenen in sich schließt. Freilich ist auch dieses Bild nicht ganz zutreffend; denn es enthält immer noch in gewissem Grade das Schema des Nebeneinander; das räumliche Ineinander ist immer noch etwas anderes als die eigenartige Beziehung der gegenseitigen *Durchdringung* der wechselnden Erlebniszustände, die Bergson mit Recht im Bereich der Erlebniswirklichkeit hervorhebt; es handelt sich

[17] H. Rickert: Die Philosophie des Lebens, a. a. O., 22.

[18] Vgl. hierzu vor allem H. Bergson: Zeit und Freiheit. Eine Abhandlung über die unmittelbaren Bewußtseinstatsachen, übersetzt von G. Kantorowicz, Jena 1911.

eben hier um Verhältnisse, die zu denjenigen der gegenständlich-räumlichen Ausdehnung völlig andersartig sind.

Aus der Eigenart, die der Erlebniswirklichkeit gegenüber der Wirklichkeit gedachter Gegenstände der Außenwelt zukommt und die in dem fließenden Charakter und in dem Verhältnis der Durchdringung der einzelnen unterscheidbaren Phasen besteht, folgt für die Erlebniswirklichkeit grundsätzlich, daß es in ihr nicht wie im Bereich des Physikalischen Berechnung gibt, die durch die Tatsache der Wiederholung ermöglicht wird; die psychische Wirklichkeit ist vielmehr verschwenderische Entfaltung eines rational nicht eruierbaren Grundes in immer neuen Formen, sie ist die Erscheinung des *Schöpferischen* schlechthin, ist „schöpferische Entwicklung". Ja es ist recht eigentlich erst die Besinnung auf die unmittelbare Erfahrung unserer Bewußtseinswelt, der wir die Idee des schöpferischen Werdens, in dem alle Vergangenheiten sich zu immer neuen Gegenwarten durchdringen, entnehmen.

Um die Originalität und Unvergleichbarkeit dieser Ansicht der seelischen Wirklichkeit zu kennzeichnen, hat Bergson den Begriff der *durée réelle* oder *intérieure* geprägt; er bestimmt sie als „die Form, die die Sukzession unserer Bewußtseinsvorgänge annimmt, wenn unser Ich sich dem Leben überläßt, wenn es sich dessen enthält, zwischen den gegenwärtigen und den vorhergehenden Zuständen eine Scheidung zu vollziehen".[19]

Ist dies der wahre Aspekt der seelischen Wirklichkeit, so ist es keineswegs der dem Menschen selbstverständliche, ja es bedarf einer besonderen Anstrengung der Besinnung, um ihn zur Sicht zu bringen. Denn wir sind gewöhnt, die seelische Welt durch diejenigen Denkformen hindurch zu betrachten, die wir gewonnen haben aus der Erfahrung der Welt der Gegenstände, des Raumes, der Welt dessen, was uns als ein *Außen* gegeben ist. Im Raume haben die Einzeldinge scharfe Grenzen gegeneinander, die Dinge sind im Schema des Nebeneinander angeordnet, das eine ist außerhalb des anderen. „Für die Körperwelt des Raumes gilt die strenge Gesetzlichkeit der gegenseitigen Ausschließung: eine logische Notwendigkeit führt zu dem Gesetz, daß zwei Körper nicht gleichzeitig einen und denselben Ort im Raume einnehmen können."[20] Die Gewohnheit nun, die Gegebenheiten der Außenwelt im Schema des Nebeneinander, der gegenseitigen Ausschließlichkeit zu denken, übertragen wir – recht eigentlich ein Zeichen dafür, wie sehr wir uns an das „Außen" verloren haben – nach Bergson auch auf unsere Betrachtung und gedankliche Zurechtlegung der seelischen Innenwelt. Somit kommt die Besinnung auf die Wirklichkeit des seelischen Erlebens bei Bergson einer Befreiung aus dem Prinzip der Gegenständlichkeit, aus dem Banne des Raumes gleich und wird zu einem Untertauchen in den Fluß der Zeit. Für die philosophische Fragestellung wird damit die Zeit zu einem Ur- und Grundphänomen der Wirklichkeit. Und zwar gilt dies nicht nur für Bergson, sondern es ist typisch für alle lebensphilosophischen Richtungen. „In dem Leben ist als erste kate-

---

[19] H. Bergson: Zeit und Freiheit, a. a. O., 78.
[20] Ebd., 69.

goriale Bestimmung desselben, grundlegend für alle anderen, die Zeitlichkeit enthalten."[21] Analog heißt es bei Spengler, „daß wir selbst, insofern wir leben, die Zeit sind".[22] Entsprechend ist auch für Bergson die Zeit die Wesensform der Wirklichkeit des Innen, während die Daseinsform der Außenwelt oder, besser gesagt, der Welt als Außen gesehen, der Raum ist.[23]

Es stehen sich also zwei wesensverschiedene Wirklichkeiten gegenüber: die Welt des Außen, des Ausgedehnten, des Zählbaren, Quantitativen, im Schema des Nebeneinander Geordneten, die Wirklichkeit des Raumes. Wie seine einzelnen Phänomene dem seelischen Subjekt äußerlich sind, so sind sie auch einander äußerlich. Auf der anderen Seite steht die seelische Welt, die Wirklichkeit der Zeit, in der uns reine Qualitäten zur Erfahrung des Innen gebracht werden. Ihre unterscheidbaren Phänomene stehen zueinander im Verhältnis des Ineinander. Freilich wird es immer Schwierigkeiten bereiten, dieses Verhältnis der Durchdringung klar zu denken, da Denken seinem Wesen nach immer auf Anordnung im Schema des Nebeneinander gerichtet ist. So ist also die Rede vom seelischen Ineinander ein Grenzbegriff, mit dem wir uns an den wahren Sachverhalt des Psychischen heranzutasten versuchen, dabei immer aber in Gefahr sind, den Bereich des Denkbaren zu transzendieren.

Nachdem Bergson den Gegensatz einer Wirklichkeit der *durée réelle*, die ausgezeichnet ist durch den Charakter des Fließens und durch das Gesetz der Durchdringung, und einer im Schema des unterscheidbaren Nebeneinander gegebenen Wirklichkeit des Außen herausgearbeitet hat, führt er die lebensphilosophische Linie dahin weiter, daß er die ursprüngliche Erfahrung des Erlebens zum Ausgangspunkt für die Interpretation auch der Außenwelt in ihren mannigfaltigen Erscheinungen macht. Wie wir unser eigenes Innenleben als eine dauernde Schöpfung erleben, so sucht Bergson nachzuweisen, daß das Emportreiben von Formen aus einem Quell, den wir mit dem freilich letzten Endes ins Dunkel verlaufenden Begriff des Lebens bezeichnen müssen, das Wesen auch der außenweltlichen Wirklichkeit ist. Das intime unmittelbare ganzheitliche Innesein unserer seelischen Existenz, das frei ist von der Kategorie der

---

[21] W. Dilthey: Der Aufbau der geschichtlichen Welt in den Geisteswissenschaften, a. a. O., 192.

[22] O. Spengler: Der Untergang des Abendlandes. Umrisse einer Morphologie der Weltgeschichte, 1. Band: Gestalt und Wirklichkeit, München 1920, 161.

[23] Freilich ist Zeit im Sinne Bergsons ihrem Wesen nach etwas anderes, als was Kant meint, wenn er von der Zeit als der Anschauungsform des inneren Sinnes spricht, die dem Raume als der Anschauungsform des äußeren Sinnes gegenübersteht. Kants Begriff der Zeit ist für Bergson nichts anderes als eine Raumanalogie, in der die Phänomene im Schema des Nebeneinander aufgereiht und zueinander äußerlich sind. Indem wir die Bewußtseinsvorgänge so nebeneinander stellen, „daß wir sie simultan apperzipieren, und zwar nicht ineinander, sondern nebeneinander", projizieren wir „die Zeit in den Raum, wir drücken die Dauer (*durée*) durch Ausgedehntes aus und die Sukzession nimmt für uns die Form einer stetigen Linie oder einer Kette an, deren Teile sich berühren, ohne sich zu durchdringen" (Zeit und Freiheit, a. a. O., 79). Gegen die verräumlichte, physikalische Zeit Kants sucht Bergson die originale psychische Zeit, die Gegebenheitsform des Erlebens mit der ganzen Leidenschaft eines Menschen der Innerlichkeit zu rehabilitieren.

Gegenständlichkeit, sich nicht im Schema der Subjekt-Objektspaltung vollzieht, wird zum *Urtypus* der Erkenntnis überhaupt.

Der Weg, auf dem Bergson dieses neue Weltbild zu begründen sucht, kann hier nur in den Grundideen angedeutet werden. Wenn oben gesagt wurde, daß die Welt des gegenständlichen Außen charakterisiert erscheint durch die Tatsache bestimmter Konturen, durch die die Einzeldinge voneinander abgegrenzt sind, und ferner durch die Tatsache, daß diese Dinge unveränderlich und beständig in der Zeit beharren, so ist jetzt als Korrektiv der Satz hinzuzufügen, daß diese Ansicht nach Bergson schon eine Auslegung ist, die der Intellekt von der äußeren Wirklichkeit gibt. Der Aspekt der Wirklichkeit, den uns das System unserer Begriffe gibt, ist nicht der originale unmittelbar vorgefundene. Eine Besinnung auf die Art, wie die Dinge im Spiegel unseres Bewußtseins vorüberziehen, läßt uns erkennen, daß auch die Welt da draußen dauernd fluktuiert, ein ununterbrochener Strom ist, der sich in die Zukunft weiterschiebt und niemals an zwei verschiedenen Zeitstellen denselben Aspekt bietet. Es wird also ein heraklitischer Grundcharakter der Wirklichkeit aufgezeigt, der in allen lebensphilosophischen Richtungen erscheint, inauguriert durch jene Sätze, mit denen Nietzsche unvergleichbar das Weltbild des Heraklit skizziert: „Ich sehe nichts als Werden. Laßt euch nicht täuschen! In eurem kurzen Blick liegt es, nicht im Wesen der Dinge, wenn ihr irgendwo festes Land im Meere des Werdens und Vergehens zu sehen glaubt. Ihr braucht Namen der Dinge, als ob sie eine starre Dauer hätten: aber selbst der Strom, in den ihr zum zweiten Male steigt, ist nicht derselbe als beim ersten Male." (Nietzsche, Die Philosophie im tragischen Zeitalter der Griechen.)

An der Stelle nun, an der sich die Frage erhebt, wie es kommt, daß der natürliche heraklitische Aspekt der Wirklichkeit dem Menschen so wenig selbstverständlich ist, setzt bei Bergson eine besondere Lehre vom *Intellekt* ein.[24]

Der Intellekt ist nicht das, wofür er sich selbst gerne ausgeben möchte, nämlich ein Mittel der Erkenntnis um der Erkenntnis willen, sondern er ist eine Funktion, die sich ausschließlich unter dem Zwange des praktischen Handelns herausgebildet hat. Wir gewinnen den heraklitischen Aspekt der Wirklichkeit nur dann, wenn wir alle Absichten einer zweckgerichteten Verwendung der Wirklichkeit von uns abtun, also nur in einer völligen Absage an den Intellekt, der die Aufgabe hat, die Umwelt, in die der Mensch gesetzt ist, zu *bewältigen* und den Zwecken der eigenen Lebensführung zugänglich zu machen. Sein Grundwesen ist die *mechanische* Erfindung, sein Ziel die Erschaffung von *Werkzeugen.*

In dieser seiner Grundtendenz findet er tatsächlich in der Außenwelt etwas vor, das für ihn erwünschtes Mittel ist, nämlich die *anorganische tote Materie*, d. h. jene Körper, die sich nicht von innen her wandeln, keine Geschichte haben, sondern nur von außen verändert werden durch mechanischen Eingriff. Dies ist dem Intellekt gerade das, was er braucht; denn was wäre ein Werkzeug, das sich unter den Händen zu

[24] Vgl. hierzu vor allem H. Bergson: Schöpferische Entwicklung, übersetzt von G. Kantorowicz, Jena 1912.

unvorhergesehenen Formen schöpferisch und immer neu, wie das innere Leben, verwandelte? Der Intellekt ist also, entsprungen aus der Notwendigkeit praktischen Handelns, von vornherein eingestellt auf das Leblose, er hat eine besonders enge Beziehung und Wesensverwandtschaft zum Bereich des Anorganischen, zur toten Materie, die veränderungslos ausgedehnt ist und kein Innen als Gehalt ihres Wesens hat. An der Materie verwirklicht der Intellekt das ihm eingeborene Prinzip des *homogenen Raumes*. Unter dem Gesichtspunkt des praktisch-werkzeuglichen Handelns, das eben der Intellekt zu besorgen hat, erscheint die Gesamtheit der Materie unserem Denken wie ein ungeheurer Stoff, „in den wir hineinschneiden können, was wir wollen, um ihn dann wieder beliebig zusammenzunähen. [...] Wenn wir uns unsere Macht über diese Materie, d. h. unser Vermögen, sie beliebig zu zerlegen und zusammenzusetzen, vorstellen, dann projizieren wir mit einem Wurf all jene möglichen Zerlegungen und Zusammensetzungen in Form eines homogenen, leeren und indifferenten, ihr unterspannten Raumes hinter die reale Ausdehnung. Es ist also dieser Raum vor allem das Schema unserer möglichen Einwirkungen auf die Dinge [...]: der Raum ist ein Gesichtspunkt des Intellektes."[25]

Die Schaffung des materiellen, manuellen Werkzeuges ist jedoch nur eine der Maßnahmen, die der Intellekt an der Wirklichkeit zu ihrer für ihn zweckmäßigen Verarbeitung vornimmt. Um handeln zu können, muß er nicht nur Werkzeuge haben, sondern auch Geschehnisse vorausdenken können, und um dieses wieder zu tun, braucht er konstante Einheiten des Vorstellens, braucht er *Begriffe*. Sie sind in einem weiteren Sinne also ebenfalls Werkzeuge seines Hantierens in der Umwelt und mit der Umwelt. Wie oben gesagt, sind Werkzeuge nur dann verwendbar, wenn sie sich nicht während ihres Gebrauchs in ein Unvorhersehbares, schöpferisch Neues verwandeln. So ist es selbstverständlich, daß der begrifflich denkende Intellekt von all dem absieht, was in unserer unmittelbaren Erfahrung an der Außenwelt als ewiger Fluß erscheint, daß er nur das herausschneidet und abstrahiert, was vergleichbar ist. Er muß absehen von der Einmaligkeit der Phänomene, er kann nur mit Gleichförmigkeiten und Wiederholungen operieren, er löst deshalb aus dem Stoff der Wirklichkeit das heraus, was gleich und vergleichbar ist, sich wiederholt und dadurch berechenbar wird. So wirkt er wie ein Sieb, das von dem Bilde der Wirklichkeit nur gewisse Teile durchläßt, macht aus dieser Auslese ein Ganzes und schafft sich ein Bild der Wirklichkeit, das zwar für ihn typisch ist, ihrem wahren Charakter jedoch widerstrebt. Er stülpt der Wirklichkeit das schematische Netz der Begriffe über, die nichts als Konfektionskleider sind, in welche die Ausschnitte der fluktuierenden und ewig sich ändernden Wirklichkeit hineingepreßt werden. In dieser ihrer Eigenart tragen die Begriffe genauso wie die mechanischen Werkzeuge das Prinzip des homogenen Raumes in sich, sie sind abgestimmt auf die Körperwelt. Überall wo wir unterscheiden, wo wir Begriffe gebrauchen, wenden wir das Schema des unterscheidbaren Nebeneinander an, das uns im sinnlichen Raum unmittelbar anschaulich wird.

[25] H. Bergson: Schöpferische Entwicklung, a. a. O., 161f.

Dies ist also das Eine, was wesentlich ist an der Art, wie der Intellekt die Wirklichkeit verarbeitet: er formt das fluktuierende Kontinuum, als das die Außenwelt sich in unserer Wahrnehmung spiegelt, um in das starre Weltbild des Seins. Ein zweites Moment ist von nicht geringerer Bedeutung: was der Intellekt an Gehalten der Wirklichkeit in sich aufzunehmen imstande ist, das sind alles Daten, die in der Dimension des Nebeneinander, als bloße Gegenständlichkeiten erscheinen, und zwar als Begriffe von bestimmtem Inhalt und Umfang und als Urteile, die Beziehungen zwischen diesen Begriffen kennzeichnen. Es fehlt aber an dem, was sich uns in der Einsichtssphäre des Intellektes von der Wirklichkeit der Außenwelt erschließt, eine Entsprechung zu dem, was uns selbst in der Erfahrung des Erlebens unmittelbar evident ist, nämlich ein Wissen um die Tatsächlichkeit und den Modus eines intimen substantialen Innen, das wir meinen, wenn wir sagen, wir besäßen hinter der Oberfläche unseres Körpers und alles dessen, als was wir in Rede, Tat und Geste erscheinen, auch eine Tiefe und Lebensmitte, jenes Innen, auf das auch Bergsons Begriff des *moi intérieur* abzielt und dessen Erfahrung der allgemeine Wesensgehalt des Erlebens ist. Wenn auch die Bestimmung dieses Innen die größten Schwierigkeiten bereitet, da es bei jeder Anstrengung des Denkens ins Dunkel verschwindet, und wenn es unmöglich ist, es in seiner ganzen Inhaltlichkeit in das Licht der deutlich unterscheidenden Besinnung zu heben, so ist seine Tatsächlichkeit dennoch nicht in Abrede zu stellen. Sie gelangt uns zur Erfahrung vor allem in jeder Form von Ausdruckserscheinungen. Hier, etwa im Akte der bittenden Gebärde, vollziehen sich im Bereich dessen, was wir als das Außen bezeichnen, genau bestimmbare Vorgänge. Im Schema des Raumes ist die Hand äußerlich zum Arm, der Arm äußerlich zum Rumpf. Der Sinngehalt der entfalteten Ausdruckserscheinung ist aber mit diesen Bestimmungen seines Außen niemals einzufangen, denn er liegt in den Gehalten des Zumuteseins, der Befindlichkeit, schlechthin also in Gehalten des Erlebens. Das gegenständlich Äußere wird als sinnvoll erfahren in der Innigkeit des Erlebens, die Mannigfaltigkeit der äußeren Erscheinung wird durch den Akt des Erlebens ganzheitlich zusammengehalten.

Es ist nun charakteristisch, wie Bergson aus dem Innesein der eigenen Mitte und Tiefe heraus, das sich eben nur im Erleben erschließt, unbefriedigt bleibt von dem flachen Weltbilde des Intellektes und sich darum bemüht, die Außenwelt in Analogie zur Erfahrung des eigenen Erlebens zu interpretieren, indem er hinter dem, was die Außenwelt im unterscheidbaren Nebeneinander, in der extensiven Ausfaltung zeigt, ein *moi intérieur*, eine schöpferische Lebensmitte sucht. Wir sind uns, so meint Bergson, durch einen Akt der Sympathie dessen gewiß, daß auch zahlreiche Erscheinungen der Außenwelt nur zu verstehen sind als Wesenheiten, die sich von innen heraus formen und verändern, bei denen also die einzelnen Teile einander nicht äußerlich sind, sondern ihre Mannigfaltigkeit aufgehoben ist in der Einheit einer Mitte. Nach diesem Gesichtspunkt scheidet sich nun die Außenwelt in den Bereich der *organischen* und denjenigen der *anorganischen* Körper, in Lebendiges und Lebloses. Die lebendigen Wesen, die Menschen, Tiere und Pflanzen, sieht Bergson in genauer Analogie zum erlebten eigenen Dasein; das biologische Lebensphänomen ist dasselbe wie das psychologische Leben. Bergsons Biologismus, auf den hier nicht weiter einzugehen ist, stellt die Umkehrung seines Psychologismus dar.[26] – Mit den genannten Unterscheidungen teilt sich nach Bergson der Bereich der erfahrbaren Wirklichkeit in drei Bezirke: in die Wirklichkeit der *durée* als des im unmittelbaren Erleben gegebenen Ichs, sodann die Außenwelt des Organischen, d. i. alles dessen, was sich von innen aus einer Lebensmitte her verändert, und schließlich die Wirklichkeit der anorganischen Masse, der toten, starren ausgedehnten Materie. Diese drei Bezirke des Wirklichen versucht Bergson mit einem kühnen metaphysischen Wurfe in eins zu schauen zu einem Gesamtbild, das entscheidend von der Erfahrung des subjektiven Erlebens inspiriert ist; die zeitliche Wirklichkeit des Seelischen wird metaphysiziert, wird zur wesenhaften Wirklichkeit schlechthin gemacht.

Der Grundbegriff, der das metaphysische Gesamtbild Bergsons trägt, ist derjenige der *Lebensschwungkraft*, des *élan vital*, der dem überindividuellen Willen Schopenhauers und Schellings unmittelbar verwandt ist. Der von Bergson gesetzte *élan vital* ist eine absolute überindividuelle Wirklichkeit des Lebens, deren Wesen wir uns in der Vorstellung dadurch nähern, daß wir uns in jener Wachheit unseres innersten Kerns erhalten, in der dieser die gesamte Vergangenheit bis zur Gegenwart hin in einem einzigen Licht als Ganzes erscheinen läßt und sich schöpferisch zu immer neuen überglänzten Augenblicken in die Zukunft hineinschiebt. „Darauf also konzentrieren wir uns, was in unserem *Innern* am gelöstesten von allem *Äußeren* [...] ist. Im Tiefsten unseres Selbst suchen wir den Punkt, wo wir uns unserem eigenen Leben innerlichst nahe fühlen. Es ist die reine Dauer [...]“.[27]

Dieses Lebendigsein, das wir nur in den seltenen Augenblicken des künstlerischen Schaffens und der wahrhaft freien Handlung erleben, ist ein Abglanz jenes überindividuellen Lebens, jenes Überbewußtseins des *élan vital*, das seinem Wesen nach äußerste Wachheit, Aufgang, Auftrieb und schöpferische Bewegtheit ist. In der absoluten Bewegtheit, die gleichsam die Idee ihres Wesens darstellt, kann sich die Lebensschwungkraft nicht dauernd erhalten; da aber, wo die Spannung seiner Wachheit nachläßt, ermattet das absolute Leben zur Materie, zur Ausdehnung. Es entwird aus dem glühenden, flüssigen Innen ins tote, starre Außen. Dieser Mythos von der Genesis der Materie ist ganz an psychologischen Erfahrungen orientiert. Bergson erwähnt als erläuterndes Beispiel dafür, wie die Genesis der Materie zu denken sei, die psychologische Situation, in der wir den Versen eines Dichters zuhören, und zwar in

[26] Dieser Zusammenhang, den auch F. Heinemann (Neue Wege der Philosophie. Geist, Leben, Existenz – Eine Einführung in die Philosophie der Gegenwart, Leipzig 1929, 170) erwähnt, wird von Rickert nicht gebührend gewürdigt. Während unserer Meinung nach bei Bergson gerade durch die Besinnung auf die unmittelbaren Bewußtseinstatsachen die Wendung zur biologischen Weltdeutung angebahnt wird, sagt Rickert, der das Verdienst von Bergsons „Zeit und Freiheit" voll anerkennt: „Mit der Lebensphilosophie im engeren Sinn, die auf dem biologistischen Prinzip ruht, hat freilich gerade dieses Buch Bergsons so gut wie nichts zu tun“ (H. Rickert: Die Philosophie des Lebens, a. a. O., 178).

[27] H. Bergson: Schöpferische Entwicklung, a. a. O., 204.

einem Zustand der Anspannung zu innerer Wachheit und einfühlender Sympathie. In diesem Fall erleben wir tatsächlich den einfachen Zustand nach, „der dem Dichter in Worte und Sätze *auseinander*gegangen ist. [...] Nun aber genügt es, daß das, was gespannt war in mir, sich abspanne – und die bisher in einen unteilbaren, einheitlichen Sinn eingesenkten Töne erscheinen mir gesondert, einzeln, in ihrer Materialität. [...] Je mehr ich mich nun gehenlasse, desto mehr individualisiert sich das Nacheinander der Töne",[28] desto mehr wird es zum diskontinuierlichen Nebeneinander; wird nun die Abspannung weit genug fortgesetzt, so habe ich schließlich bloße Einzelbuchstaben vor mir, die voneinander gelöst sind und auf einem weißen Blatt Papier wie die Glieder einer Kette vorübergleiten. Sie sind damit ganz zu Bestimmtheiten des Außen, der Ausdehnung geworden, es haften ihnen keinerlei Gehalte eines intim zu wissenden Innen mehr an.[29]

Wie hier beim Nachlassen der Wachheit des innersten Erlebens der einheitliche Inhalt auseinanderfällt in die Vielheit rein äußerlicher, nebeneinander geordneter Buchstaben, so verhält es sich auch mit dem Überbewußtsein, der universalen Lebensschwungkraft. Da, wo die intensive Wachheit des Lebens nachläßt, fällt tote Materie aus als bloßes Nebeneinander, dem das vitale Zentrum fehlt, wir haben eine Wirklichkeit vor uns, die in ihren Wesensgehalten vollkommen eingeht in das extensive Schema dessen, was „Außen" ist. Die Materie ist also eine Entspannung, ein Niedergang des Lebens. In höchster Aktivität ist das Leben ganz Zentrum, ist es in seinem Innersten wach, wo es kein teilbares Nebeneinander, sondern nur Einfachheit gibt. Je mehr es aber in dieser höchsten Wachheit müde wird, desto mehr gerät es an die Peripherie, desto mehr entsinkt unser Bewußtsein und Dasein in den Bereich des Außen, des Nebeneinander, in den homogenen Raum, ins Schema der Wirklichkeit des Intellekts.

Das Leben gibt nun der entstandenen Materie gegenüber keineswegs seine Ansprüche auf Lebendigsein und Schöpfung auf, es sucht vielmehr seinerseits die Materie aus ihrer Sphäre der Schwere und der toten Ausdehnung aufzureißen, es sucht also wieder Besitz von ihr zu ergreifen, sich in sie einzuschleichen und eben diese Berührung mit der Materie ist es, durch die sich das Überbewußtsein in gesonderte *Individuen* spaltet.

---

[28] Ebd., 214.

[29] Der von Bergson angezogene Fall wirft, ohne daß Bergson in dem erwähnten Zusammenhang darauf verweist, ein neues Licht auf seinen Begriff der psychischen Zeit bzw. auf die in ihm angebahnte Lehre von der psychischen Gegenwart. Je mehr wir uns in dem von Bergson charakterisierten Zustand der seelischen Anspannung, des Wachseins nach innen befinden, desto weniger hat die Gegenwart den Charakter der Punktualität und desto weniger ist sie der Vergangenheit äußerlich (wie es praktisch etwa beim Anhören eines Musikstückes erfahren wird). Was mathematisch-logisch zueinander im Verhältnis des Nebeneinander steht in der Form verschiedener Zeitstrecken oder derjenigen von Punkten, die auf einer Zeitstrecke fixiert sind, das ist im Erlebnis aufgehoben in ein Ineinander. (Vgl. hierzu L. Zeise: Ein Beitrag zur Lehre von der Zeitanschauung, Nürnberg 1930, 35ff.)

Bergsons Gedankengänge in dieser Richtung weiter zu verfolgen liegt nicht mehr im engeren Rahmen dieser Darstellung. Es genügt, sich sein kosmisches Schema zu vergegenwärtigen. Zwischen den beiden Polen absoluter Lebendigkeit, wachsten Überbewußtseins auf der einen Seite und ausgedehnter Materie, die sich immer mehr dem Idealfall des geometrischen Raumes anzunähern sucht, auf der anderen Seite liegen die einzelnen Formen, in denen die Lebensschwungkraft gegen die Materie kämpft: die *Pflanzen*, in denen das Bewußtsein noch am dunkelsten ist und die Wirkung der Materie in der Ortsgebundenheit in Erscheinung tritt; das Reich der *Tiere*, in denen die Lebensschwungkraft die Materie schon mehr, und zwar in Form der Beweglichkeit der Individuen überwunden hat, und schließlich der *Mensch*, der in freilich seltenen Akten des Schaffens und freien Handelns jene Funken zur Flamme entfacht, der in ihm als Anteil der überindividuellen Lebensschwungkraft lebendig ist. Es enthält also das menschliche Bewußtsein unter den individuierten Erscheinungen ein Maximum an psychischem Prinzip, die Materie ein Minimum.

Wenn das psychische Leben als *élan vital* einerseits und die Materie anderseits zwei divergierende Linien der Wirklichkeit darstellen, wobei freilich die Materie schon nicht mehr als wesenhaft Wirkliches, als *ὄντως ὄν* gilt, so entspricht dieser Zweiheit des Wachseins nach innen und der erstarrenden Ausdehnung auch eine Zweiheit des Erkennens, nämlich diejenige von *Intuition* und *Intellekt*.

Daß der Intellekt in seinen Denkformen auf die Materie abgestimmt ist, wurde schon erwähnt. Seiner Art paßt sich innerhalb des Gesamtbereichs der menschlichen Erfahrung die Materie am besten an, er denkt die Wirklichkeit im Schema des unterscheidbaren Nebeneinander. In dieser seiner Wesensart kommt er aber immer nur *von außen* an die Erscheinung und erfaßt die Wirklichkeit nur so weit, als sie ein Außen ist, eben als Materie. Am besten läßt sich der Sinn, in dem dies gemeint ist, erläutern am Phänomen der Bewegung. Hebe ich meine Hand von dem Punkt A nach dem Punkt B, so ist dieses Geschehnis von außen gesehen repräsentiert durch eine bestimmte Kurve. „Auf dieser Linie kann ich so viele Durchgangspunkte unterscheiden, wie ich mag und die Linie selbst kann als eine besondere Zusammenordnung dieser Punkte definiert werden.“[30] Für den Verstand ist diese Wirklichkeit der Bewegung nur erfaßbar als Veränderung in einem extensiven Schema, als eine unendliche Anzahl von Punkten in bestimmter Anordnung. Das Phänomen der Bewegung hat aber als Wirklichkeit noch einen ganz anderen Aspekt und Wesensgehalt, nämlich das Erlebnis der *Bewegtheit*, das ein unteilbares, einheitliches Ganzes ist. Diese Bewegtheit ist das Leben selbst; sie zu erfassen ist der Intellekt unfähig, vielmehr bedarf es hierzu eines anderen Vermögens: der Intuition. „Der Intellekt schreitet den Gegenstand von außen ab, ins Innere des Lebens dagegen würde die Intuition [...] führen.“[31] Soweit also die Wirklichkeit der Erfahrung Materie ist, geht sie in das Erkenntnisschema des Intellektes, also in dasjenige des geometrischen Raumes, ein. Nun ist

---

[30] H. Bergson: Schöpferische Entwicklung, a. a. O., 96.

[31] Ebd., 181.

aber, wie gezeigt, die tote Materie nur ein Endpunkt; zwischen ihm einerseits und dem absoluten Bewußtsein andererseits liegen zahlreiche Zwischenstufen des Belebten, in denen das Leben gegen die in der Materie gelegene Niedergangsbewegung den schöpferisch bewegten Auftrieb durchzusetzen sucht. All diesen Phänomenen gegenüber versagt der Intellekt als Mittel der Erkenntnis. Sie wollen in ihrem Wirklichkeitsgehalt ganz anders gewußt sein als die Materie, sie wollen gewußt sein als Gehalte des inneren Wachseins, und diese erfassen wir nur durch die Intuition.[32]

Indem Bergson nicht müde wird, nachzuweisen, daß und inwiefern der Intellekt gar nicht in den wirklichen Kern der belebten Erscheinungen einzudringen vermag, fordert er einen wesenhaft neuen *Weltaspekt*. Wie im Beispiel der Armbewegung diese von innen in ihrer eigentlichen Wirklichkeit erfaßt wird als einheitliches Bewegtsein, so fordert Bergson dazu auf auch die Phänomene der Außenwelt, soweit sie Zeichen des Lebens, also der organischen Entwicklung an sich tragen, in ihrem Aspekt, den sie von innen her bieten, aus ihrem eigenen Lebenszentrum zu erleben. Bergson intendiert damit ein recht eigentlich *physiognomisches Weltbild*, das unter dem Zeichen einer weitgehenden Psychisierung steht, und wird hierin zum typischen Repräsentanten der Lebensphilosophie.

Denn die Intention auf ein physiognomisches Weltbild ist ein Grundzug aller lebensphilosophischen Richtungen. Die Probleme des *Ausdrucks*, der *Einfühlung* und des *Verstehens* werden zu Zentralproblemen, angewandt bald mehr auf die Erscheinungen der Geschichte wie bei Dilthey und Spengler, bald mehr auf die Erscheinungen der Natur wie bei Bergson, Th. Lessing, Dacqué und vor allem Klages. Das Gemeinsame ist überall, daß die gesamte Welt dessen, was uns als ein Außen gegeben ist, gesehen werden soll in der Perspektive seines Innen. Es wird versucht, die Oberfläche der Erscheinungen, also die Bestimmtheiten, mit denen sie uns im Schema des Extensiven gegeben sind, transparent werden zu lassen, so daß dem erkennenden Bemühen im Gewordenen der Lebensprozeß, im Äußeren das Innere, in der Form der Antrieb mit der ganzen Logik der so und nicht anders gearteten Formung auf dem Wege des Nacherlebens einsichtig wird. Der Prototyp des Erkennens ist das Selbsterleben des Subjektes in seiner ganzen intimen Unmittelbarkeit und substantiellen Erfülltheit des Innen. Die Erscheinungen des „Anderen", der „Welt" sollen genau in der Art hingenommen werden, wie wir ein trauriges oder heiteres Gesicht verstehen. So formuliert Klages den physiognomischen Weltaspekt: „Man *beobachtet* nicht sowohl Dinge als vielmehr man blickt ihnen in ihr *Angesicht* und frägt, welcher Pulsschlag des Lebens, welcher heimliche Bautrieb, welche Evolution der Seele aus diesen Zügen zu sprechen scheint."[33] Ähnlich Spengler: „Alles was ist, ist auch Symbol. Von der leiblichen Erscheinung an [...] wo man es immer gewußt hat, bis zu den vermeintlich ewigen und allgemein gültigen Formen der Erkenntnis [...] spricht alles

---

[32] Vgl. hierzu vor allem auch H. Bergson: Einführung in die Metaphysik, Jena 1916.

[33] L. Klages: Die Grundlagen der Charakterkunde, Leipzig ^{6}1928, 12.

vom Wesen einer bestimmten und keiner anderen Seele."[34] Mit solchen und ähnlichen Sätzen rückt in der Lebensphilosophie die Wirklichkeit unter eine neue Kategorie, ein neues Weltbild wird intendiert. Ist es typisch für das von Kant aufgestellte – wissenschaftliche – Weltbild, daß es durch die Kategorie des *Gegenstandes* bestimmt ist, wobei diese völlig bereinigt ist von jedem Moment vitaler Tiefe und erlebnismäßiger Innerlichkeit, so sieht die Lebensphilosophie die Wirklichkeit ganz unter der Kategorie der *ausdruckhaften Gestalt*, die als Oberfläche und Erscheinung im Außen jeweils ein formendes Innensein erkennen läßt.[35]

Der physiognomische Wirklichkeitsaspekt wird bei Bergson getragen von seinem Begriff der *Intuition*. Ihr Wesen läßt sich am besten bestimmen aus dem Gesichtspunkt ihrer Ähnlichkeit mit dem Phänomen des *Instinktes*. Sie ist nach Bergson auf der Stufe der Bewußtheit das, was auf der Stufe der tierischen Unbewußtheit der Instinkt ist. Der Instinkt aber muß verstanden werden als die unbewußte Einsicht eines Individuums in die lebendige Organisation eines anderen. Bergson expliziert diese Tatsache an der Erfahrung, daß verschiedene Arten von Wespen ihre Eier auf Spinnen, Käfer und Raupen legen, die innerhalb einer bestimmten Anzahl von Tagen unbeweglich „weiterleben und den Larven als frische Nahrung dienen, nachdem sie nämlich durch die Wespe einer kunstreichen chirurgischen Operation unterzogen worden sind. [...] Die Stechwespe, die eine Goldkäferlarve angreift, sticht sie nur an einem einzigen Punkte, einem Punkte aber, in dem die motorischen Ganglienzellen und nur diese konzentriert sind: der Stich in andere Ganglien könnte Tod und Fäulnis, die es zu vermeiden gilt, herbeiführen."[36] Der Intellekt wäre zu einem dermaßen zweckmäßigen, einfachen Verfahren unfähig. Er müßte, um den Stich erfolgreich zu führen, sowohl den Punkt des Nervenzentrums, der getroffen werden soll, wie den Stichkanal festlegen durch Beziehungen zu den übrigen Raumteilen des Körpers, also durch Beziehungen im extensiven Schema. Die Bewegung würde also von außen festgelegt sein. Der Instinkt dirigiert den Stachel jedoch so, als sei das vitale Zentrum der Goldkäferlarve eines mit demjenigen der Wespe, als seien die Bewegungen sinnvoll aufeinander abgestimmt wie die Bewegungen eines einzigen Organismus, also in derselben Art, wie sich – so könnte man Bergson ergänzen – die Augenlider spontan schließen, wenn die Netzhaut von zu grellem Licht getroffen wird. Wie Netzhaut und Augenlider zwar für den Intellekt zwei individuelle Erscheinungen im Nebeneinander sind, sie dennoch in einem einzigen sinnvollen Lebenszusammenhang stehen, so etwa ist nach Bergson auch anzunehmen, daß die Wespe durch das Vermögen des Instinktes imstande ist, mit der Larve als ein *sympathetisches Ganzes* zusammen zu wirken. Während also der Intellekt sich von außen, d. h. durch Festlegung von Beziehungen im Raumschema an den fraglichen Punkt im Nervenzentrum

---

[34] O. Spengler: Der Untergang des Abendlandes, a. a. O., 215.

[35] Zur Gegenüberstellung von Gegenstand (Kant) und Typus (Dilthey) vgl. J. König: Der Begriff der Intuition, Halle/S. 1926, 95f.

[36] H. Bergson: Schöpferische Entwicklung, a. a. O., 177.

heranschleicht, setzt der Instinkt die Wespe in Stand, sich von innen her über die Verletzbarkeit der Raupe zu unterrichten.

Was hier der Instinkt unbewußt vollbringt, das vollbringt im Lichte des Bewußtseins die Intuition, sie ist gleichsam bewußt gewordener Instinkt.

Sie vermag und ist dazu bestimmt, die Erscheinungen von innen zu erfassen in ihrem eigentlichen Wesen als lebendige Bewegtheit, als *durée*, als Kontinuität einer Veränderung, die unteilbar ist. Der Intuition allein erschließt sich der wahre Aspekt der Wirklichkeit, das *Absolute*, wie es rein in seinem Wesen ist als ewig neue Schöpfung. Der Intellekt dagegen ist außerstande, das Schöpferische in Erfahrung zu bringen und zu denken, er kennt das Neue genau so wenig wie das radikale Werden, er ist geradezu charakterisiert durch seine natürliche Verständnislosigkeit für das Leben. Er sieht nur das *Fertige*, das *Gewordene* in herausgerissenen Momentaufnahmen, nicht unter dem Aspekt der inneren Geschichte, die sich bis zu dieser Momentanform entwickelt hat, sondern unter dem Aspekt der Form, des reinen Raum-Seins, das durch einen Kunstgriff ins Zeitlose transponiert und somit schon dem Leben entfallen ist. So erscheint der Intellekt ganz als jene Instanz, die den Menschen aus dem All-Leben der Natur herausgerissen hat, ein Gedanke, der die gesamte romantische Mythologie beherrschte und dem wir typischerweise auch in den lebensphilosophischen Richtungen von Klages, Lessing und Dacqué begegnen. Der emotionale Hintergrund dieses Gedankens ist die Sehnsucht des Menschen, aus der *Verlorenheit der Individuation* erlöst zu werden, das Verlangen nach der Möglichkeit einer tatsächlichen Überwindung des Einzel-Seins in der Identität des All-Lebens, die Verwirklichung der Weisheit des *tat-twam-asi*. Die Einheitlichkeit, Vertrautheit und Unmittelbarkeit, mit der die Erfahrung des eigenen psychischen Wesens im Erlebnis gegeben ist, wird zum Leitbild der Erfassung auch der Außenwelt. Das bei Bergson und allen anderen Lebensphilosophen intendierte Welterkennen ist recht eigentlich ein *psychisches Verstehen*: wenn Bergson fordert, sich durch Intuition in die *Lebensmitte* der Dinge zu versetzen, so bedeutet dies im Prinzip nichts anderes, als was wir tun, wenn wir uns die Verse eines Dichters anhören und mit Hilfe der Sympathie jenen innersten Punkt zu gewinnen suchen, aus dem die Verse als Peripherie und adäquater Ausdruck eines unteilbaren, einheitlichen Lebenszustandes in Worte und Sätze sich auseinandergefaltet haben. Und wie bei Bergson der Begriff der Intuition an der Unmittelbarkeit und Intimität des Sich-Selbst-Wissens im Erleben konzipiert ist, so tragen alle Philosophien des Erlebens einen ausgesprochen *intuitionistischen* Grundzug an sich. Er steht überall im Gegensatz zum diskursiven Denken, in dem Wirklichkeit immer nur in der Kategorie der Gegenständlichkeit, als ein Anderes, Fremdes mittelbar, d. h. in seinem bloßen Außensein gewußt wird.

Gegen Bergsons Deutung der Intuition als des Weges der Metaphysik, der uns ins Innere der Dinge versetzt und uns ihr Leben mit der Unmittelbarkeit unseres eigenen zur Einsicht bringt, muß nun gerade aus seinen eigenen Gedankengängen heraus ein Einwand geltend gemacht werden, der die Absolutheit des in der Intuition Erfaßten, vorausgesetzt, daß überhaupt intuitives Erfassen in diesem Sinne möglich ist, in Frage stellt, wenn nicht überhaupt negiert. Nach Bergson ist alles, was in der psychischen Zeit real ist, in jedem Augenblick unwiederholbar neu. Aber gerade im Hinblick darauf wird die Möglichkeit fraglich, den einheitlichen Lebenszustand etwa des Dichters, auf den Bergson sich im Beispiel beruft, intuitiv zu verstehen. Wenn ich mich auch in ihn versenke, so ist seine Vergangenheit doch nicht die meine und es kann mir seine Gegenwart, die ja die ganze Vergangenheit in sich trägt, nie adäquat einsichtig werden. Damit ist aber auch das intuitiv Erfaßte kein Absolutes, wie es die „Einleitung in die Metaphysik" wahr haben will, sondern ebenfalls ein Relatives, und zwar ein meinem eigenen Erleben, meiner eigenen Geschichte Relatives. Dies ist nicht die einzige Schwierigkeit, die bei Bergson der Funktion der Intuition anhaftet. Eine andere, nicht weniger gewichtige wird durch die Frage umschrieben, ob denn die Erkenntnis, die die Intuition gewinnt, überhaupt noch in Begriffen formulierbar und mitteilbar ist. Der Intellekt hat seine wohlgeordnete Erkenntnis vor allem in der Naturwissenschaft kraft der Klarheit und Eindeutigkeit seiner Begriffe. Was aber soll der Inhalt jener Philosophie sein, die die Dinge intuitiv erfaßt? Die differenzierte Antwort hierauf bleibt Bergson schuldig. Seine Metaphysik ist überhaupt kein Bereich formulierbarer Inhalte, nichts Abgeschlossenes und Endgültiges. Ihr Verdienst, aus dem sich Bergsons starker Widerhall in der Gegenwart – und zwar nicht nur innerhalb des philosophischen Gedankenkreises[37] – erklärt, ist die Entschiedenheit, mit der sie den modernen Menschen eine *Haltung* zurückzugeben versucht, der verloren zu gehen er auf dem besten Wege ist. Bergson ist bemüht, den Menschen frei zu machen aus der Einseitigkeit, mit der der Intellekt die Welt immer nur unter dem Gesichtspunkt der werkzeuglichen Verwendbarkeit und des Zweckes aufzeigt. Hier setzt der Begriff der Intuition ein und regt den Menschen an zu dem Versuche, die Welt zu sehen unter dem adäquaten Aspekt einer *Schöpfung*, die sich in jedem Augenblick in uns und außerhalb von uns vollzieht, die Welt zu sehen unter der Kategorie des *Ausdrucks*, in der das Außen gewußt wird als Peripherie und Ausfaltung eines Innen. Es fehlt bei Bergson aber jeglicher Ansatz dazu, die intuitiv erfaßte Wirklichkeit in eine überschaubare *Ordnung* sprachlich formulierter Inhalte zu bringen. Dies liegt in Bergsons eigenen Voraussetzungen begründet. Die von ihm intendierte Wirklichkeit ist aus der Stummheit ihres unmittelbaren Erschautseins nie ganz zu erheben in den Bereich des Wortes, vor allem aber ist sie unübersehbar und unfaßbar, weil sie in jedem Augenblick neu ist. So bleibt Bergsons intuitive Philosophie Fragment, ein bloßer Ausblick ins Unvollendbare – ohne vielleicht auch mehr sein zu wollen als eben dies.

[37] Vgl. E. R. Curtius: Die literarischen Wegbereiter des heutigen Frankreich, Potsdam 1919. – Ferner V. Klemperer: Geschichte der französischen Literatur, 5. Band, III. Teil, 1. Hälfte, Leipzig 1931 (darin „Bergson als Trägergestalt").

III. Geschichte und Natur

Eines der grundsätzlichen Ergebnisse der von Bergson durchgeführten phänomenologischen Besinnung auf die Unmittelbarkeit der seelischen Erfahrung ist der Satz, daß die Wirklichkeit des Erlebens immer nur in der Form der *Zeitlichkeit* gegeben ist. Damit wird das *Werden*, die *Entwicklung* zur Grundwesensart der Wirklichkeit und es ist nichts verständlicher, als daß für die lebensphilosophische Position das Phänomen der *Geschichte* zentrales Problem der Wirklichkeitsbesinnung wird. So sagt Troeltsch mit Recht von Bergson, daß er mit seiner Diskussion der seelischen Wirklichkeit wie kein anderer in den Kern des historischen Problems einführe.[38] Dieser Satz ist gerechtfertigt auch angesichts der Tatsache, daß sich Bergson selbst für die geschichtliche Welt kaum interessiert zeigt. Sieht er aber das individuelle seelische Geschehen an als den Abglanz des überindividuellen *élan vital*, so forderte es eigentlich die Konsequenz dieses Grundgedankens, in derselben Weise, wie Bergson den Einzelmensch als Geschichte betrachtet, sich auf die überindividuelle Geschichte philosophisch zu besinnen, sie in unmittelbaren Zusammenhang zu bringen mit dem, was bei Bergson als das Überbewußtsein der Lebensschwungkraft erscheint.

Tatsächlich vollzogen, und zwar aus der Position einer Lebensphilosophie heraus, findet sich diese Wendung zur Geschichte bei *Dilthey* und *Spengler*.

W. Dilthey

„Die Macht und Breite des eigenen Lebens, die Energie der Besinnung über dasselbe ist die Grundlage des geschichtlichen Sehens."[39] Mit diesem Satz kennzeichnet Dilthey den typisch lebensphilosophischen Rekurs auf die Welt des Erlebens, deren Eigenart er, wenn auch völlig unabhängig von Bergson, in einer den wesentlichen Gedanken Bergsons unmittelbar verwandten Weise auffaßt; verwandt vor allem in der grundsätzlichen Einstellung, daß die Erfahrungswelt des Seelischen andere Kategorien der Betrachtung erfordert als die körperliche Welt, wie sie den Gegenstand der exakten Naturwissenschaft darstellt.

Dilthey entwickelt seine Ideen erstmalig[40] in unmittelbarer Opposition gegen die naturwissenschaftlich orientierte Assoziationspsychologie, und zwar im Hinblick auf ihr wissenschaftliches Ideal, das darin besteht, die komplexen Bewußtseinsphänomene zurückzuführen auf einfachste Elemente, deren Verbindungen einem allumfassen-

---

[38] E. Troeltsch: Der Historismus und seine Probleme, Tübingen 1922 (= Gesammelte Schriften, Band III), 633.

[39] W. Dilthey: Der Aufbau der geschichtlichen Welt in den Geisteswissenschaften, a. a. O., 201.

[40] W. Dilthey: Ideen über eine beschreibende und zergliedernde Psychologie, in: Gesammelte Schriften, Band V: Die geistige Welt, 1. Hälfte, a. a. O., 139-240.

den Kausalzusammenhang untergeordnet sind. Wenn man es versucht, den Inhalt der Diltheyschen Ideen, die in ihrer mannigfachen Verzweigung die ganze überströmende Fülle und Impulsivität des Diltheyschen Denkens zeigen, zu reduzieren auf wesentliche Grundgedanken, so ist es der Begriff der *Struktur,* um den sich alles andere zentriert.

Unter psychischer Struktur versteht Dilthey die Anordnung, nach der psychische Tatsachen von verschiedener Beschaffenheit durch eine innere erlebbare Beziehung miteinander verbunden sind.[41] Ein Strukturzusammenhang besteht somit nach zwei Richtungen, sowohl im *Querschnitt* eines gelebten Augenblicks wie im *Längsschnitt* des Lebensablaufes.

Greife ich aus meinem Gesamtleben das heraus, „was den Umfang meines Bewußtseins in einem gegebenen Moment ausmacht" – Dilthey nennt es den Bewußtseinsstand, den *status conscientiae* –, so finde ich, daß fast immer irgendein Vorstellen, ein Fühlen und eine Willenslage zugleich vorhanden sind. Zwar sind wir gewöhnt, einen solchen Bewußtseinsstand entweder als Gefühl oder als Wollen oder Vorstellen zu bezeichnen, aber nur deshalb, weil „wir diesen Gesamtzustand jedes Mal nach der vorwiegend in die innere Wahrnehmung fallenden Seite desselben bezeichnen."[42] Und eben diese unterscheidbaren Seiten eines Gesamtzustandes machen in ihrer erlebbaren gegenseitigen Beziehung das Ganze dieses Bewußtseinsstandes aus. Das heißt also, etwa die Vorstellungsinhalte eines Bewußtseinsstandes sind in ihrem wesentlichen So-Sein modifiziert sowohl durch eine spezifische Gefühlslage wie durch eine besondere Willenshaltung. Dilthey hat den originellen Tatbestand, um den es sich hier handelt, zwar in seiner Eigentümlichkeit durch den Strukturbegriff intendiert, aber dennoch nicht mit letzter Präzision formuliert. Das gerade in seiner Polemik gegen die naturwissenschaftliche Psychologie Entscheidende ist nicht nur die Tatsache gegenseitiger Beziehung von Wollen, Fühlen und Vorstellen in der Ganzheit eines Bewußtseinsstandes, sondern die besondere Art dieser Beziehung, von der er sagt, daß sie erlebbar, also unmittelbar gegeben und nicht hinzugedacht sei, womit nichts anderes gemeint ist als die Tatsache der gegenseitigen *Durchdringung*, des *Ineinander-Enthaltenseins* dessen, was begrifflich als Inhalte des Vorstellens, Fühlens und Wollens unterschieden wird. Zeigt Bergson in seinem Begriff der *durée* das *Gesetz der Durchdringung* vorwiegend im sukzessiven Fortgang des seelischen Lebens, so beherrscht es auch die simultane Situation im Querschnitt eines Augenblickes, wo die terminologisch faßbaren Bestandteile im Ganzen eines Phänomens in der Beziehung des Ineinander und nicht in derjenigen des *clare et distincte* unterscheidbaren Nebeneinander stehen.[43]

---

[41] W. Dilthey: Der Aufbau der geschichtlichen Welt in den Geisteswissenschaften, a. a. O., 15. Vgl. F. Krueger, Der Strukturbegriff in der Psychologie, Jena ^{2}1931.

[42] W. Dilthey: Ideen über eine beschreibende und zergliedernde Psychologie, a. a. O., 203.

[43] Für die Anerkennung dieses spezifischen Charakters der Erlebniswirklichkeit setzt sich vor allem F. Krueger ein (vgl. besonders: Das Wesen der Gefühle. Entwurf einer systematischen Theorie, Leipzig ^{2}1929, 14). Nach seiner Darstellung sind es die *Gefühle*, die die Mannigfaltig-

Und gerade aus diesem Sachverhalt, von dem Dilthey durchdrungen ist, wenn er ihn auch nicht *verbis expressis* formuliert, erklärt sich die Nachdrücklichkeit, mit der er Stellung nimmt gegen den Versuch der Assoziationspsychologie, das Seelenleben zusammenzusetzen aus elementaren Bestandteilen. Er weist darauf hin, daß schon die Annahme der Möglichkeit derartiger einfacher Bestandteile der Eigenart des Seelischen widerspricht und ihren Grund hat in einer zu Unrecht angewandten Analogie zu den Verhältnissen der chemischen und physikalischen Erfahrung; denn – so ist Dilthey zu ergänzen – bei ihnen fügen sich die Elemente des Ganzen tatsächlich im Schema des unter dem Gesetz der Äußerlichkeit stehenden Nebeneinander zusammen oder werden jedenfalls in dieser Zusammenfügung gedacht.

Die Strukturbeziehung, auf die Dilthey so großen Wert legt, ist, wie schon angedeutet, auch innerhalb der zeitlich aufeinanderfolgenden psychischen Zustände wirksam als ein durchgehender, übergreifender Zusammenhang, in dem das Einzelne vom Ganzen her seine Bestimmung erhält. Auch dieser Strukturzusammenhang ist erlebbar. „Die Übergänge eines Zustandes in den anderen, das Erwirken, das vom einen zum anderen führt, fallen in die innere Erfahrung. Der Strukturzusammenhang wird erlebt.“[44] Und auch in dieser Art des Gegebenseins von sukzessiven Strukturzusammenhängen unterscheidet sich die Erfahrung der seelischen Welt grundsätzlich von derjenigen der körperlichen Welt der Naturwissenschaft. Geschehenszusammenhänge im Erfahrungsbereich der Naturwissenschaft sind uns so gegeben, daß sich an ein Phänomen ein anderes rein äußerlich anschließt, wobei zwar das formale Moment, nämlich die Tatsache, *daß* eine Wirkung eine Ursache haben muß, uns mit dem Charakter der Notwendigkeit gegeben ist, nicht aber die Tatsache, daß *diese* inhaltlich bestimmte Wirkung *jene* inhaltlich bestimmte Ursache haben muß, wie es tatsächlich

---

keit dessen, was sich innerhalb des Seelischen im Nebeneinander und Nacheinander begrifflich unterscheiden läßt, gegenseitig im Verhältnis der Durchdringung halten, also in einer Ordnung, deren Wesen das Schema des Extensiv-Linearen durchaus unangemessen ist. Der Formulierung dieses Tatbestandes haftet freilich wesensnotwendig ein Mangel an, weil sie immer wieder an die Schranke des dem begrifflichen Denken einwohnenden Schemas der extensiv-linearen Ordnung stößt. So ist es auch keine letzte Formulierung, sondern lediglich ein behelfsmäßiger Hinweis auf den wahren Sachverhalt, wenn man etwa – im Sinne von Krueger – aussagt, daß die begrifflich im Neben- und Nacheinander unterscheidbaren Teile der seelischen Wirklichkeit *ausgerichtet* sind auf das *Gefühl*, ähnlich wie die Teilstücke einer Kreisperipherie auf den Kreismittelpunkt ausgerichtet sind. Jedenfalls aber konstituieren die Gefühle als „Erlebnisgehalte” eine Ordnung des Ineinander, sie fügen das begrifflich Unterscheidbare zur *Ganzheit*, die nicht gegenständlicher Natur, sondern im Zuständlichen fundiert ist. – Aus der Rolle, die Krueger dem Gefühl als dem Konstituens der seelischen Ganzheit zuerkennt, wird es verständlich, daß eine Philosophie, die von der Wirklichkeit des Erlebens ausgeht, sowohl bei Bergson wie bei Dilthey gerade die eigentümliche Tatsache der *Durchdringung* in Gegensatz stellt zu der Ordnung des Nebeneinander, in der wir die Außenwelt, besser gesagt die „Welt als Außen” zu sehen gewohnt sind, und daß ferner damit die Kategorie der *Ganzheit*, die immer als zyklisch, d. h. als gehalten durch einen Mittelpunkt gesehen ist, zu einer Grundkategorie der Wirklichkeit gemacht wird.

[44] W. Dilthey: Ideen über eine beschreibende und zergliedernde Psychologie, a. a. O., 206.

im Seelischen der Fall ist, wo uns etwa die Notwendigkeit, mit der sich eine Mutter auf den Angreifer ihres Kindes stürzt, gerade nach der inhaltlichen Seite einsichtig ist. Dilthey formuliert den Unterschied, der hier vorliegt, mit jenem Satz, der seither im Mittelpunkt der Debatte über naturwissenschaftliche und geisteswissenschaftliche Psychologie steht: „Die Natur erklären wir, das Seelenleben verstehen wir.“[45] Diese Kontrastierung von Verstehen und Erklären hat *hinter* sich, gleichsam als Horizont, die lebensphilosophisch so bedeutsame Scheidung von Innen und Außen – es ist der „Zusammenhang der Funktionen im Erleben von innen gegeben“[46] –, sie begreift in sich die Verschiedenheit von *Kausalität* und *Motivation*, wobei letztere als Kategorie des erlebten Lebens, Kausalität als solche der zu denkenden Natur zu verstehen ist. Im Falle des kausalen Naturzusammenhangs ist es so, daß sich die primäre Konstellation an die sekundäre anreiht wie eine Strecke an eine andere, die eine Konstellation liegt außerhalb der anderen. So angemessen dieses Bild der Teilstrecken zur Kennzeichnung eines Kausalzusammenhangs erscheint, so unzulänglich ist es als Symbolisierung eines Motivationszusammenhanges. Weit angemessener wäre für ihn das Bild einer Pflanze, die aus einem Samenkorn herauswächst, also in allmählicher Entwicklung um ein vitales Zentrum die Peripherie ihrer äußeren Erscheinung bildet; denn in der Folge eines Motivs ist das Motiv selbst noch in lebendiger Gegenwärtigkeit eingeschlossen.

Der Motivationszusammenhang als die innere Verkettung unterscheidbarer Phänomene zu einem Ganzen erscheint bei Dilthey, wie gezeigt, als Sonderfall des Strukturprinzips. Der seelische Strukturzusammenhang ist aber immer zugleich ein *teleologischer*,[47] d. h. es ist im Nacheinander der seelischen Zustände aufweisbar ein übergreifender Sinn, eine einheitliche Bezogenheit der einzelnen Vorgänge auf ein Endziel, eine Bezogenheit, die begrifflich formulierbar ist und durch die das Einzelne vom Ganzen her seine Bestimmung erhält.

Die Entwicklung des Gegensatzes einer Wissenschaft der Natur (im Sinne der *natura naturata*) und einer Wissenschaft vom Seelischen ergab sich bei Dilthey aus dem für die lebensphilosophische Position charakteristischen Rekurs auf die Erfahrung des Erlebens. Die Erlebniswirklichkeit fordert aus sich heraus andere Kategorien der Betrachtung, als sie für die Naturwissenschaft zur Verfolgung ihrer Zwecke angemessen sind. Im letzten Grunde enthält dieser Gedanke Diltheys jedoch mehr als eine grundsätzliche Unterscheidung von wissenschaftlich gesichteter Naturerfahrung und unmittelbar gewußter Erlebniswirklichkeit; er entstammt dem Durchdrungensein von der ursprünglichen Überzeugung, daß das Seelische als der Inbegriff des Erlebten die eigentlich wurzelhafte erfahrbare Wirklichkeit sei. Dies ist die besondere Position

[45] Vgl. zur Kritik dieses Satzes G. Roffenstein: Das Problem des psychologischen Verstehens. Ein Versuch über die Grundlagen von Psychologie, Psychoanalyse und Individualpsychologie, Stuttgart 1926. – G. Kafka: „Verstehende Psychologie“ und Psychologie des Verstehens, in: Archiv für die gesamte Psychologie, Band 65 (1928).

[46] W. Dilthey: Ideen über eine beschreibende und zergliedernde Psychologie, a. a. O., 173.

[47] Ebd., 207.

bei Dilthey, daß Wirklichkeit nicht ableitbar ist als reine Gegenständlichkeit im Prozeß des diskursiven Denkens aus logisch notwendigen Prämissen – wie etwa bei Descartes aus dem Grundsatz des *cogito ergo sum* die Wirklichkeit Gottes abgeleitet wird –, sondern das Wissen um Wirklichkeit basiert auf den Erfahrungsinhalten des Erlebens. Und zwar gilt dies in dem speziellen Sinn, daß die Wirklichkeit sowohl in den Bestimmungen ihres mannigfaltigen So-Seins als auch schon in der bloßen Tatsächlichkeit ihres Gegebenseins sich recht eigentlich erst konstituiert in den Prozessen des Erlebens. Dabei erhält die Kategorie der *Bedeutung* als eine aus dem Leben selbst gewonnene Kategorie[48] ihre spezifisch lebensphilosophische Wertigkeit. Das ganze inhaltliche So-Sein, gleichsam das Gesicht, das eine Erscheinung der Außenwelt für das Subjekt hat, wird wesentlich geformt durch die Bedeutung für das Ganze seines Lebens, d. h. für die Verwirklichung dessen, worauf sein Leben als Ganzes angelegt ist. Diese Bedeutung selbst aber kommt zur Erfahrung im Erleben, dessen unterscheidbare Inhalte Dilthey zentriert sieht in Trieb, Gefühl, Leidenschaften und Volitionen.[49]

Der Unterschied des sich hiermit konstituierenden Wirklichkeitsbildes von demjenigen der reinen Naturwissenschaft ist gar nicht genug zu betonen. Die naturwissenschaftliche Wirklichkeit konstituiert sich und ist gegeben rein als Gegenständlichkeit. Die Erlebniswirklichkeit dagegen hat eine andere Gegebenheitsweise sowohl wie eine andere Herkunft. Es „ändert sich beständig die Zuständlichkeit des Ich nach dem Verhältnis der Dinge und Menschen zu ihm. Es gibt gar keinen Menschen und keine Sache, die *nur Gegenstand* für mich wären. [...] Den Prädikaten, die so die Dinge nur im Lebensbezug zu mir erhalten, entspricht der aus ihm stammende Wechsel der Zustände in mir selbst“.[50]

Der Gegensatz zwischen rein gegenständlicher Wirklichkeitspräsentation, wie sie in idealer Form in der Mathematik gegeben ist, und zuständlich erlebnishafter Erfahrung von Wirklichkeit ist bei Dilthey kein absoluter. Denken und Erleben stehen einander nicht feindlich und rivalisierend gegenüber in jener kategorischen Art, die etwa bei Klages zu finden ist, sondern Denken ist eine „Funktion des Lebens“[51] insofern das, was unaufgeklärt, unmittelbar im Erleben erfahren wird, im begrifflichen Denken seine Erhellung und Gliederung findet. Damit stellt sich natürlich die Frage, wie eine solche gegenständliche Sichtbarmachung und Bestimmung die Gefahr einer *μετάβασις εἰς ἄλλο γένος* zu vermeiden imstande ist, die Frage, wie sich das unmittelbar zuständlich Erfahrene gegenständlich repräsentieren, d. h. zur sprachlich-begrifflichen Erhellung gelangen kann, wo doch „an den Erlebnissen

[48] W. Dilthey: Fragmente zur Poetik, in: Gesammelte Schriften, Band VI: Die geistige Welt. Einleitung in die Philosophie des Lebens, 2. Hälfte: Abhandlungen zur Poetik, Ethik und Pädagogik, hg. von G. Misch, Berlin/Leipzig 1924, 313-321, 319.
[49] W. Dilthey: Die geistige Welt, 1. Hälfte, a. a. O., XC.
[50] W. Dilthey: Der Aufbau der geschichtlichen Welt in den Geisteswissenschaften, a. a. O., 131.
[51] W. Dilthey: Die geistige Welt, 1. Hälfte, a. a. O., LXII.

eine feste Abgrenzung nicht aufstellbar"[52] ist und die Setzung eines Begriffs immer auch eine Distanzierung des inhaltlich Gemeinten einschließt.

Die Lösung dieser Frage kann für die Lebensphilosophie nur dadurch gewonnen werden, daß man, wie Misch[53] betont, im sprachlichen Ausdruck hinsichtlich des Wissens, das durch ihn sichtbar und mitteilbar gemacht werden soll, zwei polare Möglichkeiten unterscheidet, nämlich das Wort als *evozierende Aussage* für Inhalte des Erlebens und das Wort als diskursive Feststellung reiner Gegenständlichkeiten, das Wort als *Ausdruck* und das Wort als *Terminus*. Von der Lebensphilosophie wird das Wort zum Mittel der Mitteilung von Inhalten, die primär erlebnismäßig gewußt werden, immer gesucht werden in seiner Eigenschaft als „aufklärender Ausdruck" (B. Groethuysen), in jener Bedeutung also, die ihm schon in Herders Sprachphilosophie zuerkannt wird. Das Äußere des Wortes erscheint hier nicht willkürlich und durch eine bewußte werkzeugliche Manipulation seinem Sinngehalt zugeordnet und somit auswechselbar – wie etwa in der Sprache der Wissenschaft –, sondern es ist die gerade in ihrer Individualität spezifische Peripherie eines Innern. Wort und Satz sind ein Organismus dergestalt, daß im Außen das Wissen um ein Innen vermittelt ist – ganz in derselben Weise, wie etwa im spezifisch gearteten Klangbild eines Schreies die Todesangst vernehmbar wird. Dem Wort als Ausdruck – im Gegensatz zum bloßen Zeichen – eignet eine Atmosphäre von Erlebnisinhalten, die ihm gerade seinen spezifischen Sinn verleihen. Diese Wirkung auf Resonanz im Erlebnis fehlt den rein diskursiven Begriffen der theoretischen Wissenschaft, deren Sinn immer gewußt wird in reiner Gegenständlichkeit.[54]

Die konkrete Anwendung seines Grundgedankens, daß das Erleben der Urgrund dessen ist, was wir sprachlich in Begriffen und Urteilen formuliert als gegenständliche Wirklichkeit meinen, findet sich bei Dilthey u. a. in seiner Psychologie der metaphysischen Systeme, die er nach drei Typen gliedert, nach den Systemen des Naturalismus, des Idealismus der Freiheit und des objektiven Idealismus. Ihre letzte verständliche Bedeutung liegt nicht im logisch Ableitbaren, sondern in Erlebnissen des Gestimmtseins, des Wollens und Fühlens. Der Naturalismus ist der geistig evozierende Ausdruck einer Lebensgestimmtheit der Abhängigkeit von der Natur, der Idealismus der Freiheit wurzelt im Erlebnis der souveränen Tätigkeit des Geistes, der objektive Idealismus schließlich entwickelt sich auf der Basis eines pantheistischen

---

[52] W. Dilthey: Fragmente zur Poetik, a. a. O., 318.

[53] G. Misch: Lebensphilosophie und Phänomenologie. Eine Auseinandersetzung der Diltheyschen Richtung mit Heidegger und Husserl, Leipzig, ^{2}1931, 94ff.

[54] Das Problem, das Misch (Lebensphilosophie und Phänomenologie, a. a. O.) im Hinblick auf Dilthey mit der Unterscheidung zwischen evozierendem Ausdruck und begrifflichem Terminus umschreibt, ist für die gesamte Lebensphilosophie von Wichtigkeit, weil es die Frage der Möglichkeit einer Formulierung des erlebnismäßig Erfahrenen in sich schließt; es erscheint vor allem auch bei Klages als die von ihm als originell beanspruchte Unterscheidung von begreifendem und hinweisendem Denken (vgl. L. Klages: Der Geist als Widersacher der Seele, 1. Band: Leben und Denkvermögen, Leipzig 1929, 11. Kap.).

Weltgefühls. Das grundsätzlich Lebensphilosophische liegt also bei Dilthey in der Überzeugung, daß die Welt, die der Mensch hat, mit den Bestimmungen ihres So-Seins und den Akzenten von Wert und Bedeutung sich ausgliedert aus dem flüssigen Prozeß des Erlebens, aus dem Komplex von Strebungen, Gefühlen, Affekten, Stimmungen und Trieben, in die unser Dasein als Lebendigsein eingebettet ist. Das „Was" des gegenständlichen Welthabens wird reduziert auf das „Wie" des In-Sich-Seins und so führt die Analyse der Wirklichkeit bei Dilthey „in eine die Gegenständlichkeit auflösende Bewegung hinein."[55] Dies ist der eigentliche formulierbare Sinn der Diltheyschen Forderung, „das Leben aus ihm selber zu verstehen."[56]

Diltheys Gesamtauffassung von der Art, wie die Konkretionen des menschlichen Daseins in Handeln, Denken und Schaffen aus der Schicht des Emotionalen und Triebhaften entstehen, ist konzipiert am subjektiven Erleben. Nun bleibt Dilthey keineswegs stehen bei der bloßen Innenschau. Er sucht und findet die Gewißheit dafür, daß der eigene, von innen erfahrene Lebenszusammenhang und die hierin sich konstituierende Wirklichkeit allgemeingültig, d. h. mehr sind als bloß private Interpretation des affizierenden Weltstoffes, in der Idee, daß das Leben und Erleben des Einzelnen aufgehoben ist in der Weite eines universalen Lebens, das sich mannigfaltig individualisiert hat. Der Weg der Selbstbesinnung und der Bemühung um die Wesensgehalte des eigenen Innen führt Dilthey nicht (wie die Mystik) in die Isolierung eines weltfremden Selbsterlebens, sondern weist ihn hin auf die Welt menschlicher Kultur als der großen Mannigfaltigkeit dessen, was sich im Erleben überhaupt je als bedeutungserfüllte Wirklichkeit auskristallisiert hat. Damit bahnt sich bei Dilthey die *Wendung zur Geschichte* an. „Was der Mensch sei, das erfährt er ja doch nicht

---

[55] G. Misch: Lebensphilosophie und Phänomenologie, a. a. O., 49.

[56] Soweit Diltheys Lebensphilosophie den Grundgedanken enthält, daß wesenhaftes Haben und wissensmäßiges Innesein von Wirklichkeit sich konstituiert in Zuständlichkeiten des Erlebens, ist seine Grundhaltung – über die Lebensphilosophie hinaus – hineinzuverfolgen in die *Existenzialphilosophie*. Ganz im Sinne Diltheys wird von Heidegger die Zulänglichkeit des Verstandes als des Mittels und des Denkens als des Weges zur Auffindung des Seins – und damit der traditionelle Primat der Logik in der Philosophie in Abrede gestellt. Das begrifflich zur Aussage gebrachte Sein von Wirklichkeit wird primär nicht aufgefunden im Denken – wie etwa im Descartesschen *cogito ergo sum* = ich bin denkend, also gibt es Seiendes –, sondern in der subjektiven Befindlichkeit, die ihrem Gehalte nach durchaus der Weise des Erlebens angehört. „Sein" wird primär aufgefunden in der Stimmung der *Angst*. Denn erst „das Nichts ist die Ermöglichung der Offenbarkeit des Seienden als eines solchen für das menschliche Dasein". (M. Heidegger: Was ist Metaphysik, Bonn 1930, 20). Im Felde des Fragens nach dem Wissen um das Nichts versagt jedoch die Logik; es ist vielmehr die Stimmung der Angst, in der das Nichts und somit auch das Sein offenbar wird. Damit ist der Beginn alles Philosophierens außerhalb des Verstandes ins Emotionale verlegt, das „Erlebnis" der Angst wird zur Basis ontologischen Wissens. – Wenn man will, kann man hier den Ansatz zu einer ganz im Sinne der Lebensphilosophie gehaltenen Fragestellung einer *Philosophie des Emotionalen* sehen, die unter anderem danach zu fragen hätte, was uns in den Erlebnissen der Heiterkeit, Trauer, Sehnsucht, Verzweiflung, Hoffnung, Sorge usw. an Weltsein und In-der-Welt-sein zur Sicht gebracht wird. Wertvolle Ansätze zu einer solchen „Philosophie des Emotionalen" finden sich bei M. Scheler.

durch Grübelei über sich, auch nicht durch psychologische Experimente, sondern durch die Geschichte.“[57] In den Objektivationen des philosophischen und wissenschaftlichen Denkens, in den Bildungen der Kunst und Religion haben sich die unerschöpflichen Möglichkeiten menschlichen Erlebens realisiert. Sind so die historischen Gebilde des Geistes Erscheinungen und Ausdruck des Lebens, so ist das Phänomen Geist bei Dilthey ganz in das Wesen des Lebens selbst hineingenommen, so daß der Begriff der *Geisteswissenschaft* bei ihm gleichbedeutend ist mit dem Begriff der *Wissenschaft vom Leben.* Das, was wir in den geschichtlichen Objektivationen als geistige Gebilde finden, ist das Welterlebnis des jeweils historischen Menschen. „Wir suchen Seele; dies ist das Letzte, zu dem nach langer Entwicklung der Geschichtsschreibung wir gelangt sind.“[58] Im Nacherleben der Geschichte aber erfährt der Mensch die Realisierung von Möglichkeiten, die recht eigentlich Möglichkeiten seines eigenen seelischen Seins sind. „Alle letzten Fragen nach dem Wert der Geschichte haben schließlich ihre Lösung darin, daß der Mensch in ihr sich selbst erkennt.“[59]

Hinter diesen Sätzen Diltheys steht unverkennbar das Bemühen, den Menschen in seinem Einzelsein frei zu machen von der Schranke der eigenen Lebensbestimmtheit, wie sie bedingt ist durch die Konstellationen seines individuellen Daseins. Und diesem Ziele wird die wenn auch unformulierte Idee dienstbar gemacht, daß der einzelne Mensch ein seelischer Mikrokosmos sei, eine Abbreviatur der All-Seele, die im historischen Verlauf die Welt in immer neuem Wandel erlebt und ihr damit Gestalt und Bedeutung gegeben hat. Die Seele erscheint schließlich ganz allgemein als der Bereich dessen, was an Weltwirklichkeit möglich ist, als das Noch-Nicht, das verlangt nach seiner Geburt, die immer zugleich die Geburt einer Weltwirklichkeit ist. Die Horizonte des subjektiven In-der-Welt-Seins und des individuellen Welt-Habens werden damit grandios erweitert über den gesamten Kosmos der Geschichte, die Begegnung mit der historischen Welt wird zur Selbstfindung der Seele.

Wenn nun der Untergrund dessen, was sich als der Kosmos der Geschichte mannigfach ausgefaltet hat, von derselben Wesenheit ist wie das in intimer Unmittelbarkeit erlebte individuelle Leben, dann wird auch die Antwort auf die Frage nach dem Erkenntnisweg, der hinführt zur Erfassung des geschichtlichen Kosmos, in engstem Anschluß an die Gedanken über die Eigenartigkeit der Selbsterfahrung erfolgen. Im Selbsterleben finden wir jenen einzigartigen Sachverhalt, daß uns alles, was sich als geformt aus dem ewigen Fluß des inneren Geschehens ausgliedert und damit unterscheidbar und bestimmbar wird, gegeben ist in einem Widerschein, einem Anklingen des intimen absoluten Innen. In den Modi des Innen erfahren wir die Bedeutung, den Sinn dessen, was in der Entfaltetheit eines Gedankens, einer Handlung, einer Vorstellung und Wahrnehmung erscheint und bestimmbar ist, wir erfahren ferner die Notwendigkeit des Auseinanderhervorgehens und die übergreifende Ganzheit der einzel-

[57] W. Dilthey: Ideen über eine beschreibende und zergliedernde Psychologie, a. a. O., 180.
[58] W. Dilthey, zit. bei F. Heinemann, Neue Wege der Philosophie, a. a. O., 187.
[59] Ebd., 189.

nen seelischen Äußerungen. In diesem Sinne ist alles, was sich seelisch ausfaltet zur Erscheinung, von der Eigenart des Ausdrucks. Und wie wir im Ausdruck uns selbst wissen und verstehen,[60] so verstehen wir auf Grund der Identität des Lebens auch die Geschichte als Ausdruck. Dies ist der Weg, auf dem bei Dilthey das Problem und der Begriff des *Verstehens* zum Zentralpunkt einer historischen Erkenntnislehre werden. Das Verstehen des Lebensausdrucks fremder Individuen ist im Grund nichts anderes als das Verstehen des eigenen Ausdrucks, „das Verstehen ist ein Wiederfinden des Ich im Du",[61] ist also jedenfalls kein diskursiver intellektueller Akt. Die Bedingung aber der Möglichkeit eines objektiv gültigen Verständnisses fremder individueller Lebensäußerungen liegt darin, daß „in keiner fremden individuellen Äußerung etwas auftreten kann, das nicht in der auffassenden Lebendigkeit enthalten wäre".[62] Dilthey spricht von einem *Eindruckspunkt*; „dieser ist durch das innere Verhältnis irgendeiner Lebendigkeit zu der meinigen bedingt, ich finde mich in meinem Lebenszusammenhang von etwas Wirkendem in einer anderen Natur innerlich berührt; ich verstehe von diesem Lebenspunkt aus die dorthin konvergierenden Züge."[63] Mit dem Begriff des Konvergenzpunktes soll also die Fähigkeit, fremdes Seelenleben nachzubilden, erklärt und zugleich die Möglichkeit objektiv gültigen Wissens von der Welt des Historischen als des Seelischen gesichert werden. Freilich gerät nun wiederum der Begriff des Konvergenzpunktes mit Diltheys eigenen Voraussetzungen in Widerstreit und ist jedenfalls nicht imstande, die kardinale Schwierigkeit einer jeden Theorie des historischen Verstehens zu überwinden. Wenn wir, wie Dilthey grundsätzlich annimmt, als Individuen unserer Außenwelt immer erlebend gegenüber stehen, sie uns immer etwas *bedeutet*, so ist damit eigentlich gesagt, daß wir primär auch die historischen Phänomene *erleben*, sie unter der Kategorie der Bedeutung hinnehmen, und dies wäre schon eine Einschränkung der Möglichkeit ihres bloßen Nacherlebens aus ihrer eigenen Lebensmitte heraus. Diese Schwierigkeit ist auch nicht behoben durch den Begriff des unpersönlichen Erlebens, den Dilthey einführt. Der Gedanke einer völligen Aufgabe des Selbstes, letzten Endes entsprungen aus einer Sehnsucht nach Freiheit von den Schranken der Individuation, schwebt als ideale Forderung über dem historischen Bemühen Diltheys, hat aber eine seiner schärfsten Anfechtungen in Diltheys eigener anthropologischer Grundidee. Es besteht hier ein analoger Widerspruch wie bei Bergson. Und auch darin ist Dilthey Bergson ähnlich, daß seine Philosophie, die als Selbstbesinnung des Lebens gemeint ist, nicht die Geschlossenheit eines Systems erreicht – sie nicht erreichen kann auf Grund der immanenten Logik der Sache selbst, um die Dilthey sich bemüht. Denn das Leben ist ja wesenhaft ein unvollendbarer Prozeß und nicht mehr Leben, wenn es nicht mehr Prozeß ist.

---

[60] W. Dilthey: Die geistige Welt, 1. Hälfte, a. a. O., XC.
[61] W. Dilthey: Der Aufbau der geschichtlichen Welt in den Geisteswissenschaften, a. a. O.,191.
[62] W. Dilthey: Die Entstehung der Hermeneutik, in: Gesammelte Schriften, Band V: Die geistige Welt, 1. Hälfte, a. a. O., 317-338, 333.
[63] Ebd., 282.

O. Spengler

Die Lektüre Diltheys zeigt eindringlich, mit welchem Ernst und welcher immer neu angestachelten Anstrengung sich dieser reiche Denker, dessen Stärke in der Feinfühligkeit historischer Deutung lag, um eine Erkenntnislehre der Geschichte als der Gesamtwirklichkeit des Seelischen bemühte. Seine Schriften zur Lebensphilosophie „sind Durchbrüche einer eigenen philosophischen Intention, [...] vorgetragen in einer Mischung von Unsicherheit des Vorantastens und kritischer Zurückhaltung."[64]

Weit sorgloser und weniger beschwert von dem Bewußtsein der Verantwortung vor dem diskursiven Denken macht *O. Spengler* seine Ansicht vom Gegensatz zwischen einer Erkenntnis der Natur und einer solchen der Geschichte zur philosophischen Grundlage einer zweifellos genialen und intuitiv begnadeten, aber im einzelnen allzu oft willkürlichen und unbeweisbaren Deutung geschichtlicher Phänomene. Die einzelnen Inhalte dieser Deutung interessieren hier nicht. Was aber das Grundsätzliche seiner Geschichtsbetrachtung betrifft, so hat Spengler als einer der erklärtesten Vertreter der modernen Lebensphilosophie zu gelten. Es finden sich bei ihm fast wörtliche Anklänge an Bergson, wenn er auch als seine geistigen Ahnen neben Goethe lediglich noch Leibniz und Nietzsche anerkennt. Im Mittelpunkt des lebensphilosophischen Denkens von Spengler steht viel grundsätzlicher noch als bei Dilthey der Gegensatz von Natur und Geschichte: die Geschichte ganz wie bei Dilthey verstanden als die Wirklichkeit des seelenhaften Geschehens, die Natur verstanden als der Gegenstandsbereich des mathematisch-physikalischen Denkens. Dabei erscheinen Natur und Geschichte als polare Möglichkeiten, die vorgefundene Wirklichkeit aufzufassen und zu interpretieren hier als Gewordenes, dort als Werdendes. Diese Deutung wird nun einerseits kompliziert durch den Zusatz, daß es sich mit der Scheidung von Natur und Geschichte nicht handle um eine Alternative, sondern „um eine Skala von unendlich vielen und sehr verschiedenartigen Möglichkeiten, eine ‚Außenwelt' als Abglanz und Zeugnis des eigenen Daseins zu besitzen";[65] anderseits ist sie rein philosophisch mit dem Mangel behaftet, daß in ihr die wichtige Frage, die Bergson mit dem Mythos von der Entstehung der Materie zu beantworten sucht, die Frage nämlich, wie sich das Werden und das Gewordene als Wirklichkeiten zueinander verhalten, einfach umgangen wird.

Spenglers Kontrastierung von Geschichte und Natur, die wie gesagt ohne ontologische Basis ganz im Psychologistischen bleibt, ist unter dem Gesichtspunkt der modernen Lebensphilosophie gesehen die unmittelbare Wiederkehr Bergsonscher und Diltheyscher Intentionen, vor allem der Antithese des Innen und Außen. Bei Spengler erscheint es als der wesentliche Grundzug der naturwissenschaftlichen Betrachtungs-

---

[64] G. Misch im Vorbericht zu W. Dilthey: Die geistige Welt, 1. Hälfte, a. a. O., XII.

[65] O. Spengler: Der Untergang des Abendlandes, a. a. O., 80.

weise, daß es ihr genügt, die Welt zu denken und wissend zu besitzen lediglich in Bestimmungen, die ausnahmslos gesehen werden im Schema des Nebeneinander, und zwar in Form von *Größen* und deren gegenseitiger *Beziehungen*.[66] Im Weltbild der Naturwissenschaft ist alles ausgeschaltet an Bestimmungen, die in Analogie stehen zum Erleben, also zur Erfahrung des intimen Innen, die sich vollzieht in der Ausfaltung gewisser Erscheinungen dergestalt, daß Sinn und Bedeutung des Ausgefalteten immer in Qualitäten des Innen gewußt und verstanden werden. Es muß – so etwa wäre Spenglers Position zur Naturwissenschaft zu bestimmen – als eine unmittelbare Gewißheit gelten, daß wesentliches und wirkliches Sein auch dort, wo uns etwas als Nicht-Ich gegenübersteht, vom Typus jener Ganzheit ist, mit der in der Selbsterfahrung Sinn und Bedeutung von Erscheinendem, das der begrifflichen Vergegenständlichung fähig ist, verstanden werden in Inhalten des unmittelbaren, ungegenständlichen Erlebens. Die mathematisch-physikalische Naturwissenschaft ist aber ein Außenweltaspekt, der von dieser Tatsache völlig absieht. Sie kann das nicht erfassen, was an Lebenswirklichkeit in der vorgefundenen Welt, und zwar vor allem in den Phänomenen der Geschichte gelegen ist. Wenn Bergson und Dilthey der Psychologie ein Mißverständnis darin nachzuweisen suchen, daß sie unter Übernahme von mathematisch-naturwissenschaftlichen Denkgewohnheiten gerade an der Eigenart des Seelischen vorbeigeht, so macht auch Spengler, der übrigens verachtungsvoll von den „Physikern der inneren Welt“[67] spricht, im besonderen der Geschichtswissenschaft, sofern sie die Phänomene nebeneinander registriert und in ein Netz von Ursache und Wirkung einspannt, den Vorwurf, Dinge des Seelischen und Lebendigen immer nur zu sehen durch Kategorien, durch die sich die Wirklichkeit lediglich als bloßes Außen bestimmen läßt. Der Kosmos der Geschichte aber fordert es aus seinem Wesen, *geinnert* – so könnte man im Sinne von Spengler sagen – d. h. gewußt zu werden in Bestimmungen seines Innen.[68]

---

[66] Vgl. hierzu M. Planck: Das Weltbild der neuen Physik, Leipzig 1930: „Wenn wir das alte und das neue Weltbild nebeneinanderhalten, so zeigt sich zunächst wieder ein weiterer bedeutender Schritt in der Richtung der Zurückführung aller Qualitätsunterschiede auf Quantitätsunterschiede. So erscheint namentlich die bunte Mannigfaltigkeit der chemischen Erscheinungen restlos zurückgeführt auf numerische und räumliche Beziehungen” (ebd., 17).

[67] O. Spengler: Der Untergang des Abendlandes, a. a. O., 387.

[68] Dieser typisch lebensphilosophische Gegensatz zweier Arten, das als Welt Vorgefundene zu betrachten und in das Wissen aufzunehmen, ist am ehesten zu exemplifizieren am Phänomen der Handschrift. Der extreme Standpunkt der Naturwissenschaft, wie Spengler ihn sieht, würde die Handschrift lediglich bestimmen im Schema des Nebeneinander und Auseinander, d. h. die einzelnen Linienzüge würden in dem Wesen ihres Soseins und in der Bedeutung ihres Wirklichseins ausschließlich bestimmt durch ihre Ordnung in einem Koordinationssystem. Hiermit wäre die Handschrift völlig in ihrem Außen-Sein betrachtet, als etwas, das ganz eingegangen ist in jene Wirklichkeitssphäre, deren Bestimmungen lediglich solche sind der Quantität und der Beziehungen im Schema des Nebeneinander. Es ist von hier aus ohne weiteres zu verstehen, wie Spengler dazu kommt, den Raum als den Bereich des Starren, des Toten und endgültig Gewordenen aufzufassen. Nun gibt es der Handschrift gegenüber natürlich auch eine andere als die mathematisch-naturwissenschaftliche Einstellung, indem man ver-

Um diesen Aspekt der *Innerung* ist es Spengler schließlich der gesamten Erfahrungswelt gegenüber zu tun. Er erklärt es als Ideal des Weltverstehens, das Gewordene ganz aufzulösen in das Werden, so daß jeder Rest von Totem und Starrem verschwunden ist. Die Welt als Geschichte betrachten heißt sie als Ausfaltung eines Inneren mit den zugrunde liegenden Erlebnissen *verstehen*, wozu im Gegensatz steht das Verfahren, in dem ich die Welt als Natur *begreife*.

Die Antithese von Natur und Geschichte wiederholt sich bei Spengler in einer Reihe von Gegensatzpaaren. Ist die Geschichte vom Charakter des *Organischen*, so hat die Natur – immer verstanden als eine besondere Deutung des Welteindrucks – die Wesensart des *Mechanischen*. Das Organische gibt sich seine äußere Erscheinung von innen her, ihre Mannigfaltigkeit ist zur Einheit aufgehoben, indem sie zentriert ist um eine Lebensmitte. Am Körper im Bereich des Mechanischen sind dagegen die einzelnen Teile einander äußerlich, Veränderungen werden veranlaßt nur von außen. In dieser Kontrastierung von mechanisch und organisch im Hinblick auf den Unterschied von Wissen um Natur und Wissen um Geschichte erweist sich – wie übrigens schon bei Bergson – die innere Beziehung der Philosophie des Erlebens zum *vitalistischen Biologismus* der Gegenwart. Die gesamte Menschheitsgeschichte deutet Spengler als die Geschichte von Kulturseelen, diese aber sind Organismen, aus dem Schoße einer mütterlichen Landschaft aufgewachsen; Kulturen sind Pflanzen. Der hier entscheidende Organismusgedanke, der jeder Lebensphilosophie, wenn auch unausgesprochen, zugrunde liegt, bleibt nun bei Spengler völlig biologistisch gebunden. Der Sinn der Wirklichkeit aller Kulturen erschöpft sich darin, daß sie sich entwickeln, die Möglichkeiten ihrer Anlage erfüllen und dann wieder vergehen. Die ganze Welt des Geistigen erhält damit lediglich die Bedeutung von Symbolen des Vitalen, es fehlt ihr jedoch eigene Bedeutsamkeit, das Problem der Wirklichkeit ideellen Geltens und ideeller Werte wird von Spengler überhaupt nicht gesehen. So formuliert er hinsichtlich der Philosophien seine Meinung dahin, daß man auf absolute Standpunkte verzichten müsse, indem man sie – die Philosophien – eben als nichts anderes denn als Organismen zu betrachten habe. Damit bleibt Spengler, in Blindheit für die ontologische Fragestellung, äußerst einseitig in Psychologismus und Biologismus stecken. Gerade er wird hier getroffen von der Kritik, die Rickert gegen den Biologismus der modernen Lebensphilosophie vorbringt und die abzielt auf die Unfähigkeit des Lebens, sofern es als oberster Wert gesetzt wird, einen Sinnkosmos zu begründen, der dem menschlichen Dasein sowohl des einzelnen als der Gesamtheit Halt und Richtung gibt.

Der Unterschied von mechanisch und organisch schließt bei Spengler noch einen weiteren ein, nämlich denjenigen von *Kausalität* und *Schicksal*. Geschehenszusammenhänge des Mechanischen werden gedacht in der Kategorie der *Kausalität*. Auch sie trägt das Stigma der Zugehörigkeit zum Bereich des Nebeneinander an sich.

---

sucht, ihr äußeres Bild zu innern, es in Qualitäten zu entdecken und bewußtzumachen, die analog sind der Erfahrung des eigenen Inneren in Freude, Schmerz, Erregung, Zorn usw.

Kausalität als formales Gesetz des Geschehens-Verlaufes enthält das Schema des Raumes insofern, als Ursache und Wirkung immer in Form eines Zusammentreffens mehrerer, im Schema des Nebeneinander existent, also einander äußerlich gedachter Gegebenheiten in Erscheinung treten dergestalt, daß in der Annahme der *causa sui* die Idee der Kausalität bereits transzendiert wird. Die Relation zwischen Ursache und Wirkung ist durch eine Gleichung ausdrückbar, die Kausalität ist eine „optisch-räumliche Beziehung".

Ganz anders verhält es sich im Bereich des Seelisch-Geschichtlichen mit dem Prinzip des *Schicksals*. Was freilich mit der Kategorie des Schicksals gemeint sein soll, erhält bei Spengler keineswegs eine zureichende begriffliche Klärung. Spenglers Schicksalsbegriff ist typisch für seine Art, Begriffe schlagwortartig hinzusetzen und, statt sie in ihrem Sinngehalt eindeutig zu bestimmen, wirken zu lassen durch die Atmosphäre des Gefühls und der Stimmung, mit der sie im allgemeinen Sprachgebrauch behaftet sind. Er macht ausgiebig Gebrauch von solchen „Worten, die von einem tiefen Geheimnis umgeben sind. [...] Keine Wissenschaft kann je an das rühren, was man fühlt, wenn man sich in den Sinn und Klang dieser Worte versenkt. Es sind Symbole, nicht Begriffe."[69] Unternimmt man es trotzdem, zu bestimmen, was mit Spenglers Schicksalsbegriff in Gegenstellung zur Kausalität wenigstens intendiert wird, so erscheint Schicksal als die Bedingung eines So-Seins, die zum Phänomen, an dem sie wirksam wird, im Verhältnis des darin Eingeschlossenseins steht. So hat die Sonnenblume das Gesetz des So-Seins ihrer Erscheinung oder, mit Spengler zu reden, ihr Schicksal in sich. Mit dem Begriff des Schicksals als einer „organischen Logik" intendiert Spengler dieselbe Gesetzlichkeit des Belebten, die Goethe meint mit seinem Wort von der geprägten Form, die lebend sich entwickelt. Auch die Phänomene der Naturwissenschaft lassen sich wie Geschichte betrachten, indem man ihr Schicksal und nicht ihre Kausalität zu erfassen sucht. In diesem Sinn stehen einander die organisch gesehene, lebendige Natur Goethes und die mechanistisch gesehene, tote Newton-Kants wesensverschieden gegenüber.

In der Gegenstellung von Schicksal und Kausalität, wie Spengler sie durchführt, scheint im Grunde dasselbe Problem in der Eigenart des Seelischen und Lebendigen angerührt, um das sich Dilthey bemüht mit seinem Begriff der teleologischen Struktur als des übergreifenden Prinzips, durch das die einzelnen Lebensaugenblicke determiniert sind. Das gleiche Prinzip übrigens, das als Spezifikum des Vitalen innerhalb der vitalistischen Biologie in der Form des Ganzheitsprinzips erscheint. Sein Wesen und seine Wirksamkeit bestehen darin, daß dort, wo es herrscht, nicht wie bei der Maschine die Summe der Teile das Ganze ausmacht, sondern die Ganzheit über das Sein der Teile hinaus eine Wirklichkeit besitzt, kraft deren sie das So-Sein der Teile etwa nach Art von ausrichtenden Kraftlinien determiniert, wenngleich anderseits ihre Wirklichkeit durch das Dasein und So-Sein der Teile recht eigentlich erst erfüllt wird.

---

[69] O. Spengler: Der Untergang des Abendlandes, a. a. O., 164.

Der Unterschied von Kausalität und Schicksal differenziert sich bei Spengler noch weiter dahin, daß im Bereich des Schicksals Entwicklung und Entfaltung ist, ein immerwährendes schöpferisches Ins-Dasein-Springen von etwas schlechthin Neuem. Im Geltungsbereich der Kausalität dagegen herrscht Berechenbarkeit, Gleichförmigkeit und Gesetzmäßigkeit, hier gibt es nichts substantial Neues, es besteht Erhaltung der Energie und nur die Beziehungen der einzelnen Teile zueinander zeigen eine Veränderung.

Mit der Unterscheidung von Schicksal und Kausalität ist bei Spengler unmittelbar die Unterscheidung von *Richtung* und *Ausdehnung* verknüpft. Der Begriff der Richtung zielt ab auf jene Tatsache der seelischen Erfahrung, daß im Jetzt schon die Zukunft wach wird, sich ihre Geburt anbahnt in einem eigenartigen Tatbestand des Noch-Nicht-Seins, in dem dennoch das Sein heraufwächst und in dieser gleichsam virtuellen Form gegenwärtig ist, – genau wie in der Gegenwart ja auch die Vergangenheit zugleich ist und nicht mehr ist. Die Gegenwart ist in ihrem So-Sein schon bestimmt durch die Zukunft, die sich in ihr anbahnt als ein Aufwachen aus dem Traum des Möglichen in die Wachheit des Tatsächlichen. Diese ontologische und logische Problematik des Übergangs fußt ja auf dem schon mehrfach erwähnten, für die Wirklichkeit des Seelischen und Lebendigen eigentümlichen Prinzip der Durchdringung, das darin besteht, daß das begrifflich Unterscheidbare ineinander existiert und somit die begriffliche Unterscheidung selbst in ein fragwürdiges Licht gerückt wird. Denn sie enthält in sich selbst als Prinzip das Schema des Nebeneinander, der Ausdehnung, der Diskontinuität und wird begreiflicherweise in sich selber unsicher, wenn sie auf ein Wirklichkeitsgebiet geführt wird, das in seiner Struktur nicht dem Seins-Schema der Ausdehnung entspricht.

Die Unterscheidung von Richtung und Ausdehnung, Schicksal und Kausalität, Organisch und Mechanisch, Geschichte und Natur projiziert sich schließlich bei Spengler auf eine breiteste Basis, auf die Antithetik von *Zeit* und *Raum*. Völlig im Sinne Bergsons, von dem Spengler übrigens reichlich wegwerfend spricht, wird der Begriff der Zeit als der Existenzform des Seelischen befreit von dem raumanalogischen Grundschema des Nebeneinander und Außereinander, das dem mathematisch-naturwissenschaftlichen Begriff der Zeit anhaftet. Ist die Wirklichkeit der Zeit das, was in Modi des Innen als Richtung und Schicksal erfahren wird, so ist der Raum das, was in Bestimmungen des Außenseins gewußt wird. Der Raum hat in seinem gesamten Sein die Struktur der *Oberfläche*, die Wirklichkeit der Zeit, als die uns unser eigenes Lebendigsein gegeben ist, hat die Struktur der *Tiefe*. Völlig unbefriedigend bleibt es auch hier wiederum, daß Spengler die Wirklichkeiten von Raum und Zeit existentiell in keiner Weise aufeinander bezieht. Ihre Zweiheit erscheint bei ihm letzten Endes rein psychologistisch als Verschiedenheit der Aspekte, unter denen die Wirklichkeit hier als Natur, dort als Geschichte gesehen wird. In dem ersteren Fall wird sie gewußt nur in Bestimmungen der Ausdehnung, sie wird hingenommen und besessen als starres Sein, als etwas Totes. Wie zwischen Raum und Tod eine unmittelbare Beziehung besteht, ebenso besteht eine Beziehung zwischen dem Lebendigen und der Zeit, in dem die Zeit das Lebendige selbst ist. In der Zeitlichkeit des Lebens ist zugleich der fluktuierende Charakter seiner Wirklichkeit gegeben: in typisch lebensphilosophischer Konzeption mündet die philosophische Besinnung auch bei Spengler ein in das heraklitische Weltbild.[70]

Dem Unterschiede, den Natur und Geschichte als Inhalte des Wissens darstellen, entsprechen auf der Seite des Subjektes auch solche der Erkenntnisinstanz und des Erkenntnisweges. Auch hier kommt es zu typisch lebensphilosophischen Gegenüberstellungen. Der Natur als dem Bereich dessen, was in seinem wesentlichen Sein völlig zu bestimmen ist durch Merkmale des Außenseins, entspricht der Intellekt; er erfaßt die Wirklichkeit des Ausgedehnten im Begriff. Wiederum ein unmittelbarer Widerklang Bergsons ist die Behauptung, daß der Intellekt das Komplement der Ausdehnung sei und daß somit im Denken das Lebendige in bloße Ausdehnung verwandelt werde. Die Welt der Begriffe enthält in sich dasselbe Schema wie die Welt des naturwissenschaftlichen Raumes. „Was nicht erlebt und gefühlt, was nur gedacht wird, nimmt notwendig räumliche Beschaffenheit an." „Die Begriffe sind ihrem Wesen nach Zahlen von rein quantitativer Beschaffenheit."[71]

Ist die Funktion des *Verstandes*, mit der er sich das Chaos des Vorgefundenen zur Welt macht, das Denken, durch das die Dinge nur in ihrem Gewordensein gewußt werden können, so steht dem Intellekt die *Seele* wesensgegensätzlich gegenüber. Sie erscheint bei Spengler wie bei allen Lebensphilosophen als dasjenige Organ des Menschen, kraft dessen sich in der Begegnung mit der Welt Erlebnisse vollziehen. Während der *Begriff* die Form ist, in der der Verstand die Welt zu seinem Besitz macht, offenbart sich der Seele die Wirklichkeit in *Bildern*. Der Wesensgehalt eines Bildes kann nie in Begriffen gewußt werden; denn er besteht in Qualitäten des Erlebens, in Lebensgestimmtheiten und Antrieben, die durch die Oberfläche der Erscheinung hindurchleuchten und immer nur erfahren werden können in einer Resonanz der eigenen Seele, des eigenen Zumuteseins, der eigenen Zuständlichkeit. Es besteht also eine korrelative Beziehung zwischen Bildgegenstand und *Erlebniszustand* in der Weise, daß sie sich in ihren Sinn- und Wesensgehalten gegenseitig interpretieren. Analog heißt es auch bei Dilthey: „Wir finden schon in Traum und Wahnsinn mit merkwürdiger Regelmäßigkeit an Sensationen und innere Zustände stets bestimmte Bilder gebunden, welche jene Zustände deuten, erklären und dar-

[70] Vgl. O. Spengler: Der metaphysische Grundgedanke der heraklitischen Philosophie, Halle 1904 (= Phil. Diss.).

[71] O. Spengler: Der Untergang des Abendlandes, a. a. O., 164 und 134. – Bergson und Spengler, die darin übereinstimmen, daß es ein und dasselbe Prinzip der Ausdehnung ist, was den körperlichen Dingen und den Begriffen einwohnt, haben einen Gewährsmann in Malebranche, der neben der sinnlichen Ausdehnung von einer intelligiblen spricht und die Ideen (Begriffe) als Modi der letzteren erklärt, im übrigen freilich, im äußersten Grade der Lebensphilosophie entgegengesetzt, nur in den Modi der intelligiblen Ausdehnung die Möglichkeit der Wirklichkeitserkenntnis anerkennt und es leugnet, daß Gefühle, Neigungen, Leidenschaften,

stellen. Eine Art von armen verkümmerten Symbolen [...]. Reich und doch gesetzmäßig entfalten sich aber in der Menschheit die großen festen Symbole des Mythos, der Metaphysik, der Poesie."[72] Bei Dilthey sowohl wie bei Spengler ist Verstehen der Wirklichkeit gemeint als Verstehen von Symbolen, nicht ein die Kausalitätsreihe abschreitendes Begreifen von Gegenständlichkeiten – also ein Verstehen, das die wechselseitige Interpretation der Bilderscheinung durch Erlebniszuständlichkeiten und umgekehrt als wesentlichen Akt in sich einschließt.

Es ist deutlich genug geworden, inwiefern Spengler ähnlich wie Bergson, Dilthey und vor allem Klages eine neue Welteinstellung proklamiert, in der sowohl die Erscheinungen der Natur wie die der menschlichen Geschichte nicht betrachtet werden sollen als Tatsache des Verstandes, sondern als Ausdruck und deutbares Gesicht eines seelischen, organischen Werdens. Das Weltbild des starren Seins, der Gegenstände, Tatsachen und Begriffe soll überwunden, die Wirklichkeit als Geschichte, als Schicksal, als Entwicklung gewußt werden. „Alles, was überhaupt geworden ist, alles was erscheint, ist Symbol, ist Ausdruck einer Seele."[73] Das In-der-Welt-sein soll nicht mehr ein Aufenthalt im Außen sein, ein bloßes Wissen um das Außen, den Raum und seine Beziehungen, sondern es soll werden ein Wissen um das Innen, das immer beseelt und zeitlich geschehend ist.

Was die Seele auf diesem Weg von der Welt in Erfahrung bringt, ist erschaut, intuiert, geinnert. Das *Schauen* „verleibt das einzelne einer lebendigen, innerlich gefühlten Einheit ein"[74] und ist „derjenige Erlebnisakt, der, indem er sich vollzieht, selbst Geschichte ist",[75] während in der Perspektive des Verstandes die Welt zum zeitlos gegenwärtigen Gedachten wird.

Damit tritt das menschlich-mögliche Wissen um Welt auseinander in den Gegensatz von *Wissenschaft* einerseits und anderseits der *Weisheit* des Ausdruckskundigen, der es versteht, „mit dem physiognomischen Takt aus einem Antlitz ein ganzes Leben [...] abzulesen". Die Wissenschaft kennt die Welt nur als *Natur*, geordnet in ein *System*, die *Morphologie* erschaut sie als etwas *Seelenhaftes* mit der Logik, mit der sie sich in ihren einzelnen Phänomenen aus einer intuierten Lebensmitte heraus entwikkelt. Der Wissenschaftler *bearbeitet* die Welt, der Physiognomiker *schafft* sie nach. Für ihn gibt es nur ein *flaches* und ein *tiefes* Wissen um die Wirklichkeit. Die Kategorien von *richtig* und *falsch* dagegen gelten nur innerhalb der Wissenschaft. Für den Seelenkenner und -forscher ist jeder menschliche Satz gültig, es gilt nur den Punkt im Erlebnis eines Menschen zu finden, aus dem er als notwendig ausge-

---

also „Erlebnisse" uns wesenhafte Wirklichkeit zu erschließen vermögen bzw. selbst zum Bestande des wesenhaft Wirklichen gehören.

[72] W. Dilthey: Dichterische Einbildungskraft und Wahnsinn, in: Gesammelte Schriften, Band VI: Die geistige Welt. Einleitung in die Philosophie des Lebens, 2. Hälfte: Abhandlungen zur Poetik, Ethik und Pädagogik, hg. von G. Misch, Berlin/Leipzig 1924, 90-102, 101.

[73] O. Spengler: Der Untergang des Abendlandes a. a. O., 138.

[74] Ebd., 138.

[75] Ebd., 129.

sprochen wurde. „Wahrheiten gibt es nur in bezug auf bestimmtes Menschentum."[76] Der Begriff der Bedeutung als einer Kategorie des Erlebens tritt ganz im Sinne Diltheys an die Stelle des Begriffes objektiver Wahrheit. Es handelt sich nicht darum, „was die Welt ist, sondern was sie dem Wesen bedeutet, das von ihr umgeben ist."[77]

Diese pragmatistische Deutung des Wahrheitsbegriffs liegt in der Grundintention der Lebensphilosophie, wie denn der *Pragmatismus* selbst – am eindrucksvollsten durch die Philosophie von William James vertreten – in seiner Problemstellung der Lebensphilosophie in entscheidenden Zügen verwandt ist. Beide haben miteinander gemeinsam, daß in Fragen der Wirklichkeitserkenntnis die Souveränität des rein gegenständlichen Denkens, wie sie von Descartes begründet wurde, zugunsten des Erlebens bestritten wird. Was wir als Wahrheitsgehalt unserer Vorstellungen anerkennen, ist im Sinne des Pragmatismus nicht bestimmt durch ein objektives So-Sein und Wesen der Dinge, das sich einem überlegenen Verstande erschließt; wir verteilen vielmehr die Bezeichnungen wahr und falsch auf unsere Vorstellungen je nach dem Maße, in dem sie unser Leben fördernd oder hemmend zu beeinflussen imstande sind, sofern sie also Wirkungen ausüben, die immer in Modi des Sich-Befindens, des Zumuteseins von Stimmung, Gefühl, Affekt und Trieb erfahren werden. Das Wahrheitskriterium wird damit also der Machtbefugnis des diskursiven Denkens entzogen und der Instanz des Erlebens zugewiesen, nur das Erleben ist imstande, das Leben zu verstehen. Ist der Pragmatismus in diesem Sinne den lebensphilosophischen Denkrichtungen einzuordnen, so bleibt anderseits ein wesentlicher Unterschied darin bestehen, daß ihm der metaphysische Grundzug der Lebensphilosophie völlig fehlt. Die Wirklichkeit des Pragmatismus bleibt in das Netz der Subjektivität eingesponnen, sie ist nichts weiter als die Spiegelung der Wirkungen an sich unbestimmbarer Ursachen auf das Erleben, während in der Lebensphilosophie gerade das Netz der bloßen Subjektivität zerrissen werden soll, und das Erleben vorzudringen sucht zu einer substantialen Wirklichkeit der Welt.

Das antithetische Grundschema, in dem die Gegensätze von Geschichte und Natur, Seele und Intellekt, Zeit und Raum usw. erscheinen, ist bei Spengler nicht nur methodisch von Bedeutung, es wiederholt sich bei ihm auch inhaltlich in seiner Geschichtsdeutung, und zwar in seiner Grundthese vom Untergang des Abendlandes. Seine Charakteristik der modernen westeuropäischen Zivilisation ist gar nicht anders zu verstehen als in dem Sinn, daß das Reich der Seele endgültig erledigt und dem Menschen nur mehr die Möglichkeiten des Intellektes übriggeblieben seien. Er sieht die gegenwärtige Situation des abendländischen Menschen charakterisiert durch das Wort von Cecil Rhodes: „Ausdehnung ist alles."[78] Dem westeuropäischen Gehirnmenschen „sind nur extensive Möglichkeiten geblieben."[79] Die *Zivilisation*, in der wir

---

[76] Ebd., 62.
[77] Ebd., 214.
[78] Ebd., 50.
[79] Ebd., 55.

stehen, „folgt dem Werden als das Gewordene, dem Leben als der Tod, der Entwicklung als die Starrheit, dem Lande und der seelischen Kindheit [...] als das geistige Greisentum und die steinerne, versteinernde Welt.“[80] Jede Zivilisation ist wie die der Römer seelenlos, unphilosophisch, ohne Kunst. Ein nicht wegzuleugnender Widerspruch liegt nun aber darin, daß Spengler einerseits die jetzige Generation auffordert, das Reich der Seele, weil seine Zeit zu Ende sei, endgültig und heroisch aufzugeben und sich darum zu bemühen, die übriggebliebenen Möglichkeiten der Extension, des Intellektes, der Organisation und Technik zu verwirklichen. Er selbst aber lebt gerade im Gegensinn dieses Wortes. Seine Philosophie ist eine leidenschaftliche Revolte der Seele gegen das Weltbild des Intellektes. Spengler erklärt seine Art der seelenhaften Geschichtsdeutung ausdrücklich als Kunst, als Dichtung; er kennzeichnet damit sein Buch, ohne es selbst zu wollen, als völlig unzeitgemäß, als eine sentimentale Flucht vor der Forderung, die Konsequenz der geschichtlichen Lage zu ziehen. Wenn er in der Pose des *moriturus* die Haltung des bewußten Intellektes als den zeitgemäßen Lebensstil proklamiert, so erscheint dies recht eigentlich als ein Kokettieren der Seele mit dem Intellekt. Spengler sieht nicht oder will nicht sehen, wie gerade er mit seiner Weltbetrachtung die Seele wieder zeitgemäß machen will, gerade gegen den Intellekt, wie er bemüht ist um einen Weltaspekt von innen, genau so wie die Romantik, von der, wie er meint, die Gegenwart endgültig geschieden sei.

Gerade an diesem Widerspruch werden die Schwächen spürbar in der Geistesart Spenglers, der zwar genial ist im Einfall, aber weitgehend im Aperçu stecken bleibt und sich die Mühe erspart, die einzelnen Ideen in gewissenhafter, mühsam handwerklicher Gedankenarbeit aus begründeten Voraussetzungen herzuleiten und miteinander in Beziehung zu bringen. Die gesamte erkenntnistheoretische Problematik, die mit der Gegenüberstellung von Seele und Intellekt, Geschichtsweisheit und Naturwissenschaft gegeben ist, bleibt bei Spengler unerörtert. Als Symptom der lebensphilosophischen Attitüde jedoch und als Ausdruck ihres revolutionären Pathos gegen das intellektualistische Weltbild ist Spengler eine der charakteristischsten Erscheinungen der Gegenwart.

---

[80] Ebd., 42.

IV. Leben und Form

G. Simmel

Der Antithese Geschichte und Natur, mit der Spengler sich in die Reihe der Lebensphilosophen einstellt, haftet, wie schon betont, der Mangel an, daß sie rein psychologistisch eine Verschiedenheit der Aspekte charakterisiert, wobei die Schwierigkeit der ontologischen Frage, wie die beiden Glieder der Antithese sich im Ganzen der Wirklichkeit verhalten, einfach umgangen wird. Es reiht sich deshalb in der Linie der modernen Lebensphilosophen an Spengler am besten G. Simmel als derjenige Kopf an, dessen Intention ganz darauf gerichtet ist, Werden und Gewordensein in einem spezifisch dialektischen Lebensbegriff zu dem Gesamtbild einer *Metaphysik des Lebens* zu überwinden. Sie fällt, nachdem Simmel ausgegangen war von einem psychologistischen und positivistischen, metaphysikfeindlichen Relativismus, erst in die Spätzeit seines Philosophierens.

Auch bei Simmel steht am Anfang seiner Lebensmetaphysik die Besinnung auf die Unmittelbarkeit der Selbsterfahrung des Lebens als „fundamentaler, unkonstruierbarer Tatsache."[81] Was über die Eigenart dieser Wirklichkeit ausgesagt wird, gruppiert sich um die Zentralbegriffe der *Ganzheit* und der *Kontinuität*. Diese beiden Kategorien unterscheiden die Wirklichkeit des Erlebens wesensmäßig von der intellektuell geformten Welt der Gegenstände. Gilt für die gegenständliche, äußere Betrachtung, daß jeder Augenblick des Lebens von jedem anderen unverwechselbar verschieden ist, so ist dennoch, vom Erleben her gesehen, jedes einzelne gelebte Jetzt das ganze, in dieser bestimmten Gestalt Person gewordene Leben.[82] Es ist auch hier wieder ein Anklang Bergsonscher Grundgedanken zu konstatieren – Simmel hat als einer der ersten in Deutschland auf die Bedeutung Bergsons hingewiesen.

In demselben Sinne wie bei Bergson ist auch bei Simmel das Leben nicht die Summe aller nacheinander auftretenden Augenblicke, die zueinander äußerlich sind wie es dem Schema des intellektuell zurechtgelegten Weltbildes entsprechen würde. Für das Leben hat überhaupt eine Trennung des Ganzen von seinen Teilen keine Geltung. Die Teilungsstriche, mit denen wir einzelne Lebensmomente oder Phasen gegeneinander abgrenzen, sind künstliche von außen an den Lebensphänomenen vorgenommene Interpunktionen; das Leben selbst ist „absolute Kontinuität", ist Einheit, die sich in jedem Lebensaugenblick ganz, wenn auch jeweils in einer anderen Form äußert. Es ist das „Wesen des Lebens, [...] ganz da zu sein in jedem Augenblikke, weil seine Ganzheit nicht die mechanische Summierung von singulären Augen-

[81] G. Simmel: Rembrandt. Ein kunstphilosophischer Versuch, Leipzig ^{2}1919, 2.
[82] Ebd., 5 und 10.

blicken, sondern ein kontinuierliches und kontinuierlich form-wechselndes Strömen ist."[83]

Wenn Ganzheit und Kontinuität das Wesen des Lebens ausmachen, so unterscheidet es sich gerade dadurch grundsätzlich von der Wesensart der gedachten Dinge und Gegenstände, ja es erweist sich geradezu als etwas, das sich dem Zugriff des Intellektes als des begrifflich scheidenden Denkens entzieht. Grundsätzlich sieht Simmel dies erwiesen am Phänomen der *Zeit*. Wenn die Zeit als die „Bewußtseinsform dessen, was das Leben selbst in nicht aussagbarer, nur zu erlebender Konkretheit ist",[84] dargestellt wird durch die Dreiheit von Vergangenheit, Gegenwart und Zukunft, so läßt die Besinnung auf den streng logischen Begriff der Gegenwart erkennen, daß er das erlebte Wesen der Zeitlichkeit zu fassen außerstande ist; denn er enthält lediglich den Sinn absoluter Augenblicklichkeit. Es zeigt sich, daß der Intellekt mit der ihm immanenten Gesetzmäßigkeit über die Gegenwart etwas aussagt, was angesichts der erlebten Wirklichkeit seinen präzisen Sinn einbüßt, so daß gerade hier die Instanz des Erlebens und die Instanz des intellektuellen Denkens gegensätzlich auseinander treten. Das subjektiv gelebte Leben bringt uns über Gegenwart etwas anderes zur Erfahrung als ihr streng logischer Begriff zu fassen vermag, nämlich dies, daß die Gegenwart des Erlebens nicht punktuell ist wie die Gegenwart einer mechanischen Existenz, sondern daß in ihr Vergangenheit und Zukunft in einem ganz spezifischen Sinn enthalten sind. D. h. Vergangenheit und Zukunft sind, um den Tatbestand richtig zu kennzeichnen, nicht zur punktuellen Gegenwart als etwas, das ihr äußerlich ist, hinzuzudenken, sondern diese bildet mit dem Nicht-Mehr der Vergangenheit und dem Noch-Nicht der Zukunft eine Einheit.[85] Das dem Leben eigentümliche Prinzip der Durchdringung zeigt sich hier in spezieller Auswirkung; die im Schema des Nebeneinander unterscheidbaren Lebensaugenblicke durchdringen einander sowohl nach rückwärts in der Richtung der sogenannten Vergangenheit als auch nach vorwärts in Richtung auf die Zukunft: „Wir leben dauernd in einem Grenzbereich, der der Zukunft so angehört wie der Gegenwart".[86] Aus dieser Grundkonzeption ergibt sich übrigens bei Simmel ähnlich wie bei Spengler der Begriff des *Schicksals* als einer spezifischen Kategorie des Lebens.

Die Gegenwart eines Lebens ist also mit der scharfen Umgrenztheit ihres logisch-mathematischen Begriffes gar nicht zu denken und so wird das Leben definiert als die eigentümliche Existenzart, für deren Tatsächlichkeit die logisch-begriffliche Trennung von Gegenwart, Vergangenheit und Zukunft nicht gilt. „Die Gegenwart des Lebens besteht darin, daß es die Gegenwart überschreitet."[87] Das im Sinne des Intellekts Paradoxe ist hier, daß wir uns genötigt sehen angesichts der Erlebniserfahrung uns in

[83] Ebd., 3.
[84] G. Simmel: Lebensanschauung. Vier metaphysische Kapitel, München 1922, 11.
[85] Ebd.
[86] Ebd., 10.
[87] Ebd.

einer Weise auszudrücken, die dem Intellekt deshalb zuwiderläuft, weil in ihr der Satz des Widerspruchs aufgehoben scheint. In lebensphilosophischem Sinn ist dabei von grundsätzlicher Wichtigkeit, daß die Abgrenzung eines Geltungsbereiches des Intellekts gefordert wird gegenüber einer Wirklichkeit des Lebens, deren Eigenart die Formen des Intellektes unangemessen sind.[88]

Was sich am logischen Begriff der Gegenwart erweist, das gilt grundsätzlich für alle *Begrifflichkeit.* Wie das, was der logische Gegenwarts-Begriff zu fassen vermag, gar nicht mehr *gelebte Zeitlichkeit* ist, sondern zeitlose Punktualität, so ist jeder Begriff zeitlos und damit ein in seinem So-Sein Beharrendes;[89] d. h. was er meint, ist zeitlose Wesenhaftigkeit. Damit steht der Bereich der Begriffe in strenger Sonderung der seelischen Wirklichkeit des wesenhaft zeitlichen Lebens gegenüber. Und weiter: Wie der Begriff der Gegenwart das fließende Kontinuum zerteilt und damit Isolierungen schafft, so ist alles im Begriff Vorgestellte nicht nur zeitlos unabänderlich in seinem gemeinten Inhalt, sondern auch etwas schlechthin Umgrenztes und Festes. Auch hierin ist das begriffliche Denken dem Leben nicht völlig adäquat und affin, da im Leben ja alles Übergang und nichts Grenze ist – eine Tatsache, die sich natürlich schon auf den Begriff des Lebens dahin auswirken muß, daß ihm immer eine gewisse Unschärfe und logische Undeutlichkeit anhaftet.[90]

Darin, daß der Begriff immer Abgrenzung ist, ist zugleich gesagt, daß ihm das *Prinzip der Form* einwohnt; denn Form ist zu definieren als Abgrenzung gegen ein anderes. Es fällt die Schicht der Begrifflichkeit mit dem Reich der Formen zusammen, nur das irgendwie Geformte ist mit Begriffen zu beschreiben.[91] Wenn nun die Welt des Begriffes und die Wirklichkeit des Lebens einander antithetisch sind, dann

---

[88] Ist einmal der Begriff der Gegenwart der starren Absolutheit seiner logisch-mathematischen Bedeutung enthoben, so bekommt er einen neuen, typisch lebensphilosophischen Sinn, in dem das Leben geradezu als die Fähigkeit erscheint, Gegenwart zu haben. Die höchste Potenz des Lebens erfüllt sich keineswegs in einem Jetzt, in dem das, was unter dem Gesichtspunkt der mathematischen Zeit der Vergangenheit angehört, in der Eigenschaft der *disjecta membra* einzelner auf der Wegstrecke des Uhrzeigers markierter Augenblicke erscheint, sondern in einem Gegenwartserlebnis, dem die ganze Vergangenheit einwohnt in ähnlicher Weise, wie es übereinstimmend von Leuten, die in Todesgefahr schwebten, gleichsam als ein letzter ungeheurer Aufschwung des Lebens geschildert wird. An diesem Phänomen des Gegenwartserlebnisses orientiert sich ja auch der Hinweis auf das Nacherleben dichterischer Werke, mit dem Bergson das Wesen der Lebensschwungkraft zu veranschaulichen sucht. Bergsons *élan vital* ist recht eigentlich das Vermögen, Gegenwart zu haben, und je größer der Lebensschwung ist, desto erfüllter ist die Gegenwart. In ganz demselben Sinn sieht auch Dilthey die höchste Potenz des Lebens, wie sie von Goethe erreicht wurde, darin, daß der ganze Mensch in der gesamten Perspektive dessen, was logisch-mathematisch seine Vergangenheit ist, im jeweils gelebten Jetzt zur Geltung gebracht wird und damit wach und gegenwärtig ist. (Vgl. W. Dilthey: Das Erlebnis und die Dichtung. Lessing, Goethe, Novalis, Hölderlin, Leipzig [10]1929.)

[89] G. Simmel: Lebensanschauung, a. a. O., 183.

[90] G. Simmel: Der Konflikt der modernen Kultur, a. a. O., 27.

[91] Vgl. hierzu die Gegenüberstellung von Intellekt und Ausdehnung bei Bergson und Spengler.

sind natürlich auch die Form und das Leben als Prinzipien einander völlig heterogen[92] wie eben das Kontinuum, das immer nur als Übergang, als Negation der Grenze, als Fluß real ist, dem Diskontinuum entgegengesetzt ist. Das Leben *wird*, die Form *ist* – und zwar ist sie festes Gebilde, stabiles Verhältnis von Gegebenheiten im Schema des Nebeneinander und steht somit in „begrifflichem Gegensatz zu Bewegtheit, Strömen, Weitergreifen."[93] Indem die Form *ist*, besitzt sie zeitlose Wirklichkeit. Für jede Form gilt, weil sie nur in dem Gegeneinander-Stehen und sich Aufeinander-Beziehen von Anschauungsinhalten besteht, daß sie ihrem Wesen nach unveränderlich dieses besondere So-Sein ist; der Anschauungsgehalt dieses So-Seins ist in seiner Bedeutung völlig jenseits der Zeit.[94] Es hat hiergegen nichts zu besagen, daß empirische Formen, etwa die eines Baumes, sich ändern. In der logischen Reflexion besitzt jede Form eine ideelle Existenz und kann nicht sterben, weil sie nicht lebt, ihr Sein ist ihre Unveränderlichkeit.[95]

Bis hierher kann die Antithese Simmels als eine Spiegelung Bergsonscher Gedanken, speziell seiner Trennung von Beseeltheit und Ausdehnung, verstanden werden. Der bisher verwandte Begriff des Lebens bei Simmel hat – ohne daß damit eine geistige Abhängigkeit ausgesprochen sein soll – ganz den Sinn der *durée réelle* bei Bergson. Das Eigenartige bei Simmel besteht nun darin, daß er die Antithese Leben-Form *dialektisch* aufhebt, indem er sie in das Wesen des Lebens selbst hineinverlegt und damit einen erweiterten Lebensbegriff, eine Einheit der „Lebensanschauung" schafft, die freilich, wie zu zeigen ist, im letzten Grunde einen tragischen Akzent trägt.

Die Aufhebung der Antithese Leben-Form vollzieht Simmel, indem er grundsätzlich behauptet, daß das Leben gar nicht Leben sein kann ohne durch die Form als seine Negation, sein Gegenspiel hindurch zu gehen. Es ist unlöslich damit behaftet in einer Form in die Wirklichkeit zu treten.[96] Ein Leben als reines, formloses Innensein ist kein Leben; Leben ist wirklich, obwohl es als Innensein erfahren wird, indem es Außenexistenz findet, indem es sich also ausfaltet. „Das Leben, an sich formlos, kann nur als Geformtes zum Phänomen werden."[97] Und zwar gilt dies eben in dem durchaus dialektischen Sinn, daß das Leben um es selbst zu sein, sein Anderes, seinen Gegensatz, nämlich die Form hervorrufen muß.

Dieses dialektische Verhältnis wird nun dahin zugespitzt, daß das Leben mit der Form eine Einheit bildet lediglich im Augenblick der Gestaltung, es aber über jede Gestaltung, die als solche immer in das Reich ideeller Endgültigkeit und Zeitlosigkeit hineinragt, hinausgehen und neue Formen suchen muß. Es ist *ein* Akt, in dem das Leben etwas bildet, das mehr und etwas anderes ist als der vitale Fluß selbst, nämlich die individuelle Geformtheit, und es ist derselbe Akt, in dem das Leben eben diese

---

[92] G. Simmel: Rembrandt, a. a. O., 67.
[93] G. Simmel: Lebensanschauung, a. a. O., 22.
[94] G. Simmel: Rembrandt, a. a. O., 68f.
[95] G. Simmel: Lebensanschauung, a. a. O., 8.
[96] G. Simmel: Der Konflikt der modernen Kultur, a. a. O., 27.
[97] Ebd., 7.

Form wieder durchbricht, über ihre Grenzen hinausgreift. So ist Leben die dialektische Einheit von Form-Geworden-Sein und Überschreiten dieser Form, von Hinüberblitzen ins Zeitlose und immer wieder erneutem Untertauchen im Zeitlichen. Es ist real als Spiel notwendiger Gestalten, das sich im Ungenügen an der Gestaltung rein als solcher erhält. „So schließt der einheitliche Akt des Lebens das Begrenztsein und das Überschreiten der Grenze ein, gleichgültig dagegen, daß dies, gerade als Einheit gedacht, einen logischen Widerspruch zu bedeuten scheint."[98]

Diesen eigenartigen Tatbestand hat Simmel im Auge, wenn er grundsätzlich sagt, das Leben sei „Mehr-Leben". Das Leben will seine Steigerung oder, besser gesagt, sein Wesen ist das Intendieren seines Mehr-Seins, es ist zugleich sein Positiv und sein Komparativ. Es ist eigentlich nie, denn dieses Sein wäre immer So-Sein, Definit-Sein. Es hat seine Wirklichkeit darin, daß es sein Gegensatz, nämlich Form, werden will und zugleich wiederum diese Form nicht sein will; so ist es immer zwischen dem Noch-nicht-Form-sein des Möglichen und dem Nicht-mehr-Leben-sein des Gewordenen.

In diese dialektische Auffassung des Lebens ist bei Simmel nun auch das Phänomen des *Todes* eingegliedert. Wie das Leben die Form als seinen Gegensatz fordert, um zu sich selbst zu kommen, so fordert es auch den Tod als das Andere, durch das es recht eigentlich erst als Leben erfahren wird. Und zwar gilt dies nicht im Sinne der Parzenvorstellung, nach der der Tod an irgendeiner Stelle an das Leben von außen herantritt, der Tod begrenzt, d. h. formt unser Leben nicht erst im Augenblick des Sterbens, „sondern er ist ein formales Moment unseres Lebens"[99] in jedem seiner Augenblicke. Form und Tod stehen also in derselben Wesensverwandtschaft, in der bei Spengler Tod und Raum, innerhalb dessen ja allein Form möglich ist, und bei Bergson Ausdehnung und Unlebendigkeit zueinander stehen.[100]

---

[98] G. Simmel: Lebensanschauung, a. a. O., 4.

[99] Ebd., 99.

[100] Mit dieser dialektischen Verknüpfung von Leben und Tod weist Simmel auf die Zwangsläufigkeit hin, mit der in jeder Formwerdung gelebter Inhalte – sei es durch Wort, Handlung oder jede andere Art von Sichtbarmachung – eine Möglichkeit zu Ende geht, aus einem Aufstieg absinkt, wobei es immanentes Gesetz ist, daß der Gehalt des Lebendigseins nur erfahren werden kann auf eben diesem Wege in die verwirklichte Erscheinung, in die Geformtheit, also ins Nicht-Mehr-Lebendigsein. Es ist angebracht, auf diesen Sachverhalt besonders hinzuweisen, weil er ein bedeutsames Licht auf das Problem der Mystik wirft, das mystische Denken selbst aber wiederum engste Beziehung zur Lebensphilosophie hat. Es ist nicht zufällig, daß in der Gegenwart, in der die lebensphilosophische Attitüde eine solche Bedeutung erlangt hat, zugleich ein lebhaftes Interesse für das Phänomen der Mystik erwacht ist. Auch Simmel (Der Konflikt der modernen Kultur, a. a. O., 23) bringt die Tatsache, daß etwa seit der Jahrhundertwende eine Reihe geistig vorgeschrittener Persönlichkeiten ihre religiösen Bedürfnisse in der Mystik befriedigen, in Zusammenbang mit dem Verlangen nach der Erfassung des Lebens; er deutet sie dahin, daß in der Mystik sich die Religiosität als „rein funktionelle Gestimmtheit des inneren Lebensprozesses" betätigt. Die Beziehungen zwischen Lebensphilosophie und Mystik sind aber noch zentraler und wesentlicher. Es geht in den mystischen Neigungen der Gegenwart nicht nur, wie Simmel betont, um die Erfahrung des religiösen Lebens in der bloßen Weise des

Die dialektische Fassung des Lebensbegriffes bei Simmel involviert notwendig die Frage, was denn nun in dem Widerspiel von Leben und Form, das in sich erst das Ganze des Lebens ausmacht, der Endsinn des menschlichen Daseins sei. Es handelt sich um die Entscheidung darüber, ob die Sinn- und Wertgehalte des In-der-Welt-Seins in dem bloßen Prozeß des Lebens oder in dem So-Sein der auskristallisierten Formen liegen.[101] Bei Bergson, Spengler und, wie noch zu zeigen ist, bei Klages wird diese Frage ziemlich eindeutig zugunsten des Lebendigseins entschieden, der heraklitische Prozeß des Lebens ist letzter Sinn und Wert, ein *Halt in der Form* wird im Grunde abgelehnt. Seiner Grundtendenz einer dialektischen Überwindung des Gegensatzes von Leben und Form entspricht es nun, daß Simmel sowohl dem Leben wie der Form einen autonomen Sinn zuweist. Freilich bleibt gerade in dieser Sinngebung ein Dualismus zurück; Leben und Form erreichen in ihrem Verhältnis nicht die Geschlossenheit einer für die Lebensführung orientierenden Wertgebung. Die Form hat bei Simmel ja zunächst einen doppelten Sinn. Sie ist einmal das Transzendieren des Lebens in sein Anders-Sein, das notwendig ist, damit das Leben überhaupt zu seiner Wirklichkeit kommt; sie hat also unter diesem Gesichtspunkt einen rein vitalen

---

Nur-Lebens, das frei ist von Festlegungen auf Formen und Dogmen, sondern das Leben selbst ist in der Mystik Inhalt der Religion, ist Wesen der Gottheit. (Vgl. J. Bernhart, Meister Eckhart und Nietzsche, Blätter für Deutsche Philosophie, 3 (1930) 404-425.) Dem erstrebten Innewerden dieses absoluten reinen Lebens steht das Aufgesplittertsein der Wirklichkeit in die mannigfaltigen Individuen entgegen. Der mystische Mensch ist im höchsten Grade unbefriedigt und beunruhigt, die Welt als den Inbegriff des Wirklichen in der Form der Vielheit ins Bewußtsein aufzunehmen, d. h. sie aufzunehmen als *disjecta membra*, die nur gewußt werden in ihrem Außensein und die stumm bleiben auf die Frage nach ihrem lebendigen Innensein, in dem die eigentliche Wirklichkeit wesenhaft erfahren wird. Zwei diametral entgegengesetzte Wege sind es, auf denen der Mystiker aus dieser Situation sich zu befreien sucht, die Ekstase und die mystische Kontemplation. Auf beiden soll die Tatsache der Subjekt-Objekt-Spaltung, das Bewußtsein der vitalen Fremdheit der Gegenstandswelt überwunden werden. (Vgl. Ph. Lersch: Über das Ich-Erlebnis, in: Archiv für die gesamte Psychologie, Band 71 [1929], 67-126, 93ff.) Die mystische Kontemplation, die schauende Versenkung in das Bild der Dinge führt zur Welt hin, sie tastet sich ans Herz der Dinge heran, intendiert ein Einswerden zwischen Ich und Welt und stellt als solche einen Akt dar, der dem lebensphilosophischen Begriff der Intuition unmittelbar verwandt ist. Die Ekstase dagegen ist ein völliges Leerwerden von der Welt, eine völlige Überwindung alles gegenständlichen Bewußtseins, eine ungeheure Flamme reiner dionysischer Zuständlichkeit, in der alle Gegenständlichkeit und Mannigfaltigkeit verbrennt und das Maximum des Lebens als unteilbare Einheit erfahren werden soll. Vom Standpunkt des dialektischen Lebensbegriffes, wie Simmel ihn aufstellt, muß nun der Weg zur Ekstase als Mißverständnis beurteilt werden. Denn indem die Mystik sich in ihrem Bemühen um das Innewerden lebensmäßiger Innerlichkeit flüchtet in die Formlosigkeit der Ekstase, sucht sie die Form zu umgehen; sie fürchtet in ihr zwar mit Recht das zu Ende-Gehen des Lebens, sieht aber nicht ein, daß das Leben in seinen möglichen Wesensgehalten nur erfahren werden kann in der Formwerdung. Damit weicht die Mystik gerade der Tragik und dem Heroismus jenes „Stirb' und werde" aus, das dem Leben immanent ist.

[101] Dieser Gegenüberstellung einer Wertschätzung des Lebens*prozesses* und einer solchen des Lebens*resultates* entspricht weitgehend diejenige von Lebenswerten und Leistungswerten, die F. Stepun in seinen Aufsatz über Friedrich Schlegel (in: Logos, Band I [1910/11]) macht.

Sinn. Sobald die Form aber in die Erscheinung gesprungen ist, sich ausgefaltet hat, tritt sie über in den Bereich des ideal Zeitlosen und repräsentiert, losgelöst von der seelischen Dynamik, ihren eigenen Sinn rein als Form ohne Hinblick auf das sich auszeugende Leben. So sind alle Ausformungen der Kultur, die Welt der wissenschaftlichen Erkenntnis, der Künste, der Religion, des Rechtes, der Sitte ursprünglich eins mit dem sich in ihnen realisierenden Leben, sie sind also Ausdruck und enthalten als solcher – genau wie bei Spengler – einen vital-psychischen Sinn. Zugleich aber – und hiermit erhebt sich Simmel über den psychologischen Biologismus Spenglers – sind sie als gewordene Formen zeitlos und erheben Anspruch auf übermomentane, von der Pulsierung des Lebens emanzipierte, autonome normhafte Gültigkeit.[102] Simmel formuliert diesen Tatbestand dahin, daß er sagt, das Leben nimmt in den Formen eine „*Wendung zur Idee*", es ist „mehr als Leben". Er spricht in diesem Sinne von der „Transzendenz des Lebens". Eine derartige vom schöpferischen Leben emanzipierte, zeitlose Existenz haben hinsichtlich ihrer Bedeutungen und ihrer sachlichen Verständlichkeit unsere Vorstellungen und Erkenntnisse, unsere Werte und Urteile.[103]

Mit der Wendung zur Idee, die das Leben auf der Stufe des Geistes nimmt, – Troeltsch sieht bei Simmel hier die Wirkung Kantischer und Husserlscher Elemente positiver Wert- und Geltungsbejahung[104] – erhält das Verhältnis von Leben und Form einen neuen Wesenszug: die Form erhebt mit ihrem Charakter des Selbständigen und Definitiven dem Leben gegenüber den Anspruch, daß dieses sich ihr einfüge und ihren Sinn erfülle.[105] Daraus ergibt sich nicht nur eine starre Fremdheit, sondern geradezu ein Konflikt zwischen dem weiterschreitenden Leben, das immer Unruhe des Werdens, Entwicklung und Fluß ist und in keine Gestalt völlig aufgenommen werden kann, und anderseits den dem Reich der zeitlosen Idee angehörenden fest gewordenen Formen, die ursprünglich dem Leben entstammen.[106]

Mit dem Gedanken vom Transzendieren des Lebens nach dem Bereich objektiver Sachgehalte, – einem Transzendieren, das dem Leben selbst wesenseigentümlich ist und mit dem der Geist in das antithetische Wesen des Lebens hereingenommen wird, – versucht Simmel den rein historisch-psychologischen Charakter des schöpferischen Lebens ins Ontologische zu wenden. Jedoch nur mit halbem Erfolg. Denn der neue

---

[102] G. Simmel: Lebensanschauung, a. a. O., 10 und 73.

[103] Ebd., 23.

[104] E. Troeltsch: Der Historismus und seine Probleme, a. a. O., 582.

[105] G. Simmel: Lebensanschauung, a. a. O., 37.

[106] Gerade die Tragik der modernen Kultur sieht Simmel darin, daß das Leben in seiner Unerschöpflichkeit und dem ihm einwohnenden Verlangen nach immer neuen Geburten und Ausformungen revoltiert gegen die autonome Forderung, die die Formen in ihrer zeitlosen Gültigkeit an das Leben stellen, ja es revoltiert nicht nur gegen diese bestimmten historischen Formen, sondern gegen das Prinzip der Form überhaupt, das Leben empört sich heute dagegen, in irgendwelche Formen festgelegt zu werden, es will seine eigene reine Wirklichkeit leben als Prozeß. In gewissem Sinne ist Simmels Denken selbst gerade hierin zeittypisch; man kann sich des Eindrucks nicht erwehren, daß es ihm zuweilen vielmehr auf den *Prozeß* als auf das *Resultat* des Philosophierens ankommt.

Aspekt bleibt jedenfalls für die historische Betrachtung unbefriedigend insofern, als die geistigen Gebilde zwar Ablagerungen und Ausformungen des Lebens sind und somit zum Leben in einer existentiellen Relation stehen, daß sie aber anderseits in ihrer Aufeinanderfolge betrachtet gegenseitig mehr oder weniger beziehungslos und jedenfalls ohne einen aufweisbaren totalen Entwicklungssinn erscheinen.

Man wird den tieferen Grund hierzu wohl darin suchen müssen, daß Simmels letzte Wertschätzung doch nicht der Eigenbedeutsamkeit der objektiv-geistigen Gebilde gilt, sondern dem strömenden Prozeß des irrationalen Lebens. Wenn er auch sagt, „daß die Idee ihren Sinn und ihr Recht gerade daraus zieht, daß sie das Andere des Lebens ist, die Erlösung aus seiner Praxis, seiner Zufälligkeit, seinem zeitlichen Verfließen“,[107] so bleibt er in seinen letzten Intentionen doch bemüht, die Wirklichkeit da aufzusuchen, wo sie Aufschwung und Fluß des Werdens ist. Bei aller Anerkennung der Verdienste Kants fühlt er sich in seiner Suche nach Wirklichkeit doch nicht zu Hause in jener Sphäre des resultathaft Geformten und Gewordenen, in der Kant die Wirklichkeit als Gegenstand philosophischer Besinnung aufgreift. Wenn auch seine Hingabe an den Prozeß keineswegs so radikal ist wie etwa bei Bergson und vor allem bei Klages – einen eigentlichen Halt des Lebens in der Form erkennt auch Simmel nicht an.

Diese Einsicht gewinnt man vor allem aus Simmels kunstphilosophischem Versuch über Rembrandt. Die Absicht dieses Buches ist es, Rembrandt darzustellen als den germanischen „Maler der Seele”, dem es aus einem tiefen „Wissen um das Leben” gelungen war, die schöpferische Bewegtheit des Lebens im Bilde sichtbar werden zu lassen. Freilich rückt Rembrandt dabei sehr oft fast ganz aus dem Zentrum der Betrachtung und steht nur als exemplifizierender Fall am Rande breiter Erörterungen über das Wesen des Lebens. An der künstlerischen Veranschaulichung des Lebens durch Rembrandt wird von Simmel vor allem das Moment der gegenseitigen Durchdringung unterscheidbarer Zeitphasen innerhalb des Psychischen akzentuiert. Trotz der darin enthaltenen logischen Schwierigkeiten wagt Simmel die grundsätzliche Behauptung, daß in den Porträts von Rembrandt „die ganze persönliche Entwicklungslinie [...] in das Jetzt der Anschauungen gebannt“ ist; vor allem in den Darstellungen alter Leute liegt „ein Maximum gelebten Lebens“. So gelingt es Rembrandt, das Leben in seinem Grundwesen anschaulich zu machen, nämlich jede Gegenwart als „die Form, in der das ganze Leben des Subjekts wirklich ist.”

Rembrandts Eigenart und Größe als Maler der seelischen Zeitlichkeit wird von Simmel in direkten Gegensatz zur künstlerischen Darstellung aller Klassik gestellt. Der Grundsinn dieser Gegenüberstellung ist wiederum der Dualismus von Leben und Form, jener beiden Begriffe, zwischen denen jede Deutung und Wertung des Daseins sich auf Schritt und Tritt zu entscheiden hat. Das klassische Porträt wie überhaupt die klassische Kunst ist *nur* Form, sie zeigt die Form in ihrem ideellen Gehalt, in ihrer Eigenexistenz als reines Formsein, losgelöst von ihrer vitalen Quelle, also zeitlos,

[107] G. Simmel: Lebensanschauung, a. a. O., 80.

schicksallos und damit seelenlos, lediglich in ihrem „resultathaften So-Sein" als „ein der zeitlichen Lebendigkeit enthobenes Sein". Bei Rembrandt dagegen ist die Form der jeweilige Augenblick des Lebens, in dem dessen Wesen, nämlich sein Werden, sich nach außen kehrt.[108]

Der Gegensatz zwischen einer Sichtbarmachung des seelischen Geschehens in der Kunst Rembrandts einerseits und der sinndeutenden Akzentuierung des momentanen, punktuellen, zeitlos-gegenständlichen Seins in der Kunst der Renaissance anderseits erscheint noch unter einem anderen Aspekt, nämlich unter dem des lebensphilosophisch typischen Gegensatzes von Außen und Innen. Die Form als das Zeitlose, das dem Reich der Ideen Angehörige ist reine Extensität, bloße Außenexistenz, ausschließliches Oberflächenphänomen. Im klassischen Porträt erschöpft sich der künstlerische Bedeutungsgehalt in den gegenseitigen Beziehungen der Erscheinungselemente; das, was sie anschaulich werden lassen, ist Sinnhaftigkeit und Logik der Form. Es sind Bedeutungsinhalte der rein extensiven Sphäre, die klassische Kunst spricht nur von der Werthaftigkeit des Außen, die Form ist gesehen als „bloße Außensicht". Bei Rembrandt dagegen spricht das, was er im Extensiven des Bildes gibt, immer von einem Innen, es ist Peripherie eines seelischen Zentrums, aus dem Entwicklung und Schicksal entsteht. Die in die Einheit des Bildes zusammengefaßte Dynamik des ganzen seelischen Geschehens kann nur als ein Innen, als „seelische Zuständlichkeit und Intention" erfaßt werden. Dabei hat der Begriff des Innen hier denselben pointierten Sinn, der auch für das Verständnis von Bergson grundlegend ist, nämlich den Sinn einer „vorphänomenalen", „vorextensiven seelischen Zuständlichkeit", die das Formlose, Ungestaltete schlechthin ist, dabei aber zu dem sich Formenden, sich in die Erscheinung Ausfaltenden im Verhältnis existentieller Zusammengehörigkeit steht. Das unmittelbar anschauliche Außen hat bei Rembrandt-Simmel seine Bedeutung nicht in sich, sondern nur als Offenbarung und Zugang eines Innen, das allenfalls, aber immer noch unzulänglich genug, in Zuständlichkeiten der Stimmung, des Gefühls und des Getriebenseins anzugeben wäre, das aber jedenfalls im Außen in derselben Weise als Wirklichkeit gewußt wird, wie wir in einer Gebärde oder einer Handlung ein Innen-Sein als bedeutungsvoll und sinngebend erfahren.[109]

---

[108] In Simmels Darstellung wird die geistig-produktive Erfassung von Wirklichkeit als zeitloser Form recht eigentlich zum klassischen Prinzip, das sich ebenso wie auf dem Gebiete des künstlerischen Schaffens auch zeigt auf demjenigen des Denkens. Und zwar erscheint es hier als die Haltung des Begriffsrealismus, der aus der fluktuierenden Wirklichkeit die scharf geformten, in ihrem So-Sein endgültig bestimmten zeitlosen Sachgehalte herausgreift. – Zu dieser Auffassung der Klassik vgl. auch F. Strich: Deutsche Klassik und Romantik oder Vollendung und Unendlichkeit. Ein Vergleich, München 1922. Strich wiederum ist stark beeinflußt von H. Wölfflin, vor allem von dessen Buch: Kunstgeschichtliche Grundbegriffe. Das Problem der Stilentwicklung in der neueren Kunst, München ^{3}1918.

[109] Die Simmelsche Deutung Rembrandtscher Kunst aus einer Philosophie der Innerlichkeit und ihre Kontrastierung zur Kunst der Klassik gemahnt unmittelbar an Herder, von dem der Sinn für das Innen-Sein des Lebendigen nachdrücklich angeregt, ja der Begriff des Lebens recht eigentlich in die philosophische Sprache eingeführt wurde. In seiner „Plastik" stellt Herder

Wenn Simmel Rembrandts Bedeutung darin sieht, daß seine Kunst im Außen das Innen sichtbar macht, im Gewordenen das Werden, so ist die Verwandtschaft mit Spenglers kulturgeschichtlicher Morphologie ohne weiteres einsichtig. Und wenn Spengler, für dessen Bedeutung sich Simmel übrigens sehr eingesetzt hat, ohne freilich seinerseits von Spengler besonders beachtet zu werden, sein Verfahren als Kunst charakterisiert, so ist auch hier die Parallele zu Simmel eindeutig. Denn Simmel sieht das Wesen der Kunst erfüllt nicht in der Haltung der Klassik, die das extensiv Vorgefundene lediglich in seinen extensiven Qualitäten abbildet, sondern erst bei Rembrandt, der das Außenbild transparent werden läßt, die Flachheit der bloßen Ausdehnung vertieft bis zum Wissen um jenes Innen, für das das Außen nur die Peripherie eines lebendigen Zentrums ist. Die Kunst ist eine Anschauung der Welt von innen, sie erscheint als das Ausdrucksphänomen *κατ' ἐξοχήν*. Wenn Simmel auch viel zu vorsichtig und kritisch ist, um die These eines schlechthin ausdruckshaft beseelten Weltbildes zu wagen, wie es Spengler und vor allem Klages tun, so ist doch bei ihm zum mindesten das Weltbild der Kunst seinem Wesen nach physiognomisch und in

---

zwei Arten der Erfassung eines Kunstwerkes gegenüber, eine Erfassung, die durch das Auge geschieht und nur Sinngehalte des Extensiven zum Bewußtsein bringt, und eine Erfassung von innen, die, wie Herder sagt, sich durch das Gefühl vollzieht und uns des Lebendigseins der im Kunstwerk dargestellten Dinge innewerden läßt. Herder zeigt gegen die aufklärerische Ästhetik, daß die Schönheitslinie für sich, in ihrem Außensein genommen, unwesentlich ist, daß sie Bedeutung und Sinn erst erhält, wenn sich durch sie dem Gefühl, d. h. also in Form von Erlebnisgehalten das Innen des Gegenstandes ankündigt. Auge und Gefühl verhalten sich wie Fläche und Tiefe. In der Lebensphilosophie reicht nun der Unterschied der beiden Auffassungen der Form – nämlich der Form in ihrem bloßen *Außensein* und der Form als Peripherie eines *Innen* – weit über das rein ästhetische Gebiet hinaus, indem *jeder* Form gegenüber ein Wissen um ein entelechiales Innen angestrebt wird – abgesehen noch von der Frage, in welcher Weise ein solches Wissen sich überhaupt im Bewußtsein zu repräsentieren vermag. Ist nun im allgemeinen innerhalb der Lebensphilosophie der Wesensgehalt des entelechialen Innen etwas Formulierbares – etwa bei Spengler in der Rede von der faustischen, der magischen, der apollinischen Seele –, so wird er bis in eine letzte Urschicht hinab verwiesen in den Gedankengängen eines mir vorliegenden Manuskripts, das den Titel „Göttliche Form“ trägt, ganz der geistigen Haltung der modernen Lebensphilosophie angehört und deshalb hier angemerkt sei. Dem (anonymen) Verfasser ist es daran gelegen, den Sinn der Form zu verankern in dem dunklen, gebärerischen Schoß dessen, was er – in Anlehnung an Goethe, an Mythus und Religion – die Wirklichkeit der *Mütter* nennt. Ganz im Zuge einer von ihm behaupteten „Renaissance mythisch-magischer Erkenntnis“ soll alle Form mythisch-mütterlich interpretiert werden: das Innen der Form als ihr schöpferisches Prinzip wird schlechthin undefinierbar, dunkel und chaotisch, einbezogen in das „Ur“. Das „Ur" ist die Bezeichnung einer völlig unfaßbaren Wirklichkeit, aber die Formen sind die Möglichkeiten, dem „Ur" zu *begegnen* und eben diese Begegnung wird – in Anklängen an Schellings „Philosophie der Offenbarung" – als Gehalt der religiösen Erfahrung bestimmt. Das damit festgelegte Weltbewußtsein ist demjenigen der rein gegenständlichen Interpretation der Form – etwa bei Plato – völlig entgegengesetzt. In der „mythischen" Haltung sinkt das Absolute ins Unfaßbare und Unbestimmbare, ins Nächtig-Chaotische und Ewig-Flüchtige, die Welt der Formen wird gesehen *sub specie* der ewig geheimnisvollen Mütter, während die absolute Wirklichkeit der reinen Form – so die Ideenwelt Platos – ganz in der Tageshelle beharrender und faßbarer Gegenständlichkeit steht.

ihm erst die Wirklichkeit des Lebens adäquat zur Darstellung gebracht. Damit sind dann auch die engen Beziehungen angedeutet und verständlich gemacht, in denen die Lebensphilosophie in allen ihren Vertretern zum *Weltbild der Kunst* steht.

Schließlich ist noch anzumerken, daß Simmels Deutung des Rembrandtschen Werkes den grundsätzlichen Gedanken der existentiellen *Einheit von Seele und Leib* einschließt. Ist es lebensphilosophisches Prinzip, im Außen das Innen zu suchen, so liegt es in seiner Konsequenz, den „Leib als die Erscheinung der Seele“ (Klages) anzuerkennen. Und dies wiederum verpflichtet zu einer bestimmten, und zwar typisch lebensphilosophischen Einstellung zur Frage des *Fremdverstehens*, die Simmel mit Bergson, Dilthey, Spengler, Klages und anderen, vor allem auch Scheler, dahin beantwortet, daß das verstehende Subjekt imstande sei, ein fremdes Ich „mit einer einheitlichen Funktion wahrzunehmen, in der sinnliches und geistiges Wahrnehmen so wenig durch einen inneren Teilstrich getrennt sind, wie eben das Körperliche und das Seelische als Lebenstatsachen es sind.“[110] Es ist eine „durchgehende Erfahrung, daß je tiefer wir die Individualität eines Menschen erfassen, sein Äußeres und sein Inneres um so unscheidbarer für uns zusammengehen, um so weniger auseinander gedacht werden können.“[111]

[110] G. Simmel: Rembrandt, a. a. O., 16.
[111] Ebd., 39.

V. Seele und Geist

L. Klages

Es entspricht ganz der erstaunlichen geistigen Beweglichkeit Simmels, der das Entfernteste noch zu verbinden verstand, daß er die dualistische Polarität, die im Rahmen der Lebensphilosophie bald als Antithese von Innen und Außen, bald als die von Leben und Form, von Erleben und Denken begegnet, aufgehoben hat in eine monistische Lebensmetaphysik, deren Einheitlichkeit freilich im letzten Grunde mit der Tragik eines dem Leben immanenten Zwiespaltes belastet ist.

Was bei Simmel dialektisch wenigstens soweit versöhnt ist, daß der Zwiespalt von Leben und Form wesensnotwendig erscheint, um das Leben überhaupt real werden zu lassen, wird nun wieder in eine der schärfsten und unversöhnbarsten Gegensätzlichkeiten, die die Geschichte der Metaphysik überhaupt kennt, auseinandergerissen bei demjenigen Denker, der gegenwärtig am leidenschaftlichsten und radikalsten in die Diskussion der Lebensphilosophie eintritt, bei Ludwig Klages. Freilich verweilt Klages bewußt in der Haltung des Außenseiters und in seiner Einstellung zu aller gegenwärtigen Philosophie liegt die betonte Ablehnung jeglicher Zugehörigkeit zu irgendeiner der modernen Richtungen, wobei man annehmen muß, daß er sich, wenn überhaupt, so nicht allzu eingehend mit ihnen auseinandergesetzt hat. Klages stellt sich in der bewußten Nachfolge Nietzsches gegen die Geisteshaltung aller Schulphilosophie in den Kampf um die Wiederherstellung eines Weltbildes, das, wie er meint, seit den Tagen des Parmenides durch den menschlichen Verstand entzaubert und in den Schematismus der Begriffe umgefälscht worden ist. Ist Parmenides der Philosoph des starren Seins, so ist es das fluktuierende Weltbild Heraklits, das Klages erklärtermaßen, ganz wie sein philosophisches Vorbild Nietzsche, als letzte Orientierung über sein Philosophieren setzt.[112]

Das heraklitische Weltbild wird bei Klages noch radikaler intendiert als bei allen anderen Lebensphilosophen.[113] Sein Ausgangspunkt der unmittelbaren, d. h. frei von jeder intellektuellen Formung gegebenen Erfahrung ist nur zu gewinnen unter völliger Aufgabe aller begrifflichen Zurechtlegung, mit der der moderne Mensch als der eigentliche *homo faber* an die Welt der Erscheinungen heranzugehen gewöhnt ist, unter Verzicht auf alles Wissen um Gegenstände, die Namen tragen und gedacht werden als dauernd, als eindeutig bestimmt durch Eigenschaften und als geordnet durch ein Netz

---

[112] Bei Klages findet sich am deutlichsten formuliert, was Misch (Lebensphilosophie und Phänomenologie, a. a. O., 4) als das hauptsächliche Charakteristikum der Lebensphilosophie bezeichnet: „Die Umstellung in der philosophischen Grundlegung vom Begriff des Seins zur Idee des Lebens."

[113] Hierzu und zum Folgenden vgl. Klages' philosophisches Hauptwerk „Der Geist als Widersacher der Seele".

gegenseitiger Beziehungen. Bei diesem Abbau aller intellekt-kategorialen Formung des Erfahrungsstoffes taucht die alltägliche Welt der bekannten, eindeutig umrissenen und zeitbeständigen Dinge unter in einem Strom von Erscheinungen, die als unaufhörliches, kontinuierliches Geschehen in immerwährender Veränderung und jeweils unvergleichbarer Neuheit real sind. Es ist die Wirklichkeit des Lebens.

Diese Bereinigung der unmittelbaren Erfahrung von den Kategorien gedanklicher Zurechtlegung steht in eindeutiger Parallele zu Bergsons Besinnung auf die Unmittelbarkeit der Bewußtseinswirklichkeit. Erscheint aber bei Bergson im Bereich des außenweltlichen Geschehens noch die Materie als Erstarrung des Lebensschwunges und somit als Korrelat des Intellekts, so wird bei Klages die Zeitlichkeit zum Stoff, aus dem die gesamte den Raum erfüllende, ewig fluktuierende Wirklichkeit gewoben ist.

Aus dieser Position heraus stellt sich nun die Frage, wie es möglich ist, daß wir in die Welt des fluktuierenden Geschehens fest umgrenzte Gegenstände einsetzen, die an verschiedenen Zeitstellen mit sich selbst identisch sind, und daß wir so die Nie-Gegenwärtigkeit des Geschehens in die Gegenwärtigkeit des Seins umwandeln. Diese Transformierung kann nach Klages nur aus einem Prinzip stammen, das jener kosmischen Wirklichkeit des zeitlichen Geschehens wesensfremd ist. Um die Tatsächlichkeit einer solchen Instanz aufzuzeigen, knüpft Klages an, ähnlich wie Simmel, an das Phänomen der *Gegenwart*, des in den Zeitstrom gesetzten Jetzt-Punktes, der selbst schon nicht mehr von der Art der Zeitlichkeit und damit dem Wesen des Geschehens entgegengesetzt ist. Dieses punktuelle Jetzt, in dem der Begriff des Seins seinen einzig möglichen Sinn erhält, kann nicht als Inhalt der fluktuierenden Wirklichkeit erfahren worden sein, sondern es wird vom Ich in die Wirklichkeit hineingesetzt, und zwar in dem Akt der jeweils momentanen Besinnung auf Erlebtes, den Klages den Akt der *Auffassung* nennt. Von hier aus geht Klages in einem Schluß, der durchaus nicht zwingend ist, weiter. Wenn das mathematisch punktuelle Jetzt durch den Auffassungsakt, also von außen her in die unmittelbar erfahrene Wirklichkeit gesetzt wird und somit außerzeitlich ist, so muß sowohl der Akt, in dem es gesetzt wird, zeitlos als auch diejenige Instanz, die den Akt ausführt, nämlich das im menschlichen Ich wirksame *Prinzip des Geistes*, außerzeitlich sein.[114]

Was im Hinblick auf die übrigen Vertreter einer Lebensphilosophie an diesem Gedanken von Klages wichtig erscheint, ist dies, daß es durch die Reflexion auf den logischen Begriff des Jetzt offenbar wird, wie eine Wirklichkeit des Erlebten und eine solche des Gedachten auseinander klaffen. Dieselbe Folgerung hat ja auch Simmel aus der Diskussion des logisch-mathematischen Jetzt-Begriffs gezogen. Grundsätzlich, wenn auch nicht ausdrücklich formuliert, erscheint es auch bei Klages von

---

[114] Es kann hier nicht eingegangen werden auf die logische Schwierigkeit, in die Klages gerät, wenn er vom zeitlosen Auffassungsakt als einem Ereignis spricht, wobei er doch gerade den Begriff der Zeit kategorial anwendet auf das, was seiner Behauptung nach außerhalb jeder Zeitlichkeit gelegen ist. Vgl. hierzu Ph. Lersch: Eine Philosophie des Lebens, in: Blätter für Deutsche Philosophie, Band 5, Heft 1 (1931), 92-109. [Vgl. in diesem Band Seite 125-144.]

Bedeutung, daß am Phänomen der Gegenwart der logische Begriff hinter der Wirklichkeit zurückbleibt, nicht nur in der gleichsam quantitativen Weise, in der es bei jedem Begriff der Fall ist, sondern in der radikalen Form, daß das erlebte Wesen der flüchtigen Zeit nicht eingeht in die logische Struktur eines Begriffes.

Klages nun benützt die Tatsache, daß zwischen der erlebten Zeit und dem gedachten Jetzt ein wesensgegensätzlicher Unterschied besteht, dazu, das zeitliche Geschehen als die unmittelbar erfahrene Wirklichkeit des Lebens und den Geist, der das punktuelle Jetzt setzt und damit den Begriff des Seins ermöglicht, metaphysisch auseinander treten zu lassen als „zwei völlig ursprüngliche und wesensgegensätzliche Mächte, weder aufeinander noch auf ein drittes zurückführbar". Das Ich aber ist „der geometrische Ort für das Zusammenwirken von Geist und Leben".

Wie nun der Geist, selbst zeitloses Prinzip, die Kontinuität der Zeit zerstört, in den Fluß des Lebensgeschehens den Jetztpunkt als das Urbild des starren Seins einschießen läßt, so durchbricht er auch das fluktuierende Kontinuum des kosmischen Raumes mit einer tiefgreifenden Veränderung und Verunstaltung. Denn die im Raum erscheinende zeitliche Wirklichkeit des Lebens enthält, wenn wir sie in ihren feinsten Schwingungen und Fluktuationen unseres Erlebens beachten, in dieser unmittelbaren, rational noch nicht geformten Gegebenheit keine Dinge mit stabilen und eindeutigen Grenzen, sondern alles ist Übergang, wie auch im zeitlichen Fluß nichts Grenze, sondern alles immer nur Kontinuum und Übergang ist. In diese Welt des erlebten, noch nicht in das Seins-Schema begrifflich abzugrenzender Gegenstände umgedachten Raumes bricht der Geist mit brutalem Zugriff ein, er sucht sich gegen die Niegegenwärtigkeit des Wirklichen zu behaupten, indem er *Gegenstände* als seiend setzt. Sie sind ihrem Wesen nach nichts anderes als die in verschiedenen logischen Jetztpunkten identisch gedachten Ordnungsbeziehungen von zeitbeständigen Eigenschaften. Damit zerschneidet er das Wesen der Wirklichkeit, formt die Phainomena um in Noumena, das zeitlich fließende *Geschehen* wird umgedacht in ein außerzeitliches, starres *Sein*. Der Geist trägt dabei lediglich die Schemata der Begriffe nach Hause, die er in der ihm eigentümlichen Anmaßung für das Wesen der Wirklichkeit hält. Die Unzulänglichkeit, die Klages damit kennzeichnen will, reicht nun weit über den Sinn einer bloßen Selbsttäuschung des Geistes hinaus. Es geht um Entscheidenderes, nämlich darum, daß der Geist als metaphysisches Prinzip sich selbst zum alleinigen Inhalt dessen zu machen strebt, was vom Menschen als Welt erfahren wird. Klages gebraucht sogar die radikale Wendung, daß der Geist die lebendige Wirklichkeit zu ertöten suche, und gibt damit eine mythologische Deutung der grundsätzlich vor allem auch von Bergson und Simmel betonten Unfähigkeit des Intellekts, das Phänomen des kontinuierlichen Werdens, hier gesehen als das Grundwesen der Lebenswirklichkeit, in die ihm eigenen Formen aufzunehmen.[115]

Bleibt dem Geist aus seiner eigenen Natur heraus somit die Wirklichkeit in ihrem Ereignischarakter und den darin erscheinenden Wesensgehalten ewig fremd, so ist die

---

[115] Vgl. auch M. Palágyi: Naturphilosophische Vorlesungen, a. a. O., 15f.

Seele das eigentliche Organon, durch das der Mensch der Wirklichkeit inne zu werden vermag. Ihr Wesen besteht in der Fähigkeit des *Erlebens,* das sich jedoch nur dann vollziehen kann, wenn wir uns völlig aus der Haltung des Intellekts entsinken lassen.

Was diesen Begriff des Erlebens betrifft, so erhält er bei Klages zunächst seine Bedeutung aus einer Philosophie der Sinneswahrnehmung, deren Kern am besten verständlich wird aus der Kritik, die Klages am Sensualismus übt. Wenn allgemein mit dem Sensualismus versucht wird, die sinnliche Bewußtseinswelt auf ihre Ursprünge und letzten unterscheidbaren Kategorien zurückzuführen und man von der Reizwelt des Auges, des Ohres usw. spricht, so haben wir uns nach Klages hiermit schon von der ursprünglichen Weisheit unseres Welt-Inneseins entfernt, das sinnlich Gegebene in Gedankendinge verwandelt und uns außerhalb der eigentlichen sinnlichen Wirklichkeit gestellt. Vom Standpunkt des unmittelbaren sinnlichen Erlebens aus bestreitet Klages jedes Recht einer Unterscheidung disparater Sinnesgebiete des Optischen, Akustischen usw. Wenn wir tatsächlich das sinnlich Erlebte aufteilen in verschiedene Sinnesgebiete und rot und blau als Erlebnisse derselben Gattung unterscheiden von dem sinnlichen Erlebnis eines Tones, so haben wir in Wahrheit schon die unmittelbaren sinnlichen Erlebnisse auf die Ebene der durch den Geist interpretierten mechanischen Ursache und der physiologisch zu unterscheidenden Sinnesapparate projiziert, das sinnlich Gegebene also *umgedacht* und uns selbst um die Unmittelbarkeit und den Wesensgehalt des sinnlichen Erlebens betrogen.[116] Rot und Blau sind miteinander ebenso unvergleichbar wie Ton und Farbe. Ja es gibt überhaupt kein eindeutiges Rot, sondern es gibt nur das Rot der Rose, des Sonnenunterganges usw. Rot als zeitbeständige Einheit ist gar kein Erlebnisinhalt, sondern ein Gedankending. Der Erlebnisinhalt Rot aber ist immer ein Ereignis ebenso wie der Vorgang des Empfindens. So sucht Klages zu zeigen, daß der Sensualismus das Sinneserlebnis seiner eigentlichen Wirklichkeit entkleidet. Wir erleben tatsächlich gar nicht bestimmte Farben, Linien, Gerüche usw. als Eigenschaften einzelner Dinge, sondern in Linie, Farbe, Geruch sind uns lebendige Mächte gegenwärtig, die nicht *dingeigenschaftlich* bezeichnet, sondern nur in ihrem *Wesen* charakterisiert werden können. Dabei ergeben sich Bedeutungseinheiten, denen die theoretische Scheidung disparater Sinnesgebiete direkt zuwiderläuft. Wir sprechen vom hellen Lichte ebenso wie vom hellen Ton; dingeigenschaftlich, d. h. so, wie sie vom Geiste gedacht werden, haben diese Gegebenheiten miteinander nichts zu tun, während sie wesenseigenschaftlich zusammengehören. In beiden Fällen ist es ein und dasselbe Wesen, das Wesen der Helligkeit, das *erlebt* wird.[117] Dieses Erleben von Wesenheiten, recht eigentlich ein

---

[116] Derselbe Gedanke findet sich im Prinzip schon bei Herder. Vgl. E. Cassirer: Philosophie der symbolischen Formen, 3. Band: Phänomenologie der Erkenntnis, Berlin 1929, 38-42.

[117] Eine der wesentlichsten Seiten dieser Gedanken von Klages ist darin zu sehen, daß hier in den Modi der Zuständlichkeit, also in Erfahrungen des Erlebens, Indikationen und Kriterien von Wirklichkeiten und Wesenheiten anerkannt werden. Dieses Moment ist eines der typischsten Zeichen der inneren Verwandtschaft zwischen Klages und der von ihm – echt lebensphilosophisch – immer wieder gepriesenen Romantik. Auch für die Romantik ist der Wesens-

Angerührtwerden der Seele, wird von Klages ohne Einschränkung als ein Vorgang des Erkennens verstanden. In einer Ausdrucksweise, in der die Diltheysche Kategorie der Bedeutung unverkennbar mitgedacht ist, spricht Klages vom „*Schauvermögen der Sinne*", von einer „*vitalen Erkennung*".[118]

Was den Begriff der Wesenheit betrifft, der bei Klages der Verstandeskategorie der Gegenständlichkeit kontrastiert wird, so erscheint er gerade von der Klagesschen Kritik am Intellekt her gesehen in recht fragwürdigem Licht. Es liegt hier einer der zahlreichen Fälle vor, in denen Klages durch die als unversöhnbar gesetzte Antithese von Seele und Geist, Erleben und Denken immer wieder mit seinen eigenen Voraussetzungen in Konflikt gerät. Wenn er vom Wesen der Dämmerung oder des Lichts spricht, so ist damit notwendig etwas Zeitbeständiges gemeint. Seine Lehre von den Wesenheiten läßt deutlich die Verwandtschaft mit dem mythologischen Denken erkennen, das ihm in eindringlichster Form bei Bachofen begegnet ist, und kann gar

---

gehalt der Erscheinungen nicht in dem gelegen, was durch Bestimmungen ihres gegenständlichen Außenseins über sie ausgesagt werden kann, sondern in Grad und Art des Erlebtseins, wie es sich in der intimen Zustandssphäre des Bewußtseins abspielt. Und zwar gilt dieser Satz in dem extremen Sinn, daß Phänomene, die gegenständlich – Klages würde sagen „dingeigenschaftlich" – verschieden sind, identisch gesetzt werden, sofern sie gleiche Erlebnisqualitäten besitzen. Am pointiertesten zeigt sich dies bei Novalis im Ausklang des Heinrich von Ofterdingen. Die blaue Blume, die Personen der Mathilde und der Zyane, die für den Helden des Romans, solange er noch im Außen lebte und die Welt dingeigenschaftlich sah, drei verschiedene Realitäten waren, offenbaren sich jetzt, da für Heinrich die Welt ganz zum Innen geworden ist, als ein und dasselbe Wesen. Was hinsichtlich seines Gegenstandsgehaltes, als Außen gesehen, verschieden ist, wird als Erlebniswirklichkeit identisch. Dies ist typisch für die gesamte Wirklichkeitshaltung der Romantik: wesenhaft sinnvolle Realität konstituiert sich nicht im quantifizierenden, gegenständlichen Denken, sondern im qualitativen Erleben. *Gegenstandsinhalt* und *Erlebnisvalenz* der kosmischen Erscheinungen treten schroff auseinander.

[118] Der Begriff des Erkennens und Wissens um etwas wird damit erweitert über jene Bedeutung hinaus, in der Erkenntnis definiert wird als das Mitteilbare *κατ' ἐξοχήν* (so M. Schlick: Erleben, Erkennen, Metaphysik, in: Kant-Studien, Band 31 [1926], 146-158). Diese Erweiterung des Erkenntnisbegriffes in den Bereich der vorintellektuellen Erfahrung scheint bei Klages vor allem konzipiert am *ästhetischen Erleben* und entbehrt von hier aus gesehen nicht einer gewissen Berechtigung. In der Art und Weise, mit der ein musikalisches Kunstwerk oder die Schönheit einer Landschaft aufgenommen wird, muß ein eigenartiges Faszinans anerkannt werden, etwas Bedeutungsvolles und Wesenhaftes, das sich der adäquaten, sprachlich begrifflichen Bestimmung entzieht, das aber dennoch mit außerordentlicher Bedeutsamkeit gegeben ist und uns anrührt. Phänomenologisch ist der Tatbestand evident so gelagert, daß wir sagen müssen, es enthülle sich etwas vor uns mit einer eigenartigen und dabei selbstverständlichen Bedeutsamkeit seines Wirklichseins und Soseins, und zwar in einer Weise, als ob wir es schon lange, ohne davon zu wissen, erwartet und gesucht und nur eben erst gefunden hätten. Und eben dieses Moment des Auffindens kann beansprucht werden als Rechtsgrund dafür, daß hier von einer Erkenntnis gesprochen wird; denn es ist dasselbe Moment, das in der platonischen Erkenntnislehre als *ἀνάμνησις* erscheint. Wir erfahren im Anklingen von Modi unserer Zuständlichkeit ein Teilhaben an dem, was uns im Kunstwerk, in der Landschaft als bedeutsam gegenübersteht, ohne den Inhalt dieses Wissens adäquat mitteilen zu können.

nicht anders verstanden werden denn als Anerkennung kosmischer Urbilder.[119] Und gerade durch diese Intention auf Urwesenheiten der Wirklichkeit verschafft Klages dem radikalen heraklitischen Werden, in das er das gegenständliche Weltbild des Geistes aufgelöst hat, ruhende Pole, die ja unerläßliche Voraussetzung dafür sind, daß über die Wirklichkeit überhaupt etwas ausgesagt werden kann. Aber wenn Klages diese Zentrierung des kosmischen Geschehens um die Pole der Wesenheiten vornimmt, so identifiziert auch er die Phänomene verschiedener Zeitstellen, vollzieht also denselben Akt, den er dem denkenden Geist so sehr zum Vorwurf macht, und relativiert damit den ursprünglich absolut gesetzten Gegensatz von gedachtem Sein und erlebbarer, ewig flüchtiger Wirklichkeit. So bleibt er letzten Endes doch gebunden durch den ewig menschlichen Willen, das Bleibende zu denken, um damit der eigenen Existenz einen Halt zu geben. Klages merkt nicht, wie Denken immer, auch in *seinem* Falle, die Anstrengung ist, die Wirklichkeit dem Strome schlechthinniger Vergänglichkeit zu entreißen. Und damit meldet sich nichts anderes als das von Klages so geschmähte beharrungssüchtige Ich zu Wort; denn das Subjekt ist ja immer nur durch die Wirklichkeit, um die es weiß.

Wenn Klages in diesem Sinne nach der positiven Seite in seinem Kampf um die Rehabilitierung der Erlebniswirklichkeit widerspruchsvoll bleibt, so stellt seine Lehre von den sinnlich erschauten Wesenheiten dennoch ein großes Verdienst dar. Die Klagessche Philosophie der Sinne liegt ganz in der Richtung der lebensphilosophischen Grundintentionen. Sie ist eine originelle Variante des grundsätzlichen Bemühens, den Blick für die unmittelbare Erlebniswirklichkeit zu befreien von der verzerrenden Brille der quantifizierenden naturwissenschaftlichen Denkgewohnheiten und Kategorien. In Klages' Lehre von der sinnlichen Erfahrung zerfällt das konstruktive Bild der physikalischen Reizwirklichkeit und an seine Stelle tritt eine Welt ganz neuer Wesenheiten, von Klages als lebendige Mächte gedeutet, von denen die erlebende Seele in Modi der Zuständlichkeit berührt wird. Auf dieses Sich-Berührt-Fühlen ist sinngemäß der Begriff des *Eindrucks* anzuwenden, wie anderseits die Wesenheiten selbst gegeben sind als Phänomene des *Ausdrucks*: Klages versteht sie recht eigentlich als die phänomenale Peripherie seelischer Zentren, also ganz in der Manier des physiognomischen Weltbildes, das die Lebensphilosophie grundsätzlich kennzeichnet.

Wenn der Begriff des *Erlebens* bei Klages bis jetzt exemplifiziert wurde an anschaulich gegebenen Inhalten, so hat er damit noch nicht seinen letzten Sinn erhalten, der ihm bei Klages zukommt. Bei Klages ist die *Anschauung* selbst schon ein sekundäres Phänomen des Erlebens, dem das Primäre der eigentlichen *Schauung* vorausgeht. Dieser Unterschied von Schauung und Anschauung führt hinein in die in ihrer theoretischen Begründung ebenso schwierige wie problematische Trennung von *Erle-*

[119] Dies erweist klar genug der 3. Band von Klages' philosophischem Hauptwerk „Der Geist als Widersacher der Seele". Er konnte in dieser Darstellung nicht mehr eingehend berücksichtigt werden, da der vorliegende Bericht bei Erscheinen des Buches schon abgeschlossen war.

ben und *Bewußtsein,* mit der Klages sich unmittelbar an Palágyi anschließt, nachdem er schon bei Nietzsche grundsätzlich die Trennung von Bewußtsein und Leben vorfand.[120]

Auf Palágyi ist in unserem Zusammenhang kurz einzugehen, da er, von Hause aus Naturwissenschaftler, in der Grundtendenz seines vitalistischen Denkens durchaus in die lebensphilosophische Richtung weist. Fasziniert von dem, „was in uns lebendig ist", wird ihm gerade als Naturwissenschaftler, ähnlich wie es bei Spengler der Fall ist, die Unzulänglichkeit des rationalen Begreifens gegenüber den Erfahrungstatsachen des Lebendigseins, dessen Wesen Kontinuierlichkeit ist, zum Problem. „Von der Unergründlichkeit des Kontinuierlichen wissen besonders die Mathematiker ein Lied zu singen, denn auch die schärfsten und sinnreichsten Mittel der höheren Analyse werden an dem Kontinuierlichen zuschanden."[121] Das Grundproblem seines lebensphilosophischen Denkens ist nun die Aufspaltung des vor allem durch Locke, Berkeley und Hume geschaffenen Bewußtseinsbegriffes in zwei verschiedene Seiten, nämlich in den reinen Begriff des *Lebendigen* (Vitalen) und denjenigen des *Geistigen.* Unser Lebendigsein erfahren wir vor allem in Empfindungen und Gefühlen. Den Unterschied zwischen dem vitalen und dem geistigen Teil dessen, was wir das Psychische nennen, exemplifiziert er in der Kontrastierung von Empfindung und Wahrnehmung. Als Lebensvorgänge haben die Empfindungen einen fließenden, kontinuierlichen Charakter. In ihnen wird uns die Welt zum Widerfahrnis. Es ist jedoch nicht alles, was in der Empfindung lebt, hinaufgehoben in das Licht der Wahrnehmung. Und zwar meint Palágyi dies nicht nur im Sinne der Leibnizschen Trennung von Perzeption und Apperzeption, in der die Perzeptionen als bloße Bewußtseinsdifferentiale verstanden werden, die sich zur Apperzeption akkumulieren. Palágyi unterscheidet Empfindung und Wahrnehmung als wesensverschiedene Tatsachen. Sie sind für ihn in dem radikalen Sinn verschieden, daß die Empfindungen das schlechthin *Kontinuierliche*, die Wahrnehmungen das *Diskontinuierliche* sind. Die Nötigung zu dieser Annahme sieht Palágyi in der Überlegung, daß, strömte unsere Wahrnehmung mit der Empfindung kontinuierlich mit, wir eine unendlich feine Wahrnehmung der Welt hätten und damit gar keine Trennung zwischen Bewußtsein und Außenwelt bestünde. Dem widerspricht aber die Tatsache der Erfahrung. Eine einfache Überlegung sagt uns, daß unser Wahrnehmungsbild der Welt einen völlig anderen Charakter besitzt, je nach der Frequenz, in der Auffassungsakte in der Zeiteinheit erfolgen.[122] Wenn also unser Wahrnehmungsvermögen nicht kontinuierlich arbeitet, dann besteht nur noch die Möglichkeit, daß seine Tätigkeit diskontinuierlich intermittierend ist. So kommt Palágyi zu einer generellen Zweiteilung. Es besteht ein kontinuierlich fließendes Erleben der Sinne, sein Wesen ist Stetigkeit. Darüber gelagert sind die Bewußtseinsakte

[120] A. Baeumler: Nietzsche – der Philosoph und Politiker, Leipzig 1930, 26ff.

[121] M. Palágyi: Naturphilosophische Vorlesungen, a. a. O., 14.

[122] Ein Satz, der ohne weiteres einleuchtet im Hinblick auf das völlig zerdehnte Wirklichkeitsbild der Zeitlupe.

der Besinnung, die je im zeitlosen Augenblick erfolgen, und zwar im Rhythmus eines bestimmten Wahrnehmungspulses und so jeweils verflossene Strecken des Erlebens in der Rückschau spiegeln. In der sinnlichen Wahrnehmung des Hörens und Sehens etwa wird uns nicht das unmittelbar Erlebte zur Erfahrung gebracht, sondern dieses ist schon transformiert in die Form des wahrnehmenden Bewußtseins. Zustände wie Schlaf und Ohnmacht sind so zu deuten, daß in ihnen das Erleben zwar kontinuierlich weiterfließt, der Bewußtseinspuls jedoch aussetzt. Der Unterschied von stetig fließendem Erleben und intermittierenden Bewußtseinsakten ist für Palágyi nun nichts anderes als die Spiegelung einer wesensmäßigen Polarität von *Leben* und *Geist*. Ganz wie bei Klages wird der Geist verstanden als das schlechthin außerzeitliche Prinzip, das in zeitlosen Akten in das stetige Geschehen des Lebens seine Einschnitte macht. Allen neuzeitlichen Bewußtseinstheorien macht Palágyi aber zum Vorwurf, daß sie die vitalen Vorgänge vor allem des Empfindens mit den geistigen Akten der Wahrnehmung, also der Tätigkeit des Bewußtseins, durch die sie erfaßt werden, verwechselt und somit einen völlig einseitigen und hybriden Begriff des Psychischen, des Bewußtseins gebildet haben.

Wenn bei Dilthey, Spengler usw. der Begriff des Erlebens – dem von ihm gemeinten Sachverhalt entsprechend – nie zur eindeutigen Abgrenzung seines Umfangs und zur voll erhellten Differenzierung seines Inhaltes gelangt, nie ganz aus jenem Halbdunkel gehoben wird, das der Natur des Intellektes von Grund auf fremd ist, da seine Welt ja diejenige des klar Unterscheidbaren ist, so wird der Erlebens-Begriff bei Palágyi noch einen Stollen tiefer getrieben bis in jenen dem Reich der Goetheschen Mütter nahen „vegetativen Untergrund" des Lebensprozesses, „den wir alle ahnen und in den wir zuweilen mit einem gelinden Grauen, wie in eine Untiefe hinabzublicken wähnen."[123] Dieser Begriff des Erlebens ist maßgebend auch für Klages, der immer wieder auf Palágyi hinweist. Die grundsätzliche Trennung vom fließenden Erleben der Sinne und von dem in zeitlosen, intermittierenden Auffassungsakten wahrnehmenden Bewußtsein wiederholt sich bei Klages in der Unterscheidung von *Schauung* und *Anschauung*. Das Schauen der Sinne ist ein völlig bewußtloser Vorgang, in dem eine erlebnisfähige Seele irgendeines in der raum-zeitlichen Wirklichkeit lebendigen Wesens inne wird. Es ist ein rein vitales Berührtsein, eine vitale Erkennung, die noch gar nicht den Charakter der Wahrnehmung, d. h. den der bewußten Gegenständlichkeit hat. So etwa schaut die Seele der jungen Schwalbe im Norden das Wesen der afrikanischen Landschaft, ohne daß sich diese Landschaft in ihrem Gegenstandsbewußtsein präsentiert in der Form sei es eines Anschauungsbildes, eines Traumbildes oder einer Vorstellung. Und dieses außerbewußte, vitale Innesein und Schauen, in dem sich eine Erkennung frei von jeder gegenständlichen Bewußtheit vollzieht, wirkt sich in der Schwalbe aus als ein Getriebensein nach dem Süden. Klages spricht in diesem Sinn vom Zug der *Bilder*. Das Bild des geschauten Wesens ist ebenfalls etwas, das in keiner Analogie zum gegenständlichen Bewußtsein steht, wobei freilich die

[123] M. Palágyi: Naturphilosophische Vorlesungen, a. a. O., 7.

Schwierigkeit auftaucht, dieser Rede von der Wirklichkeit der Bilder ihren klaren Sinn zu erteilen. Jedenfalls aber nimmt Klages an, daß ein ununterbrochener vitaler Zusammenhang besteht zwischen der erlebenden Seele und den beharrungslos strömenden Bildern der Wirklichkeit.

Von dieser Position aus sieht sich Klages nun gezwungen, für die Entstehung des gegenständlichen Anschauungsbildes eine zureichende Erklärung zu geben. Klages wendet an diese Aufgabe ebenso schwierige wie anfechtbare Ausführungen. Er sucht sie damit zu lösen, daß er im kontinuierlichen, unbewußten Lebensstrom Knicke annimmt, Ereignisse nach Art einer Stromschnelle, durch die die Kontinuität des Erlebens zwar nicht unterbrochen wird, wohl aber der Lebensstrom eine Wendung erfährt, eine Stauung, die als solche die Gelegenheit gibt, das in der verflossenen Phase des Erlebens tatsächlich Geschaute im Widerschein zu spiegeln. Das Gespiegelte selbst nennt Klages im Unterschied zu dem bewußtlos geschauten Bilde das Anschauungsbild oder Abbild. Diese Anschauungsbilder erst sind es, was uns als die Gesamtheit der sinnlichen Eindrücke bewußtseinsgegeben ist, in ihrer relativen Gegenwärtigkeit (!) bieten sie dem Geiste die Gelegenheit, den Akt der Gegenstandssetzung und damit die Begriffsbildung zu vollziehen.

Ohne im einzelnen auf die höchst fragwürdigen Punkte dieser Gedankenführung einzugehen, ist ganz allgemein zu sagen, daß Klages, in seiner Grundtendenz ein Verfechter des Irrationalen, nun selbst wieder in den von ihm so stolz gerügten Fehler verfällt, das Irrationale zu rationalisieren. Die erkenntnistheoretischen Mängel liegen ganz allgemein gesprochen darin, daß er auf die Erklärung des Lebens und Erlebens Kategorien anwendet, die nach seinen Voraussetzungen Kategorien des Geistes und nicht des Lebens sind. So bietet bei Klages zuweilen der Intellekt das Schauspiel dessen, der über seinen eigenen Schatten zu springen sucht.[124] Anerkennen wird man aber in seinen Gedankengängen über die Entstehung des Bewußtseins aus dem reinen Erleben die Grundidee, die ja auch bei Palágyi maßgebend ist, daß nämlich das unaufhörliche vitale Geschehen, das durch unsere Sinne zwischen der erlebenden Seele und der strömenden Wirklichkeit besteht, sehr viel weiter reicht als das, was jeweils im Lichte des wahrnehmenden Bewußtseins erscheint, derart, daß dieses Bewußtsein lediglich die beleuchteten Wellenkämme des unaufhörlichen Erlebens darstellt.

Bis jetzt zentrierten sich die Gedankengänge von Klages auf die Antithese von „Leben und Denkvermögen“. Kontrastiert nun die Welt der Gegenständlichkeit, die sich im Denken konstituiert, mit der erlebten Wirklichkeit im Sinne eines unversöhnlichen Gegensatzes von Werden und Sein, so läßt sich nach Klages das Wesen der geistigen Auffassungs- und Urteilstat noch tiefer ergründen, nämlich als Auswirkung des *Wollens*, das im Grunde immer ein Wollen der Selbstbehauptung ist. Denn der Geist als das Zeitlose, als Prinzip des starren Seins, sieht sein Wesen durch die fluktuierende Wirklichkeit angefochten und fragwürdig gemacht. Er führt also recht

---

[124] Näheres hierüber Ph. Lersch: Eine Philosophie des Lebens, a. a. O., 92ff. [Vgl. in diesem Band Seite 125ff.]

eigentlich einen Kampf um seine Existenz, seine Wirklichkeit. Klages gerät hier in eine gewagt mythologische Denkweise, indem er annimmt, der Geist könne seine Selbstbehauptung gegen das Leben nur erreichen dadurch, daß er Anschluß an ein vitales Zentrum sucht. Dieser Anschluß soll vollzogen sein in der Erscheinung des menschlichen Ichs. In der rein erlebenden Erfahrung der nie gegenwärtigen Wirklichkeit ist die Seele selbst eine Welle im Meer des Geschehens, es herrscht eine völlige Nacht des Ichs. Im Ich schafft sich der Geist gleichsam eine feste Insel, an der sich die Wellen im Meer des Geschehens brechen. Die Gegenstände aber, die der Geist im Auffassungsakt in die Wirklichkeit einsetzt, sind nichts anderes als die Gegenbilder seines eigenen Seins, gleichsam so, als wolle er es durchsetzen, daß nichts anderes Welt sei, als was von seiner Art des starren zeitlosen Seins ist. Wie das Subjekt nur existent ist durch die Welt, die es hat, so kann der Geist nur dadurch existent sein, daß er sich eine Welt zeitlos beharrender Gegenständlichkeiten schafft, und zwar in radikaler Umdeutung der tatsächlichen Wirklichkeit durch das Schema seiner Begriffe. Es ist also das Denken letzten Endes der Ausfluß des Selbstbehauptungswillens, mit dem der Geist der Wirklichkeit des Lebens entgegentritt. So stehen sich auf einer neuen, breiteren Ebene gegenüber das *Erleben der Seele*, das ihr aus der Wirklichkeit heraus widerfährt, und die *Tätigkeit der Selbstbehauptung*, das *Wollen*, mit dem der Geist im Ich durch Auffassungsakt und Urteilstat gegen das wogende Geschehen der Wirklichkeit kämpft.

Dieser Wesenszusammenhang, den Klages zwischen Denken und Wollen in der Tatsache des Ichs setzt, ist die gedankliche Einkleidung des auch in der Mystik wirkenden Leidens an der Subjekt-Objekt-Spaltung, in der der Mensch die Welt als ein unüberschaubares, fragwürdiges und fremdes Außen gegenüber hat. Es geht bei Klages um dasselbe wie bei Bergson, Dilthey und Spengler. Darum nämlich, die starre Maske der Gegenständlichkeit, des bloßen Außenseins der Dinge zu zerschlagen bzw. einzuschmelzen in den Fluß einer um einen Kern von innen nach außen wachsenden Gestalt. Klages nennt selbst den Geist „das absolute und exzentrische Außen, die Seele das natürliche Innen und der Nacht verwandt, wie jener der dämmerlosen Klarheit."[125] Da nun sowohl im Denken wie im Wollen die Beziehung zwischen Mensch und Welt wesensnotwendig in das Schema Ich-Gegenstand gesetzt ist, so ist der Weg zur Welt als einem Innen nur möglich, wenn das Denken aufgehoben, also die Haltung des Wollens abgebaut wird. Und so ist es verständlich, daß auch von Klages in unverkennbarer Verwandtschaft zur Mystik das Verlöschen des Ichs in der Ekstase und in der Kontemplation gepriesen wird als ein Weg, der uns in die ursprüngliche Lebensgemeinschaft mit dem Kosmos zurückführt.[126] Gerade in der Kontemplation zeigt es sich, daß sich das Wollen im Schema der Ich-Nichtich-Spaltung vollzieht und daß es von derselben Herkunft wie das Denken ist. Die ästhetische Schau, bei Kant als *interessenloses* Wohlgefallen, bei Schopenhauer als *willenloses* Anschauen

---

[125] L. Klages: Die Grundlagen der Charakterkunde, a. a. O., 176.
[126] Ebd., 170ff.

dargestellt, erhebt uns über die Sphäre des Gegensatzes von Ich-Nichtich, in ihr ist die Kategorie des Gegenstandes, durch die uns im Denken und Wollen überhaupt Welt gegeben wird, wesenlos geworden, wir sehen die Welt einfühlend als Gestalt, oder, wie Klages sagt, als Bild.

Durch die Beziehung, die Klages zwischen Denken und Wollen annimmt, erhält das intellektuelle Verhalten des Menschen wie schon bei Nietzsche rein pragmatischen Charakter, das Denken kann das Wesen der Wirklichkeit nicht erfassen, es dient lediglich dem Betätigungswillen des Geistes. In Konsequenz dieses Gedankens leugnet Klages Gesetzmäßigkeiten sowohl als Natur- wie als Sittengesetz. In der Wirklichkeit des Lebendigen gibt es nur Schicksal und dieses ist immer individuell und unberechenbar. Damit ist bei Klages noch einmal das Typische seiner lebensphilosophischen Position gekennzeichnet; es ist an den Schicksalsbegriff bei Spengler zu erinnern und an den Gedanken des individuellen Gesetzes bei Simmel, mit dem dieser jede allgemeine Gesetzmäßigkeit aus dem Reich des Lebendigen verweist. Auch Simmel betont, „[…] wie fremd die Wesensform des allgemeinen Gesetzes […] der Wesensform des Lebens ist, […] wie wenig eine noch so große Häufung solcher Gesetze der Bewegtheit und Mannigfaltigkeit des Lebens nachkommen kann."[127]

Hinter der hier entwickelten Willenslehre von Klages steht ein fest umrissener anthropologischer Aspekt: der Mensch als Doppelwesen, als Schnittpunkt zwischen Leben und Geist ist eingestellt zwischen die beiden Möglichkeiten, entweder die Welt hinzunehmen als *Widerfahrnis* seines In-der-Welt-Seins, sich in pathischer Bereitschaft und Aufgeschlossenheit der Fülle und Tiefe ihrer Bilder und Wesenheiten hinzugeben, oder die Welt zum Bereich von Gegenständen zu machen, d. h. sich *gegen* die Wirklichkeit zu stellen, sie in unbedingter Selbstbehauptung bewältigen zu wollen durch Handeln und Denken und so zu verweilen in der Fessel des wollenden Ichs, das auf Zwecke, auf Leistung und Nutzwerte gerichtet, dabei aber blind ist für alle Werte des Erlebens. Die letzten Entscheidungen, die den Menschen ankommen, sind die zwischen Seele und Geist, zwischen Erleben und Wollen = Denken. In dem Maße, in dem sich die wollende und damit denkende Einstellung zur Welt verstärkt, wird das pathisch-schauende Aufgeschlossensein geschwächt, die Welt nicht mehr erlebend, in ihrer Beseeltheit durch lebendige Wesen gewußt. Hierin wird die eigentliche Intention des Geistes offenbar, nämlich die, das Lebendig-Wirkliche zu zerstören. Das Klagessche Denken gipfelt in einer leidenschaftlichen Kulturkritik, in einer Anklage gegen die Intellektualisierung und Technifizierung des Menschen und der Welt. Wenn diese Anklage auftritt in der Parole der Seele gegen den Geist, so identifiziert Klages in einer durchaus ungerechtfertigten Einengung den Begriff des Geistes völlig mit der Fähigkeit des Intellektes. Es ist ihm entgegenzuhalten, daß Geist jedoch mehr ist als begriffliche Aufteilung und technische Bewältigung der Wirklichkeit. Wenn etwa Klages das vitale Gedächtnis jedes Lebewesens gegen das vom Geiste getragene Erin-

[127] G. Simmel: Lebensanschauung, a. a. O., 232.

nerungsvermögen des Menschen preist,[128] so zeigt sich gerade hier, daß wir in der Verfolgung dessen, was nach Klages das eigentlich menschliche Gut darstellt, zurücksinken würden in eine völlige Befangenheit in der Welt, in ein ideenblindes, rein vegetatives Dasein gleich dem Tiere, in unserem Wissen um die Welt eingesponnen in die Enge des Hier und Jetzt. In der vegetativen Dumpfheit der Lebenshaltung, in die Klages zurückweist und die in den Mythologien der Romantik (etwa bei Schubert) als paradiesischer Urzustand der Menschheit gepriesen wird, wäre das eigentliche Menschsein aufgehoben, sofern man anerkennt, daß sein Sinn nicht gelegen ist in dem paradiesischen Glück der Erfüllung, sondern gerade in den Aporien des Denkens, in der immerwährenden Unruhe des Suchens. Die von Klages propagierte Lebensform ist letzten Endes eine Absage an die Tragik des menschlichen Daseins, an die Unruhe des Kampfes, mit der der Mensch immer zwischen Leben und Form, zwischen Wirklichkeit und Gedanke, zwischen Seele und Geist auf dem Wege ist, wenn anders man unter Geist nicht allein das technifizierende Vermögen des Intellektes, sondern mit Scheler jene Anlage versteht, die den Menschen aus der Befangenheit in der Welt erlöst, ihn umweltfrei, weltoffen macht, ihm existentiale Entbundenheit und Ablösbarkeit verleiht. Freilich schließt diese Weltfreiheit, die sich mit der Entstehung der Sprache anbahnt, schon eine Entfremdung von der Unmittelbarkeit des Lebendigen in sich; aber gerade diese Ferne wird im Menschen wieder schöpferisch, indem sie in ihn die Spannung hineinträgt, aus der er um so bewegter nach dem Lebendigen hinstrebt. „Wer das Tiefste gedacht, liebt das Lebendigste" (Hölderlin).

Die dualistische Zerspaltung von Seele und Geist, die bei Klages der erkenntnistheoretischen Kritik leichtes Spiel läßt in Anbetracht der Art, wie wenig er selbst die absolute Gegensätzlichkeit von Leben und Geist konsequent durchzuführen vermag, dieselbe dualistische Zerspaltung rückt auch sein kontemplatives Weltbild, das in „bald triebmäßiger, bald enthusiastischer Preisgegebenheit" erlebt wird, in ein fragwürdiges Licht insofern, als dieser ästhetisierenden Welteinstellung der Charakter des kämpferischen Ringens um Wirklichkeit und Wert völlig fehlt.

Trotz alledem ist die Klagessche Lebensphilosophie gerade als Kulturkritik von gar nicht zu überschätzender Bedeutung. Fraglos rückt mit der Forderung, sich zur Welt einzustellen in Absage an schon formuliertes Wissen und festgeprägte Begriffe, eine Gefahr in das rechte Licht, die schon Nietzsche mit eindringlichen Worten gekennzeichnet hat, die Gefahr eines Weltbildes, in dem dank der Hybris der Namengebung und Begriffsbildung die Wirklichkeit des immer neuen Geschehens schematisiert wird. Da das Wesen des begrifflichen Denkens nach Klages im Wollen gelegen ist, so bedeutet die von ihm angestrebte Welteinstellung auch einen Abbau des Wollens, sofern dieses Wollen, wie es Klages eben deutet, ein Wille zur Bewältigung ist. Die Welt erscheint in dieser neuen Einstellung nicht als die Wirklichkeit des *homo faber*, die es bis zur bloßen Willensraserei zu bewältigen gilt, sondern als etwas,

---

128 L. Klages: Die Grundlagen der Charakterkunde, a. a. O., 63.

an dem der Mensch, indem er es hinnimmt, reich wird. Der *Eros* zur Welt wird die eigentliche Grundhaltung des Klagesschen Menschen. Das Zentrale aber und im Sinne der Lebensphilosophie Bedeutsame an Klages ist die Leidenschaftlichkeit, mit der er um eine Vertiefung des Weltbildes, um eine Befreiung aus der Flachheit des bloß dinglich-gegenständlichen Wirklichkeitsaspektes, um den Erweis einer Wirklichkeit des Innen in der Erscheinung des Außen bemüht ist.

VI. Das Problem der Lebensphilosophie als geistesgeschichtliche Erscheinung

Mit den Namen Bergson, Dilthey, Spengler, Simmel und Klages ist der Umkreis der lebensphilosophischen Bestrebungen der Gegenwart keineswegs erschöpft; immerhin aber ist mit diesen Denkern das Grundsätzliche der lebensphilosophischen Problemstellung umrissen. Eine vollständige Aufzählung aller lebensphilosophischen Tendenzen der Gegenwart ist kaum möglich, jedenfalls nicht im Rahmen des vorliegenden Berichtes, und zwar schon allein deshalb, weil, wie eingangs zu sagen war, der Begriff des Lebens heute ein Zentralbegriff des philosophischen – und nicht *nur* des philosophischen – Denkens geworden ist. Angesichts der in allmählichem Übergang verlaufenden schwer isolierbaren Verzweigungen, mit denen das Problem des Lebens das moderne Denken durchzieht, erschien es hier geboten, den Begriff der Philosophie des Erlebens einzuschränken auf alle diejenigen Denker, bei denen das Problem der Besinnung auf das wesenhaft Wirkliche sich zuspitzt in eine Alternative, zwischen deren polaren Gliedern Innen und Außen, Geschichte und Natur, Leben und Form, Seele und Geist der Mensch sich in seiner Einstellung zum Dasein der Welt und zum eignen Dasein zu entscheiden hat. All diesen Bestrebungen ist eigentümlich – und dies wurde als zweites wesentliches Merkmal der lebensphilosophischen Richtungen festgehalten –, daß sie das wissenschaftliche Weltbild der reinen Gegenständlichkeit, wie es Kant aufgestellt hat, ein Weltbild des bloßen Außen-Seins, in dem lediglich Relationen der Erscheinungen erfaßbar sind, zu vertiefen, d. h. zu transformieren suchen in der Richtung auf eine *seelische Mitte*. Sie wird gesucht als das Korrelat der in der Erfahrung des Einzelnen gegeben eigenen Mitte, in der unsere im Sosein einer Peripherie sich entfaltende Existenz keimhaft bestimmt, virtuell enthalten ist und die in dieser ihrer Eigenschaft als die Innigkeit des Erlebens in unser wenn auch unformuliertes Wissen fällt.

Unter dem Gesichtspunkt dieser Merkmale ist ein Kopf wie Max Scheler nicht eigentlich der lebensphilosophischen Richtung zuzuordnen, wenngleich er zweifellos, ebenso wie Heidegger, den Strom der Lebensphilosophie in sich aufgenommen hat. Durchaus lebensphilosophisch ist bei Scheler die Anerkennung der *Eigenbedeutsamkeit des Erlebens*. Anschließend an Pascals Begriff eines *ordre du cœur* und an das Wort Lotzes, daß „in jenem Gefühle für die Werte der Dinge und ihrer Verhältnisse unsere Vernunft eine ebenso ernst gemeinte Offenbarung besitzt, wie sie in den Grundsätzen der verstandesmäßigen Forschung ein unentbehrliches Werkzeug der Erfahrung hat“,[129] baut Scheler eine Ethik und eine Religionsphilosophie auf, deren Fundament der Gedanke von der *Erkenntnisfunktion des Gefühls* bildet. Wenn auch

[129] H. Lotze: Mikrokosmos. Ideen zur Naturgeschichte und Geschichte der Menschheit, Leipzig ^{6}1923, Band I, 2. Buch: Die Seele, 275.

der Begriff des Erlebens nicht völlig mit demjenigen des Gefühls zu identifizieren ist, so hat doch das Gefühl als eines der zentralsten Phänomene dessen zu gelten, was unter den Erlebnisbegriff fällt, und es ist ohne weiteres einsichtig, inwiefern Scheler mit der Betonung der *kognitiven Funktion des Gefühls* an die Position einer Philosophie des Erlebens heranrückt. Von Scheler wird grundsätzlich anerkannt, daß es Wesensgehalte und objektive Bedeutungen gibt, die nicht erfaßt werden auf dem Wege des diskursiven Denkens, sondern sich offenbaren ausschließlich in Vorgängen, die man ihrem Inhalt nach ins Bereich des Irrationalen zu verweisen gewöhnt ist. Erlebniswerte sind Erscheinungen von Urgegebenheiten, die wesensgesetzlich nur in Werterlebnissen erscheinen können; ja es wird noch viel radikaler alles wesenhafte Welthaben im emotionalen Erleben fundiert: „In letzter Linie ist [...] der Apriorismus des Liebens und Hassens sogar das letzte Fundament alles anderen Apriorismus, und damit das gemeinsame Fundament sowohl des apriorischen Seins-Erkennens als des apriorischen Wollens von Inhalten.“[130] Damit ist also auch bei Scheler der absolutistische Anspruch der *ratio*, allein fähig zu sein, Wirklichkeit zur Sicht zu bringen – ein Anspruch, der in klassischer Form bei Descartes erfüllt wird –, zugunsten des Emotionalen in ganz entscheidender Weise eingeschränkt.

Verläuft nun bis hierher das Schelersche Denken ganz in lebensphilosophischer Richtung, so verläßt es die lebensphilosophische Position dort, wo diese in der Frage nach der Wirklichkeit die Entscheidung fordert zwischen dem Seienden des Parmenides und dem Leben als dem Prinzip des Geschehens, die Entscheidung also zwischen dem Historischen und dem Ontischen.[131] Und hier ist Schelers Standpunkt eindeutig derjenige des Ontischen, sein Wirklichkeitsbild ist frei von dem heraklitischen Grundzug der Lebensphilosophie, es tendiert vielmehr durchaus zum Typus des unerschütterlich seienden Reiches platonischer Ideen.[132]

Dies zeigt eindeutig seine Anthropologie, auf die hier kurz eingegangen sei.[133] Sie mündet in einem Gesamtbilde des Menschen, der zwar – durchaus lebensphilosophisch gesehen – ganz im Vital-Psychischen verwurzelt ist und aus diesem seine eigentlichen schöpferischen Kräfte erhält, zum Bewußtsein der Welt aber aus der Gebundenheit seines Triebes erst gelangt durch die Ausfaltung des Geistes. Das geistig-noetische Prinzip, in dem das Ontische, und das vital-psychische Prinzip, in dem das Historische fundiert ist, sind im Ganzen des Menschen aufeinander hingeordnet, wenn sie auch, als wesensmäßig einander entgegengesetzt, nicht aufeinander zurückgeführt

[130] M. Scheler: Der Formalismus in der Ethik und die materiale Wertethik. Neuer Versuch der Grundlegung eines ethischen Personalismus, Halle/S. ^{3}1927, 60, Anm. 2.
[131] Vgl. G. Misch: Die Idee der Lebensphilosophie in der Theorie der Geisteswissenschaften, in: Kant-Studien, Band 31 (1926), 536-548.
[132] Vgl. E. Troeltsch: Der Historismus und seine Probleme, a. a. O., 613 und Ders.: Der historische Entwicklungsbegriff in der modernen Geistes- und Lebensphilosophie, III.: Phänomenologische Schule, Scheler, Croce, Bergson, in: Historische Zeitschrift, Band 125, Heft 3 (1922), 377-438.
[133] M. Scheler: Die Stellung des Menschen im Kosmos, Darmstadt 1928.

werden können. Und zwar besteht jenes Aufeinander-Hingeordnet-Sein darin, daß dem Geist, einer – übrigens genau wie bei Klages – unschöpferischen Potenz, die schöpferische Kraft zuströmt aus der vitalen Triebsphäre, während ihm selbst nur die Rolle der Leitung und Lenkung zukommt. Somit sind auch die scheinbar rein geistigen Akte triebhaft fundiert, der Kräfte- und Wirkstrom verläuft in der Welt von unten nach oben. Sinn und Ziel des menschlichen Seins aber ist „die gegenseitige Durchdringung des ursprünglich ohnmächtigen Geistes und des ursprünglich dämonischen, d. h. gegenüber allen geistigen Ideen und Werten blinden Dranges durch die werdende Ideierung und Vergeistigung der Drangsale, die hinter den Bildern der Dinge stehen, und die gleichzeitige Ermächtigung, d. h. Verlebendigung des Geistes".[134] In der Deutung der ideierenden Akte vollzieht sich bei Scheler nun die Wendung zum Ontisch-Gegenständlichen. In den ideierenden Akten sieht Scheler Vorgänge, in denen die Erscheinungen für den Menschen aus den vital-triebhaften Belangen ihres Hier-Jetzt-Soseins heraustreten und für ihn sichtbar und erkennbar werden in ihrem in sich selbst zentrierten wesenhaften Sosein. Auf solche Weise vermag der Mensch herauszutreten aus der vitalen Gebundenheit an die Natur, in der noch Tier und Pflanze verhaftet sind. Das Tier hat nur Umwelt, d. h. einen Bereich von Triebzielen und Widerstandszentren, der Mensch erst hat durch den Geist im eigentlichen Sinne Welt. In den geistigen Akten formt sich die Welt der triebhaft erfahrenen Widerstände um zur Welt der ideen- und wesenhaften Gegenstände. Das Gegenstand-Sein ist die formalste Kategorie der logischen Seite des Geistes. Zugleich mit dem Gegenstandsbewußtsein verleiht der Geist dem Menschen Selbstbewußtsein. Und so geht aufs Ganze gesehen die Bedeutung des Geistes im Menschen dahin, daß „ein Ur-Seiendes Sein sich im Aufbau der Welt immer mehr auf sich selbst zurückbeugt, um auf immer höheren Stufen und in immer neuen Dimensionen sich seiner selbst inne zu werden, um schließlich im Menschen sich selbst ganz zu haben und zu erfassen".[135] Damit ist Schelers Intention auf das Gegenständlich-Ontische und seine Distanz zur Lebensphilosophie hinlänglich gekennzeichnet. Bei ihm wird zwar das *Erleben* als Organ des Erkennens auf der Seite des Subjektes anerkannt, grundsätzlich aber in Abrede gestellt, daß das intime Leben des Anderen Gegenstand geistig-noetischer Akte zu werden vermag.[136] Wie Leben und Geist metaphysisch nicht aufeinander zurückführbar sind, so ist das Teilhaben des Individuums am Leben des Nicht-Ichs etwas wesenhaft anderes als die erkenntnismäßige Erfassung durch die intentionalen noetischen Akte. Der Mensch selbst ist damit dualistisch aufgespalten in *Lebewesen* und *geistige Person.* Zeigt die Lebensphilosophie grundsätzlich – insbesondere im Intuitionsbegriff Bergsons und im Verstehensbegriff Diltheys – eine Tendenz, das Ideal des Wissens um Wirklichkeit als Berührung bzw. Identifizierung zweier Lebensmitten zu verstehen, so ist nach Scheler ein derartiges vitales Einswerden für den Menschen nur

---

[134] Ebd., 83.
[135] Ebd., 53.
[136] Vgl. hierzu und zum folgenden M. Scheler: Wesen und Formen der Sympathie, Bonn ^{2}1923.

möglich, soweit er Lebewesen ist. Scheler geht zwar soweit in lebensphilosophischer Richtung, als er eine die Individualität übergreifende Identität im Sinne eines allgemeinen Lebensgrundes innerhalb des vorgeistigen Vitalpsychischen grundsätzlich anerkennt; und zwar anerkennt mit einer spezifisch lebensphilosophischen Wertung. Denn es ist ja ein Grundzug der Lebensphilosophie, daß sie die vitale Ausgeschlossenheit des rationalen Ichs von einem vermuteten Leben, das auch in all dem ist, was als ein Außen gegenübertritt, um jeden Preis zu überwinden sucht. Auch Scheler spricht von der Möglichkeit „kosmovitaler Einsfühlung“ (in höchster Verwirklichung erreicht in der Gestalt des Franz von Assisi) und bemüht sich um ihre Wiederherstellung als „echter Teilnahmequelle am Seienden“[137] gerade gegen die Weltstellung des Menschen der Zivilisation, der Mechanisierung und Rationalisierung. Zum Gegenspieler der Lebensphilosophie wird er jedoch dadurch, daß er das Geistige nicht wie die Lebensphilosophen, Klages ausgenommen, es tun, ableitet aus dem Leben als eine „Blüte des Lebens”, sondern es versteht als etwas durchaus Wesensverschiedenes und Eigenbedeutsames, so daß die Metaphysik des Lebens streng gesondert wird von der Metaphysik des Geistes. „Die Seinsregionen und Gegenstandssphären, auf die alle echten noetischen Akte hinzielen, [...] sind und bestehen sämtlich unabhängig vom Wesen und Dasein des Lebens und lebendiger Organisation.“[138] Während sich Erfassung des Lebens in der Form der Identifizierung im kosmovitalen Weltgrund vollzieht, gehen die geistigen Akte, die die Person konstituieren und in die Scheler auch die emotionalen Akte von Liebe und Haß als kognitive Vorgänge einbezieht, immer auf *Distanz*. Der Unterschied zur Lebensphilosophie ist fundamental; während bei Bergson und Dilthey die Identität des Verstehenden und des Verstandenen gesucht wird in der Sphäre des Vitalpsychischen, aus dem das Geistige erwächst, negiert Scheler in der schroffsten Form die Möglichkeit des Wissens um die „intime Person” des anderen.[139] Das Schelersche Weltbild des Geistigen mündet also nicht in den monistischen Gedanken der Identität (in dem sich immer ein emotionales Moment, nämlich ein Leiden an der Individuiertheit auswirkt), sondern hat durchaus pluralistischen Charakter, wobei im Begriff der Person als geistigem Aktzentrum die Individuiertheit metaphysisch verabsolutiert wird.

Damit gerät Scheler auch in schroffsten Gegensatz zu Klages, mit dem er ja insofern eine gewisse Gemeinsamkeit besitzt, als er Leben und Geist durchaus dualistisch faßt. Bei Scheler rückt die Position des Menschen als geistiger Person in die nächste Nähe Gottes, wird also einem Standpunkt der Absolutheit des Ich angenähert, während Klages in seinen letzten Sinngebungen das Ich als geistiges Aktzentrum völlig entwertet, ja in der Person recht eigentlich den Auftakt sieht zum Abfall vom Leben; in der von ihm propagierten Lebensform wird das Ich völlig entmächtigt und zurück-

---

[137] Ebd., 122.
[138] Ebd., 88.
[139] Ebd., 77.

geworfen in den ideenblinden, völlig vital gebundenen Strom des Werdens und Vergehens.

Wenn Scheler trotz aller Gegensätzlichkeit zur Lebensphilosophie in ihre Nachbarschaft einzuordnen ist, so ist mit ihm lediglich der bedeutendste Kopf dieses Umkreises angeführt. Andere Denker, die ebenfalls hierher gehören, können im Folgenden nur gestreift werden.

Der lebensphilosophischen Richtung Diltheys steht neben seinem geistigen Kameraden, dem Grafen *York von Wartenburg*, vor allem *Frischeisen-Köhler* nahe, und zwar in seiner grundsätzlichen Annahme, daß das Wirkliche uns nur im Erlebnis aufgeht und nie bewiesen, sondern nur aufgewiesen werden kann. Über die philosophische Problemstellung hinaus hat dann der Diltheysche Erlebnisbegriff vor allem auf die Literaturwissenschaft gewirkt und ist zum Ausgangspunkt einer neuen Richtung geworden, deren bedeutendster Vertreter *Gundolf* war.

Im Zusammenhang mit der Lebensphilosophie ist nicht zuletzt auch *Graf Keyserling* zu erwähnen, der außer von Simmel und von Dilthey vor allem von Bergson stark beeinflußt ist. Ursprünglich orientiert an der kritischen Leistung Kants, kommt er schließlich zur Fixierung eines irrationalistischen Standpunktes, dessen Grundüberzeugung es ist, daß die Wirklichkeit nicht in das Netz der Begriffe und Kategorien des reinen Verstandes eingeht; dem Denken selbst wird eine rein pragmatistische Deutung gegeben. Bergsons geistige Nähe verrät sich bei Keyserling vor allem in der Forderung einer Rückkehr aus der Äußerlichkeit des Intellektualismus, in seiner Annahme eines überindividuellen Lebens, dem die einzelnen Bildungen entstammen, und schließlich in der Betonung der Intuition als desjenigen Weges, auf dem sich das innere Wesen der einzelnen Bildungen erschließt. Er wird zum virtuosen Einfühler aller menschlichen Lebensformen der Erde, geht dann aber über Bergson insofern hinaus, als er sich bemüht, die lebendigen Erscheinungen auf einen überlebendigen Sinn-Kosmos zu beziehen.

Auf dem Gebiet der Naturphilosophie ist es *E. Dacqué*, der eine ausgesprochen lebensphilosophische Grundhaltung vertritt. Er kontrastiert zwei Welteinstellungen: die kausal-mechanistische, rationale Naturforschung und das Wissen um das Mythische, das sich im Erleben aufschließt. Der Gegensatz von Innen und Außen erhält eine grundsätzliche Akzentuierung; ihm entsprechen als Kategorien des Erkennens Symbol und Gegenstand. Im Symbol erscheint das „Seelenhafte“, „das Lebendig-Innere”, das als etwas letztlich Unaussprechliches im schweigenden Schauen erfahren wird. Das Symbol ist ein Organismus, ein lebendiges und Leben spendendes Wesen, das seine Innenwelt in sich trägt und zuletzt zum Urquell alles Daseins zurückführt.[140] Es bedarf keines besonderen Hinweises, wie eng Dacqués Rede vom Symbol mit dem Begriff der Wesenheit bei Klages verwandt ist. Ähnlich wie bei Klages wird denn auch bei Dacqué ein neues mythisches Wirklichkeitsbild intendiert in einer Natureinstellung, die, dem Erkenntniswege nach ganz auf dem Intuitionismus der Lebensphi-

[140] E. Dacqué: Leben als Symbol. Metaphysik einer Entwicklungslehre, München ^{2}1929, 9.

losophie fußend, die Natur nicht wie die rationale Einstellung als Gegenstand, sondern als beseeltes Symbol hinnimmt, und zwar so, daß uns, ganz wie bei Klages, das Innere der Erscheinung begegnet und mit unserem inneren Leben in vitale Verbindung tritt.[141] Auf die methodische Schwierigkeit, die damit gesetzt wird, kann hier nicht eingegangen werden.

Zu der von Klages vertretenen lebensphilosophischen Richtung gehört schließlich auch noch *Th. Lessing*. Auch bei ihm ist der Geist der Widersacher der Seele, auch er spricht vom „Untergang der Erde am Geist“, und diese Parallele zu Klages geht hinein bis in die grundsätzliche Unterscheidung von Erleben und Bewußtsein. Das Erleben ist vollkommen unfaßlich und bewußtseinsjenseitig, wogegen die Welt des Bewußtseins schon eine Umstellung des unmittelbaren Erlebens ist, in der der Verstand als „Versteller des Erlebens“ fungiert. Auch der lebensphilosophisch wichtige Zusammenhang von Intellekt und Form erscheint bei Lessing wieder; Bewußtsein ist gleichbedeutend mit dem Begriff der Geformtheit, Form aber ist ihrem Wesen nach immer Abgrenzung und somit dem Wesen des Lebens und Erlebens völlig heterogen.[142] Schließlich sieht auch Lessing im Geiste eine Krankheit des Lebens, im Bewußtsein eine Verarmung des Erlebens und preist das vegetative Paradies des vorbewußten Lebens. Der Grundgedanke vom Menschen als geistigem Wesen aber wird in einem Radikalismus formuliert, der denjenigen von Klages noch um einiges übertrifft: „So verfestigte sich immer mehr mein Grundgedanke, daß die Welt des Geistes und seiner Normen nur die unentbehrliche Ersatzwelt eines am Menschen erkrankten Lebens sei, nur das Mittel zur Errettung einer in sich fragwürdig gewordenen, nach kurzer Wachbewußtheit spurlos wieder versinkenden Gattung durch Wissenschaft größenwahnsinnig gewordener Raubaffen.“[143]

Eucken und *Troeltsch*, die hier und dort als Lebensphilosophen erwähnt werden,[144] sind nicht eigentlich der Lebensphilosophie einzuordnen, wenn sie auch verwandte Tendenzen zeigen. Troeltsch unterstreicht den Gegensatz der Geschichte zur mathematisch-mechanischen Naturwissenschaft, indem er ganz im Sinne Bergsons den naturwissenschaftlichen Zeitbegriff und den historischen in Gegensatz stellt. Er betont die Selbstgewißheit des Erlebens, ist überzeugt von dem Recht der lebensphilosophischen Problemstellung, soweit sie sich bemüht, aus der Enge des bloß formallogischen Denkens zu einer Metaphysik vorzudringen, in der die Dinge substantialwesenhaft gewußt werden in derselben Weise, wie das lebendige Subjekt sich selbst existential weiß. Er gerät in die unmittelbare Nähe der Lebensphilosophie, wenn er die Intuition als ein neues Erkenntnisprinzip fordert, „womit man sich in einer Art gewaltsamer Kraftanstrengung in den inneren Gang und Strom des Werdens versetzt

---

[141] Ebd., 10.
[142] Th. Lessing: Europa und Asien (Untergang der Erde am Geist), Leipzig ^{5}1930, 7.
[143] Th. Lessing: Geschichte als Sinngebung des Sinnlosen oder: Die Geburt der Geschichte aus dem Mythos, Leipzig ^{4}1927, 28.
[144] M. Frischeisen-Köhler, Philosophie und Leben. Bemerkungen zu Heinrich Rickerts Buch: „Die Philosophie des Lebens“, in: Kant-Studien, Band 26 (1921), 112-138.

und dieses sozusagen von innen heraus nachfühlend, genial und prinzipiell versteht."[145] Trotz dieser Grundeinstellung ist Troeltsch skeptisch genug, die Schwierigkeiten, die der Lebensphilosophie anhaften, richtig einzuschätzen; er kam nicht mehr dazu, selbst eine brauchbare Lösung der lebensphilosophischen Problemstellungen aufzuzeigen.[146]

Was *Eucken* betrifft, so ist er lediglich im Hinblick auf seine Ausgangsposition, nicht aber in der Gesamtkonzeption seiner Philosophie in der Gesellschaft der Lebensphilosophen zu erwähnen. Auch er spricht von der Verlorenheit des Menschen im Außen, von der erloschenen Seele, auch ihm geht es um Innerlichkeit. Auch er will einen seelischen Zusammenhang mit der Welt herstellen und sie als Ganzes miterleben. Zugleich wendet er sich gegen den Intellekt als den Beherrscher des Lebens, der dadurch, daß er die Wirklichkeit an sich zieht, diese lediglich in ein Reich von Formen und Beziehungen verwandelt.[147] Wenn Eucken gerade in solchen Bemühungen mit der Lebensphilosophie konform geht und es versucht, das Gefängnis der Form, in das der Kritizismus die Möglichkeit des Erkennens und des Weltteilhabens eingeengt hat, zu durchbrechen und den Weg zu einer substantialen Teilhabe an der Welt freizumachen, so fehlt ihm doch die radikale Forderung etwa Diltheys, das Leben „aus ihm selber zu verstehen", jene Forderung, in deren Konsequenz schließlich das Ontische in das Heraklitisch-Historische aufgelöst und ein psychistisch-physiognomisches Weltbild proklamiert wird. Eucken vertritt vielmehr ganz im Sinne Rickerts die grundsätzliche Ansicht, daß man beim Philosophieren mit dem Leben allein nicht auskomme, daß man es vielmehr zu etwas anderem, einer höheren, transsubjektiven Geisteswelt in Beziehung setzen müsse. So ist Euckens Lebensphilosophie in ihren entscheidenden Sätzen nicht eigentlich das, was hier als Philosophie des Erlebens gekennzeichnet wurde, sondern sie hat mehr die Bedeutung einer philosophischen Sinngebung des menschlichen Daseins.

Wenn es schwierig ist, die lebensphilosophischen Tendenzen innerhalb der Literatur genau abzugrenzen, weil man schließlich in einen Bereich verflachender Übergänge kommt, so hat dies seinen Grund darin, daß die lebensphilosophische Attitüde zum großen Teil zu verstehen ist aus der kulturhistorischen Position, in der sich der Mensch heute befindet. Es geht nicht nur um eine Frage akademischen Theoretisierens, sondern das, was im Rahmen der Lebensphilosophie sich geltend macht als eine Opposition gegen den Intellekt, als eine Rehabilitierung des Erlebens, der kognitiven Fähigkeit der Seele, das erscheint zum großen Teil als die spezielle Auswirkung einer Problematik, die heute den Menschen in seiner gesamten Welteinstellung und seinem gesamten Lebensstil beunruhigt.

---

[145] Zit. bei M. Schroeter: Der Streit um Spengler. Kritik seiner Kritiker, München 1922, 121.

[146] Vgl. die Selbstdarstellung Troeltschs in „Die Philosophie der Gegenwart in Selbstdarstellungen" (1923).

[147] R. Eucken: Erkennen und Leben, Berlin ^{2}1923, 20.

Es ist keine verschwommene Analogie, sondern hat einen genau formulierbaren Sinn, wenn man sagt, daß die beiden Grundmerkmale des modernen Lebensbetriebes, Geldwirtschaft und Technik, in innerer Wesensbeziehung zur geistigen Haltung des Rationalismus stehen,[148] geschaffen zur werkzeuglichen Bewältigung der Welt, und daß der Grad, in dem Lebensführung und Wirklichkeitsergreifung heute durch jene Mächte bestimmt werden, ein Maß ist für das Übergewicht, das die intellektuellen Funktionen über alles, was unter den Begriff des Erlebens fällt, erhalten haben. Überall da, wo heute eine kritische Betrachtung der kulturellen Situation versucht wird, bei Spengler, Rathenau, Klages, Simmel, Fried, wird dies als der wesentliche Grundzug herausgestellt. Wenn Klages in unmittelbarer Nachfolge Nietzsches u. a. sich wendet gegen die Hybris des begrifflichen Denkens und dies so zu verstehen ist, daß er den rein funktionalen, Beziehung schaffenden Gebrauch des Wortes geißelt, weil dieser Gebrauch den Menschen erblinden läßt für den nur anschaulich erlebten Wesensgehalt der Wirklichkeiten, der mit diesen Worten ursprünglich gemeint ist und der in ihnen seine ausdruckshafte Erhellung und nicht nur terminologische Kennzeichnung findet, so steht dies in unmittelbarer Analogie zu der Bedeutung, die Simmel in seiner „Philosophie des Geldes" dem Gelde innerhalb des modernen europäischen Denkens zuweist. Der entscheidende Gedanke Simmels geht dahin, daß das Geld als rationales Mittel nur Funktionswert, keinen Substanzwert mehr besitzt; es macht den Menschen zum rechnenden Wesen und die Welt zur berechenbaren Angelegenheit. „Der reine Zahlenbegriff des Geldes, an dem heute auch kaum noch Stoff klebt, [...] beherrscht den wirtschaftenden Menschen, verkapselt den letzten Rest von Seele und Gefühl."[149] Auch Klages läßt sich in demselben Sinn vernehmen. „In unserer Zeit finanztechnischer und mathematischer Formalistik sind die Träger einer entnatürlichten theoretischen Vernünftigkeit reich gesät."[150] Bei Bergson wie bei Spengler erscheint die Zahl als ein Urgebilde des Intellektes, und so steht der Grad, in dem der Zahlenbegriff des Geldes über die Wertungen und Entscheidungen des Menschen dominiert, in direktem Verhältnis zu der Gefahr, daß der Intellekt die Welt völlig umdeutet in eine Summe von Quantitäten und ihrer Relationen.

Es ist nur allzu begreiflich, daß der moderne Mensch aus der Ganzheit seines Wesens, in der er eben nicht nur denkende und rechnende Instanz ist, Stellung nimmt gegen das Weltbild, das ihm der Intellekt in die Hände spielt, und daß die kulturelle Situation des Menschen sich zugespitzt hat auf das Problem Seele-Intellekt. So zeigt sich nicht nur auf dem besonderen Gebiet der philosophischen Besinnung Bergsons, Diltheys usw., sondern in der gesamten Lebenshaltung und Welteinstellung des modernen Menschen eine „Wendung nach Innen".[151] Man will die Welt nicht mehr haben als bloßes quantifiziertes, werkzeuglich verwendbares Außen, weil man die

---

[148] Vgl. E. Hammacher: Hauptfragen der modernen Kultur, Leipzig 1914, Kap. VII.
[149] F. Fried: Das Ende des Kapitalismus, Jena 1929, 27.
[150] L. Klages: Die Grundlagen der Charakterkunde, a. a. O., 187.
[151] F. Fried, Das Ende des Kapitalismus, a. a. O., 32.

Gefahr wittert, daß in dem Maße, in dem man die Wirklichkeit nur noch als Aufgabe des Intellektes, als Rechenexempel versachlicht und materialisiert hinnimmt, der Mensch sich selbst verlorengeht als ein seelenhaftes Wesen, das sich im extensiven Sosein aller seiner Äußerungen durch die Intimität der Gefühle, Triebe, Gestimmtheiten innerlich weiß.

Es ist hier nicht der Ort, von den mannigfachen Wegen und Irrwegen zu sprechen, auf denen der moderne Mensch versucht, in der Welt, wie Dilthey es in der Geschichte wollte, Seele zu finden, um seiner eigenen gewiß zu werden. Jedenfalls aber ist es charakteristisch für die geistesgeschichtliche Situation und die Weltstellung des heutigen Menschen, daß sich ihm die Antithese Seele-Intellekt immer mehr ins Bewußtsein hebt.[152]

Die geistige Lage, aus der dies zu verstehen ist, ist historisch gesehen nicht neu. *Herder*, der den Begriff des Lebens in die philosophische Sprache eingeführt und an die Romantik weitergegeben hat, befand sich – und mit ihm der Sturm und Drang – gegenüber der Aufklärung in einer ähnlichen Lage, nämlich in der Gefahr einer überspitzten Intellektualisierung des Weltbildes und der Lebensführung. Vor allem dann in der deutschen *Romantik*, der sowohl Diltheys wie Klages' tiefe Liebe gilt, vollzog sich eine grundsätzliche Opposition gegen den Rationalismus der Aufklärung, und zwar durchaus in der Form einer lebensphilosophischen Attitüde, die außer von Herder entscheidende Anregung vor allem durch *Hemsterhuis* erfuhr.[153] In seiner Philosophie fand die Romantik die Gewißheit, daß das Universum ein Lebendiges, sein Leben ein Seelisches sei, und daß der Mensch in innerer Verwandtschaft zur Welt imstande sei, ihres wesenhaften Seins inne zu werden. Damit war das intime Wissen des Selbsterlebens zum Urtyp des Wissens um die Wirklichkeit überhaupt erhoben. Hemsterhuis bezeichnet seine Philosophie selbst als solche, die im Grunde der Seele zu suchen sei, ein Ausspruch, der seinen präzisen Widerhall findet in dem für die Romantik programmatischen Satz von Novalis: „Nach innen führt der geheimnisvolle Weg." Die Romantik ist insofern eine historische Vorläuferin moderner Lebensphilosophie, als gerade in ihr eine Besinnung einsetzt auf das Ganze des Innenlebens, wie es sich konstituiert in der Atmosphäre von Stimmungen und Gefühlen, im ungeklärten Halbdunkel von Trieben und Begehrungen und wie es sich schließlich in verschwommenen Grenzen verliert ins Dunkel des Unbewußten. Die Welt aber soll verstanden werden aus dem Ganzen dieses Erlebens, und zwar als etwas, das den Inhalten des Erlebens analog, also vom Typus des psychischen Lebens ist. Alles, was in der Form des Außen erscheint, gewinnt Ausdruckscharakter, d. h. es ist sinnvoll

[152] Typisch hierfür ist, wie etwa Rathenau gerade aus der Atmosphäre des Rationalismus von Wirtschaft und Technik sich in seinen kulturphilosophischen Reflexionen um den Gegensatz von Seele und Intellekt bewegt, der Seele in hoffnungsloser Liebe verfallen. Vgl. W. Rathenau: Die Mechanik des Geistes, Berlin [21]1926.

[153] Vgl. N. Hartmann: Die Philosophie des deutschen Idealismus, I. und II. Teil, Berlin/Leipzig 1923 und 1929 sowie E. Kircher: Die Philosophie der Romantik, Jena 1906.

nur im Hinblick auf ein wißbares Innen, „das Äußere ist ein in Geheimniszustand erhobenes Innere“ (Novalis), die *Einfühlung* wird zum Königsweg der Welterkenntnis.

Zwei Urphänomene erschließen sich für die Romantik aus dieser Erfahrung des Innen: der organismische und der heraklitische Charakter des Wirklichen. Der Gedanke der organischen Ganzheit als des Grundtypus des Wirklichen, in dem das Außen immer nur die Peripherie einer vitalen Mitte bedeutet, ist die Basis der Konzeption einer von Leibniz befruchteten zyklischen Philosophie bei F. Schlegel, bei dem der Begriff einer Philosophie des Lebens[154] zum erstenmal auftaucht. „Ein System von Gedanken, jede Erscheinung, ein Mensch, eine Handlung, ein Gedicht hat ein Lebensgesetz, eine Zentralmonade, von der aus sich der Zusammenhang dieses Stückes Leben bildet. Nur von ihm aus kann es erkannt werden.“[155] Ebenso charakteristisch für die organisch-zyklische Grundauffassung der Wirklichkeit ist das Wort von F. Schlegel, ein Fragment müsse „in sich selbst vollendet sein wie ein Igel”; man spürt hier deutlich genug die romantische Angst vor der Gefahr, im Nacheinander der Äußerung sich ins Ausgedehnte, ins Nebeneinander des Außen zu verlieren.

Was den heraklitischen Charakter des lebensphilosophischen Weltbildes betrifft, so spiegelt er sich vor allem im Lebensstil der Romantik wider. Der Romantiker findet seine Heimat nicht in den Erscheinungen und Formen, sondern überläßt sich ganz dem Spiel des Geschehens, in dem Werden und Vergehen eine Einheit darstellen. Dies ist der eigentliche Grund dafür, daß er ans Kreuz der *Unendlichkeit* geschlagen bleibt und sein Leben über den Charakter des Fragments nicht hinauskommt. Denn die Paradoxie des Lebens besteht ja darin, das Endliche zu setzen und zugleich zu negieren, um sich selbst zu bejahen. Worauf es dem romantischen Menschen ankommt, das sind nicht Resultate des Lebens, sondern sein reiner Prozeß, seine Bewegung. So ist dem Romantiker die Welt der Formen fremd in ihrer Zeitlosigkeit, in ihrem aufgeschlagenen Auge, das keinen Wandel kennt; er wittert der Form gegenüber immer die Gefahr, vom Quell des Lebens abgezogen zu werden, und sucht deshalb die verschwimmenden Umrisse des gebärenden Chaos, in dem alles möglich und nichts bestimmt ist. Er erhält sich immer bildsam in freier Verfügbarkeit, ist im Grunde eigentlich amorph, identifiziert seine Existenz nie mit einer Objektivation, da dies immer schon nicht mehr Lebendigsein, sondern Erstarrung ist. Romantische *Ironie* sowohl wie romantische *Sehnsucht* entstammen dieser Wurzel. Die erstere ist nichts anderes als die Lösung von der Endgültigkeit des eben Gesagten oder Getanen, die Überwindung des gerade Gewordenen, die romantische Sehnsucht aber ist der Blick auf das Mögliche, das den Horizont des ewigen Geschehens säumt. Es entspricht gerade der romantischen Lebensform, wenn Spengler vom Urgefühl der Sehnsucht spricht als dem Urgefühl einer unaufhaltsamen Richtung, in dem das Rätsel der Zeit „unheimlich, verlockend, unlösbar“ dem Menschen zur Erfahrung kommt. – Das Glück der immer neuen Geburten, das der Romantiker sucht, ist

[154] F. Schlegel: Vorlesungen über die Philosophie des Lebens, gehalten 1827.
[155] E. Kircher: Die Philosophie der Romantik, a. a. O., 142.

freilich kein reines Glück, denn es enthält als einen schmerzlichen Stachel die Notwendigkeit der Unvollendbarkeit jeglichen Daseins, eine ewige Unruhe. Der romantische Mensch ist, indem er das Leben aufsucht, dem Unvollendbaren verfallen, er gewinnt nie die Ruhe in einer Ausgestaltung, er ist immer auf dem Wege zwischen dem Noch-Nicht-Sein des Möglichen und dem Nicht-mehr-Lebendigsein des Verwirklichten. Gerade hierin offenbart sich eine Gefahr, die von Natur aus der lebensphilosophischen Einstellung innewohnt, nämlich die Gefahr eines Fehlens jeglicher Ordnung von Werten, sobald das Leben selbst als letzter Wert anerkannt wird.

Wenn man nach den historischen Vorläufern der Lebensphilosophie der Gegenwart fragt, so ist im Zusammenhang mit der Romantik vor allem *Schelling* zu nennen, im weiteren Verlauf dann *Schopenhauer* und *Nietzsche*. Bergson ist ohne den Einfluß Schellings nicht zu denken. In Schellings Naturphilosophie ist der Zentralbegriff derjenige des Lebens, ganz wie bei Bergson erscheint das Organische als das Ursprüngliche, das Anorganische, Tote aber als ein Produkt des erlöschenden Lebens. Auch die intellektuelle Anschauung Schellings und die Intuition Bergsons stehen in engster Beziehung zueinander.[156]

Was ferner Schopenhauer und Nietzsche betrifft, so hat vor allem Simmel[157] darauf hingewiesen, daß in ihnen die größte Achsendrehung des Begriffes „Mensch" erfolgt ist. Erscheint bei Descartes das Wesen des Menschen und seines Welthabens identisch mit der Fähigkeit des *cogitare*, ist dann bei Kant in der Anerkennung des Primates der praktischen Vernunft eine Einschränkung der Gültigkeit der *ratio* als der letzten Macht und Wurzel alles Seins zwar angebahnt, aber dennoch ein verengter Rahmen des Logismus beibehalten, so wird bei Schopenhauer und Nietzsche die Vernunft als letzte Realität entthront und erst sekundär als Form von dem Produktionsprozeß des Lebens aufgenommen oder abgewiesen, dem Leben also nicht vorgeordnet, sondern eingeordnet. Schopenhauers Metaphysik des Willens ist nichts anderes als eine Metaphysizierung des Lebens. Denn der Begriff des Willens ist bei ihm frei von den Momenten der Vernunft und der Bewußtheit, er umfaßt vielmehr den weiten Bereich des emotionalen Getrieben- und Bewegtseins in Streben, Wünschen, Fliehen, Hoffen, Fürchten, Lieben, Hassen, Wohl und Wehe, Lust und Unlust. Das „Ding an sich" wird für Schopenhauer nichts anderes als die begriffliche Formulierung der Erfahrung jener im Erleben evident gegebenen Zentrierung aller im unterscheidbaren Neben- und Nacheinander erscheinenden Lebensäußerungen um einen dunklen Quellpunkt. Verstehen wir diesen irrationalen Urgrund als Wille, als Leben, so sind alle Erscheinungen der Welt Objektivationen dieses Lebens. Charakteristisch an diesen Gedanken und der Lebensphilosophie unmittelbar verwandt ist das Bemühen, die Wirklichkeit der Welt in derselben Weise zu wissen, wie wir unsere eigene

[156] Vgl. M. Adam: Über die intellektuelle Anschauung bei Schelling in ihrem Verhältnis zur Methode der Intuition bei Bergson, Patschkau 1926.
[157] G. Simmel: Schopenhauer und Nietzsche. Ein Vortragszyklus, Leipzig 1907.

Wirklichkeit in der Innenschau erfahren. Metaphysik ist für Schopenhauer wie für Bergson der Weg, die Welt von innen zu verstehen, nicht von außen zu begreifen. Der Pessimismus freilich, mit dem dann Schopenhauer den Sinn bzw. Unsinn der Objektivationen des als Urwirklichkeit erlebten Willens deutet, hat mit den wesentlichen Intentionen der Lebensphilosophie nichts zu tun.

Von Schopenhauer hat schließlich Nietzsche die Position vom metaphysischen Primat des irrationalen Lebens übernommen. Er wird zum unmittelbaren Vorbereiter der modernen Lebensphilosophie. Hellsichtig wie keiner für alles das, was in uns unter der Szenerie der klar bewußten Gegenständlichkeiten an Trieben, Gefühlen, Stimmungen und Begehrungen wirksam ist, entmächtigt er völlig die reine Vernunft als Organ, das uns Wirklichkeit zur Erfahrung bringt. „Je mehr Affekte wir über eine Sache zu Worte kommen lassen, [...] um so vollständiger wird unser ‚Begriff' dieser Sache, unsre ‚Objektivität' sein. Den Willen aber überhaupt eliminieren, die Affekte samt und sonders aushängen, gesetzt daß wir dies vermöchten: wie? hieße das nicht den Intellekt kastrieren?“[158] Das Organ, das uns Wirklichkeit überhaupt zur Sichtbarkeit bringt, ist bei Nietzsche das Erleben nicht nur in ontologischer, sondern auch in ethischer Hinsicht; seine Ethik des Erlebens wäre auf den Satz zu bringen, daß mir nicht meine Vernunft sagt, was ich tun und lassen soll, sondern mein Affekt, mein Begehren, mein Trieb. Schließlich ist Nietzsche auch darin ein Vorläufer und Wegbereiter aller Lebensphilosophie, daß er wie kaum ein anderer Heraklit zum Patron seines Philosophierens gemacht hat. Aus der ersten Epoche seiner schriftstellerischen Tätigkeit stammt die Abhandlung über die Philosophie im tragischen Zeitalter der Griechen, die in der Darstellung Heraklits als des Philosophen des Werdens ihren Höhepunkt hat. Und in dem Spätwerke des *Ecce homo* heißt es: „In Heraklits Nähe wird überhaupt mir wärmer, mir wohler zumute als irgendwo sonst. Die Bejahung des Vergehens und Vernichtens, [...] das Werden, mit radikaler Ablehnung auch selbst des Begriffs Sein – darin muß ich unter allen Umständen das mir Verwandteste anerkennen, was bisher gedacht worden ist.“[159] Klages ist es, der die Nachfolge Nietzsches gerade in der Aufrichtung und Rechtfertigung des heraklitischen Weltbildes am konsequentesten angetreten hat.

Nicht zwar als geschichtlicher Vorläufer und Vorbereiter, wohl aber als ein Denker, der im Ziel seines philosophischen Wollens der Lebensphilosophie vergleichbar ist, muß noch *Hegel* genannt werden. Die sog. Hegel-Renaissance und die moderne Lebensphilosophie kommen zweifellos aus verwandten Ursprüngen. Mit der gesamten Lebensphilosophie hat Hegel dies gemeinsam, daß er die metaphysische Frage da aufnimmt, wo Kant sie mit der Rede vom „Ding an sich" beiseite gestellt hat. Der Blick der menschlichen Bewußtheit, die die Wirklichkeit in sich aufzunehmen sucht,

---

[158] F. Nietzsche: Zur Genealogie der Moral. Eine Streitschrift, Leipzig 1930, Dritte Abhandlung, 12.

[159] Zu Nietzsches Philosophie des Werdens vgl. vor allem A. Baeumler: Nietzsche – der Philosoph und Politiker, a. a. O.

bleibt bei Kant festgehalten in der Schicht der Erscheinung. Hegels Denken aber ist vorwärts getrieben von der metaphysischen Leidenschaft zum Innen, er wagt den geistigen Griff aus der Oberfläche der Erscheinung in die substantiale Tiefe, also dorthin, wo die Mannigfaltigkeit des Außen aufgehoben ist in der Einheitlichkeit eines absoluten Selbstes der Dinge. Es ist charakteristisch für Hegel, daß er in Gegensatz stellt das räsonnierende oder formale und das begreifende Denken. Das räsonnierende Denken bewegt sich in der Oberfläche, im bloßen Außen, das begreifende Denken dagegen will in der Mannigfaltigkeit des Äußeren das Innere, das erscheinende An-Sich erschauen.

Freilich geht Hegel in der Verfolgung seines Zieles einen völlig anderen Weg als die Lebensphilosophie. Während in ihr das Leben immer in Gegensatz gesehen wird zum begrifflichen Denken, setzt Hegel das lebendige Wesen der Dinge gerade in den Begriff, die gesamte Erscheinungswelt wird zur lebendigen Entwicklung des denkenden Geistes; nur sofern es Entfaltung in die Helle begrifflicher Geformtheit gibt, gibt es Wirklichkeit. Das Denken in Begriff und Urteil ist somit nicht *Bezeichnung* eines Tatbestandes, sondern recht eigentlich *Ausdruck*, also *Entfaltung* eines existentiell Inneren und Absoluten der Wirklichkeit. Der Dreischritt der Dialektik ist die Form des Werdens der Begriffe; das Phänomen des Geschehens, des Übergangs, das in der Lebensphilosophie meist als Gegensatz zu dem den Begriffen einwohnenden Prinzip des starren Seins erscheint, wird bei Hegel gerade in das Wesen der Begriffe verlegt. Hegels Logik ist eine Metaphysik des Werdens, in dem die entelechiale Potenz eines Innen sich im Außen erfüllt. Mit der Intention auf eine Metaphysik des Werdens, der Entwicklung stehen wir aber wieder mitten im Problemkreis der Lebensphilosophie: in Hegel ist die philosophische Vollendung der Romantik zu erblicken.[160] Und auch darin muß eine Parallele zur Lebensphilosophie anerkannt werden, daß bei Hegel, indem er die Veränderung und den Widerspruch in das Wesen der begrifflichen Vernunft hineinverlegt, der Rahmen der rein formalen Logik gesprengt wird, – der Logik also, die die Gesetzlichkeiten des Denkens umfaßt, sofern Wirkliches – man denke an das vor allem von Simmel diskutierte Phänomen der Gegenwart – rein als gegenständlich, als Außen, abgesehen von jedem lebendigen Innen, gewußt wird. Man stößt in Hegels Logik „von Schritt zu Schritt auf Dinge, die im Sinne der Schullogik durchaus ‚alogisch' zu nennen sind" und könnte „mit größerem Recht vom Irrationalismus Hegels sprechen als von seinem Rationalismus".[161]

[160] N. Hartmann: Die Philosophie des deutschen Idealismus, II. Teil: Hegel, a. a. O., 29.
[161] Ebd., 14 und 16.

Schlußwort

Mit dem gegebenen historischen Hinweis ist die Darstellung der modernen Lebensphilosophie zu einem gewissen Abschluß gebracht. Wenn diese Darstellung zum Teil eine solche von Widersprüchen und Unzulänglichkeiten geworden ist, so liegt es an der vorgeschriebenen Kürze dieses Berichtes und an seinem Programm eben als bloßer Berichterstattung, daß die Frage der Möglichkeit einer Lösung der auftauchenden Widersprüche und Ungereimtheiten undiskutiert blieb. Aber auch dann, wenn man es noch unentschieden läßt, wie weit überhaupt die Problematik der Lebensphilosophie aus den vorliegenden Versuchen heraus einer befriedigenden Lösung zuzuführen ist, kann das Recht der lebensphilosophischen Problemstellung an sich nicht in Frage gestellt werden. „Daß eine Frage nicht beantwortbar ist, bedeutet kein Zeugnis gegen ihren berechtigten Sinn."[162] Jedenfalls werden von der Lebensphilosophie Erfahrungstatsachen in das Blickfeld der Besinnung gerückt, die bei einer rein gegenständlich-rationalen Zurechtlegung der Wirklichkeit übersehen werden. Dabei erhält wieder einmal das Fichtesche Wort, daß die Philosophie eines Menschen davon abhängt, was für ein Mensch einer sei, seine Bewahrheitung. Es steht außer Frage, daß es zwei verschiedene Denktypen sind, die sich in den Antithesen der Lebensphilosophie gegenüberstehen. Troeltsch nennt sie *Lebensanschauer* und *Formdenker*. Die Nachdrücklichkeit, mit der von den Vertretern der Lebensphilosophie gegen das ausschließlich gegenständlich-rationale Denken Stellung genommen wird, ist nur aus der Tatsache zu verstehen, daß hier aus einer wesentlich anders akzentuierten Wirklichkeitserfahrung heraus gesprochen wird, – einer Wirklichkeitserfahrung, die in dem Sinne anders akzentuiert ist, als die Erhellung des Bewußtseins zurückreicht aus der Peripherie klar unterscheidbarer Gegenständlichkeit in die Schicht des Emotionalen und Triebmäßigen und das Wissen um sich und um die Welt dauernd von diesem Innen her erleuchtet wird, was nach außen dann den Charakter ausdruckshafter Durchseelung zeigt. Dies ist ein Problem, dessen weitere Klärung der Psychologie überantwortet bleibt.[163]

Natürlich verliert damit die in der Lebensphilosophie enthaltene ontologische und erkenntnistheoretische Problematik nicht im mindesten an Gewicht. Es ist von der Frage nach der Wirklichkeit und ihren Kategorien her gesehen ein Verdienst der Lebensphilosophie, einmal auf das Ganze der unmittelbaren Erfahrung unseres Daseins sich zu besinnen und damit spezifische Tatsachen des Seelisch-Lebendigen

---

[162] N. Hartmann: Grundzüge einer Metaphysik der Erkenntnis, Berlin/Leipzig 1921, 15.

[163] Interessante Ansätze hierzu finden sich in den Schriften von *E. R. Jaensch*, vor allem in: Grundriß der Kategorienlehre auf der Grundlage psychologischer Strukturtypologie, in: Zeitschrift für Psychologie, Band 119/120 (1921), 1-108. Aufschlußreich vor allem im Hinblick auf die lebensphilosophische Antithese von Natur und Geschichte erscheint die Gegenüberstellung von „physikoformen" und „psychoformen" Erlebnisstrukturen.

aufzuzeigen, im besonderen die Tatsachen der die Teile übergreifenden Ganzheit, der Durchdringung, der Kontinuität, der Innenzeit, des Schöpferischen u. a., – Tatsachen, die der Rationalismus nicht nur nicht anerkennt, sondern an denen er grundsätzlich vorbeizusehen geneigt ist. Die Selbsterfahrung des Erlebens verweist die Lebensphilosophie vor allem auf die Tatsächlichkeit und Eigenart des Seelisch-Organischen, in dem die Notwendigkeit eines So-Seins in der Erscheinung eingesehen wird nicht aus Beziehungen im Außen, sondern aus Qualitäten der Zuständlichkeit eines Innen, die wir mit den Begriffen Stimmung, Gefühl, Getriebensein unzulänglich genug bezeichnen. So wird in der Selbsterfahrung das Phänomen des Ausdrucks in seinem Unterschied zur bloßen Gegenständlichkeit klar hinsichtlich seines spezifischen Merkmals, das darin besteht, daß mit einer nicht mehr weiter beschreibbaren und begründbaren Notwendigkeit des Zusammengehörens der Sinn, die Bedeutung eines So-Seins in der Erscheinung gewußt wird in Gehalten der intimen Innerlichkeit. Wenn nun aber von hier aus der Versuch angestrengt wird, die Gesamtheit dessen, was uns als ein Anderes begegnet, über seine bloße Erscheinung hinaus in sein Innen zu vertiefen und damit die Selbstbescheidung Kants, der sich mit der Bestimmung der Erscheinungen und ihrer Beziehungen begnügte, aufzugeben, so wird eine Aporie offenbar, mit der die Lebensphilosophie schon in ihrer Ausgangsposition behaftet ist. Es ist ja eine ihrer grundsätzlichen Annahmen, daß die Bedingungen des gegenständlich erscheinenden So-Seins zu suchen seien in einem Apriori des Erlebens, so daß das Erlebnis selbst zum Konstituens der gegenständlich aufgefundenen Wirklichkeit und diese also in der Form des Eindrucks präsent wird. Dies ist mit der Deutung der Wirklichkeit als Ausdruck nur dann in Einklang zu bringen, wenn empfangendes Eindruckszentrum und gegenüberstehendes Ausdruckszentrum in überindividueller Identität aufgehoben sind. Dann aber dürfte es wieder nicht verschiedene, durch das Apriori des individuellen Erlebens modifizierte Weltbilder geben – wie es vor allem für Bergson, Dilthey und Spengler zutrifft –, wenn anders nicht der Philosoph für sich den Anspruch erhebt, von den grundsätzlich behaupteten Bindungen des individuellen Lebens frei zu sein. Hier zeigt sich die grundsätzliche Schwierigkeit der Lebensphilosophie, einen archimedischen Punkt zu finden, von dem aus der Erkenntnisprozeß in Bewegung gebracht wird. Die Wirklichkeit offenbart sich als das Fließende schlechthin und das lebensphilosophische Denken ist immer in Gefahr, ohne festen Halt von Welle zu Welle geworfen zu werden, es hat seine größte Anfechtung gerade in dem, was es selbst als die eigentliche Wirklichkeit einzusetzen bemüht ist: das heraklitische Geschehen. Diese Aporie zeigt sich ja auch noch nach einer anderen Seite, nämlich – vor allem bei Klages – darin, daß das Denken im Begriff immer ein Seiendes setzt und somit die Aussagbarkeit der Erlebniswirklichkeit von vornherein problematisch erscheinen läßt. Denn sobald einmal dem heraklitischen Geschehen das Wort erteilt wird, besteht die Gefahr, daß es den Menschen in den Strudel der unaufhaltbaren Flüchtigkeit hinabzieht, aus dem er, eben weil er *Mensch* und nicht *nur* Lebewesen ist, nach einem Halt im Sein sucht, den er nur finden kann, indem er aus dem Geschehen wieder heraustritt.

Trotzdem ist die Problemstellung der Lebensphilosophie weder aus der Luft gegriffen noch besteht sie zu Unrecht. Zum mindesten hat die Lebensphilosophie ihre Bedeutung als Gewissen und Korrektiv des rationalen Denkens. Es ist in ihr eine Wirklichkeitsschicht aufgewiesen, die lange übersehen war. Nichts freilich wäre verkehrter, als eine Rehabilitierung dieser Wirklichkeit des Lebens dadurch zu versuchen, daß man dem Intellekt im Bogen ausweicht. Wenn es auch angesichts der gegebenen Lebenswirklichkeit durchaus darum geht, den Intellektualismus als Lebensanschauung zu überwinden, so kann das niemals gleichbedeutend sein mit einer Quieszierung des Intellekts. Erst da, wo der Intellekt sich zur Bewußtheit seines eigenen Wesens entwickelt hat, ist die Situation reif geworden für die Einschränkung seines absolutistischen Anspruchs, das Ganze der Wirklichkeit aufzuzeigen, und für die Fixierung seiner Stellung im Ganzen des Menschen und zum Ganzen der Wirklichkeit. Ratio und Erleben aber sind im Ganzen des Menschen aufeinander angewiesen, sofern gerade dem Erleben die Aufgabe zukommt, das Denken immer wieder in Tätigkeit zu erhalten, die Starrheit seines Weltbildes zu lockern und es vor der Gefahr zu bewahren, in der Selbstgenügsamkeit seines vermeinten Wissens die Unruhe des Suchens und die Wachheit für das Geheimnis zu verlieren, an das unser Dasein in jedem seiner Augenblicke grenzt.

Literaturnachweis

1. Die lebensphilosophischen Hauptrichtungen

Henri Bergson:

- Zeit und Freiheit. Eine Abhandlung über die unmittelbaren Bewußtseinstatsachen, übersetzt von G. Kantorowicz, Jena 1911
- Schöpferische Entwicklung, übersetzt von G. Kantorowicz, Jena 1912
- Einführung in die Metaphysik, autorisierte Übertragung, Jena 1916
- Materie und Gedächtnis. Eine Abhandlung über die Beziehung zwischen Körper und Geist, übersetzt von J. Frankenberger, Jena 1919
- Die seelische Energie. Aufsätze und Vorträge, übersetzt von E. Lerch, Jena 1928

Wilhelm Dilthey:

- Gesammelte Schriften, Bände I-VIII, Berlin/Leipzig 1923ff.; vor allem
  - Band V: Die geistige Welt. Einleitung in die Philosophie des Lebens, 1. Hälfte: Abhandlungen zur Grundlegung der Geisteswissenschaften, hg. von G. Misch
  - Band VI: Die geistige Welt. Einleitung in die Philosophie des Lebens, 2. Hälfte: Abhandlungen zur Poetik, Ethik und Pädagogik, hg. von G. Misch
  - Band VII: Der Aufbau der geschichtlichen Welt in den Geisteswissenschaften, hg. von B. Groethuysen

- Das Erlebnis und die Dichtung. Lessing, Goethe, Novalis, Hölderlin, Leipzig ^{10}1929
- Das Leben Schleiermachers, hg. von H. Mulert, Berlin ^{2}1922
- Briefwechsel zwischen Wilhelm Dilthey und dem Grafen Paul Yorck von Wartenburg (1877-1897), Halle/S. 1923

William James:

- Der Pragmatismus. Ein neuer Name für alte Denkmethoden, übersetzt von W. Jerusalem, Leipzig 1908

Ludwig Klages:

- Der Geist als Widersacher der Seele. 1. Band: Leben und Denkvermögen; 2. Band: Die Lehre vom Willen, Leipzig 1929

- Der Geist als Widersacher der Seele. 3. Band, 1. Teil: Die Lehre von der Wirklichkeit der Bilder; 2. Teil: Das Weltbild des Pelasgertums, Leipzig 1932
- Vom Wesen des Bewußtseins, Leipzig ^{2}1926
- Vom kosmogonischen Eros, Jena 1926
- Mensch und Erde. Fünf Abhandlungen, Jena ^{2}1927
- Ausdrucksbewegung und Gestaltungskraft. Grundlegung der Wissenschaft vom Ausdruck, Leipzig ^{4}1923
- Die Grundlagen der Charakterkunde, Leipzig ^{6}1928
- Die psychologischen Errungenschaften Nietzsches, Leipzig ^{2}1930
- Zur Ausdruckslehre und Charakterkunde, Heidelberg 1927

Theodor Lessing:

- Geschichte als Sinngebung des Sinnlosen oder: Die Geburt der Geschichte aus dem Mythos, Leipzig ^{4}1927
- Europa und Asien (Untergang der Erde am Geist), Leipzig ^{5}1930

Melchior Palágyi:

- Naturphilosophische Vorlesungen. Über die Grundprobleme des Bewußtseins und des Lebens, Leipzig ^{2}1924
- Wahrnehmungslehre. Mit einer Einführung von Ludwig Klages, Leipzig 1925

Georg Simmel:

- Die Probleme der Geschichtsphilosophie. Eine erkenntnistheoretische Studie, München ^{4}1922
- Philosophie des Geldes, München ^{4}1922
- Die Religion, Frankfurt/M. 1906
- Schopenhauer und Nietzsche. Ein Vortragszyklus, Leipzig 1907
- Kant. Sechzehn Vorlesungen, München ^{4}1918
- Goethe, Leipzig ^{3}1918
- Hauptprobleme der Philosophie, Leipzig ^{5}1920
- Rembrandt. Ein kunstphilosophischer Versuch, Leipzig ^{2}1919
- Der Konflikt der modernen Kultur. Ein Vortrag, München ^{3}1926
- Lebensanschauung. Vier metaphysische Kapitel, München 1922
- Der Fragmentcharakter des Lebens. Aus den Vorstudien zu einer Metaphysik, in: Logos, Band VI, Heft 1 (1916/17), 29-40

Oswald Spengler:

- Der metaphysische Grundgedanke der heraklitischen Philosophie, Halle 1904 (= Phil. Diss.)
- Der Untergang des Abendlandes. Umrisse einer Morphologie der Weltgeschichte, 1. Band: Gestalt und Wirklichkeit, München 1920; 2. Band: Welthistorische Perspektiven, München 1922
- Der Mensch und die Technik. Beitrag zu einer Philosophie des Lebens, München 1931

2. Schriften geistesverwandter Richtungen

Barthel, E.: Philosophie des Eros, München 1926

—: Lebensphilosophie, Bonn 1923

Dacqué, E.: Urwelt, Sage und Menschheit. Eine naturhistorisch-metaphysische Studie, München ⁴1927

—: Natur und Seele. Ein Beitrag zur magischen Weltlehre, München ²1927

—: Leben als Symbol. Metaphysik einer Entwicklungslehre, München ²1929

Eucken, R.: Erkennen und Leben, Berlin ²1923

Frobenius, L.: Paideuma. Umrisse einer Kultur- und Seelenlehre, München 1921

Frischeisen-Köhler, M.: Das Realitätsproblem, Berlin 1912

—: Wissenschaft und Wirklichkeit, Leipzig 1912

Keyserling, Graf H.: Prolegomena zur Naturphilosophie, München 1910

—: Schöpferische Erkenntnis, Darmstadt 1922

—: Philosophie als Kunst, Darmstadt ²1922

—: Unsterblichkeit. Eine Kritik der Beziehungen zwischen Naturgeschehen und menschlicher Vorstellungswelt, Darmstadt ³1920

—: Das Gefüge der Welt. Versuch einer kritischen Philosophie, Darmstadt ³1922

—: Das Reisetagebuch eines Philosophen, Darmstadt ⁶1922

—: Das Wesen der Intuition und ihre Rolle in der Philosophie, in: Logos, Band III, Heft 3 (1912), 59ff.

Krannhals, P.: Das organische Weltbild. Grundlagen einer neuentstehenden deutschen Kultur, 2 Bände, München 1928

Krueger, F.: Über psychische Ganzheit. Zur Einführung, München 1926

—: Das Wesen der Gefühle. Entwurf einer systematischen Theorie, Leipzig ²1929

Litt, Th.: Geschichte und Leben. Probleme kulturwissenschaftlicher Bildung, Leipzig ²1925

—: Erkenntnis und Leben. Untersuchung über Gliederung, Methoden und Beruf der Wissenschaft, Leipzig 1923

Mehlis, G.: Über Lebenswerte, in: Logos, Band VII (1917/18), 283-299

Müller-Freienfels, R.: Irrationalismus. Umrisse einer Erkenntnislehre, Leipzig 1923

—: Lebenspsychologie, in: E. Saupe (Hg.), Einführung in die neuere Psychologie, Osterwieck am Harz ^{3}1928

—: Metaphysik des Irrationalen, Leipzig 1927

Plessner, H.: Die Stufen des Organischen und der Mensch. Einleitung in die philosophische Anthropologie, Berlin 1928

Ranke, K. E.: Die Kategorien des Lebendigen. Eine Fortführung der Kantschen Erkenntniskritik, München 1928

Rathenau, W.: Zur Mechanik des Geistes, Berlin ^{21}1926

—: Von kommenden Dingen, Berlin ^{79}1926

Scheler, M.: Der Formalismus in der Ethik und die materiale Wertethik. Neuer Versuch der Grundlegung eines ethischen Personalismus, Halle/S. ^{3}1927

—: Die Stellung des Menschen im Kosmos, Darmstadt 1928

—: Wesen und Formen der Sympathie, Bonn ^{2}1923

Stepun, F.: Die Tragödie des mystischen Bewußtseins, in: Logos, Band III (1912), 164-191

—: Friedrich Schlegel, als Beitrag zu einer Philosophie des Lebens, in: Logos, Band I (1910/11), 261-282

3. Zusammenfassende und kritische Darstellungen

Adam, M.: Über die intellektuelle Anschauung bei Schelling in ihrem Verhältnis zur Methode der Intuition bei Bergson, Patschkau 1926

Adolph, H.: Die Philosophie des Grafen Keyserling, Stuttgart 1927

Bergmann, E.: Die Lebensphilosophie Jean-Marie Guyaus, in: Zeitschrift für Philosophie und philosophische Kritik, Band 158 (1915), 48-61

Dyrssen, K.: Bergson und die deutsche Romantik, Marburg 1922

Eucken, R.: Geistige Strömungen der Gegenwart, Berlin ^{6}1920

Ewald, O.: System-Philosophie oder Lebensphilosophie?, in: Logos Band XVIII (1929), 419-435

—: Die Religion des Lebens, Basel 1925

Frischeisen-Köhler, M.: Wilhelm Dilthey als Philosoph, in: Logos, Band III (1912), 29-58

—: G. Simmel, in: Kant-Studien, Band 24 (1919/20), 1-51

—: Philosophie und Leben. Bemerkungen zu Heinrich Rickerts Buch ‚Die Philosophie des Lebens', in: Kant-Studien Band 26 (1921), 112-138

—: Die Philosophie der Gegenwart, in: M. Dessoir (Hg.), Lehrbuch der Philosophie. Die Geschichte der Philosophie, Berlin 1925, 549-630

Goldstein, J.: Wandlungen in der Philosophie der Gegenwart mit besonderer Berücksichtigung des Problems von Leben und Wissenschaft , Leipzig 1911

Gurwitsch, A.: Die französische Metaphysik der Gegenwart, in: Archiv für systematische Philosophie, Band IX, Heft 4 (1903), S. 462-490

Haering, Th.: Die Struktur der Weltgeschichte. Philosophische Grundlegung zu einer jeden Geschichtsphilosophie (in Form einer Kritik Oswald Spenglers), Tübingen 1921

Hegenwald, H.: Erkennen und Leben. Beitrag zur kritischen Untersuchung der Euckenschen Lebensphilosophie, in: Zeitschrift für Philosophie und philosophische Kritik, Band 150 (1913), 109-126

Heinemann, F.: Neue Wege der Philosophie. Geist, Leben, Existenz – Eine Einführung in die Philosophie der Gegenwart, Leipzig 1929

Hessen, J.: Die philosophischen Strömungen der Gegenwart, München 1923

—: Mystik und Metaphysik, in: Logos, Band II (1911/12), 92-112

Ingarden, R.: Intuition und Intellekt bei Henri Bergson, in: Jahrbuch für Philosophie und phänomenologische Forschung, Band 5 (1922), 285-461

Jaensch, E. R.: Grundriß der Kategorienlehre auf der Grundlage psychologischer Strukturtypologie, in: Zeitschrift für Psychologie, Band 119/120 (1921), 1-108

—: Strukturpsychologische Erläuterungen zur philosophischen Zeitlehre, insbesondere bei Bergson und Proust, in: Zeitschrift für Psychologie, Band 124 (1932), 55-92

James, W.: Das pluralistische Universum, übersetzt von J. Goldstein, Leipzig 1914

Joël, K.: Die Überwindung des 19. Jahrhunderts im Denken der Gegenwart, in: Kant-Studien, Band 32 (1927), 475-518

—: Die Philosophie in Spenglers ‚Untergang des Abendlandes', in: Logos, Band IX, Heft 2 (1920/21), 135-170

Kaufmann, F.: Die Philosophie des Grafen Yorck von Wartenburg, Halle 1928

—: Geschichtsphilosophie der Gegenwart, Berlin 1931

Kircher, E.: Philosophie der Romantik, Jena 1906

Koch, F.: Herder und die Mystik, in: Blätter für Deutsche Philosophie. Zeitschrift der Deutschen Philosophischen Gesellschaft, Band 1 (1927/28), 234-247

König, J.: Der Begriff der Intuition, Halle/S. 1926

Kroner, R.: Henri Bergson, in: Logos, Band I (1910/11), 125-150

Krueger, F.: Der Strukturbegriff in der Psychologie, Jena ^{2}1931

Landgrebe, L.: Wilhelm Diltheys Theorie der Geisteswissenschaften, in: Jahrbuch für Philosophie und phänomenologische Forschung, Band 9 (1928), 237ff.

Leisegang, H.: Deutsche Philosophie im 20. Jahrhundert, Breslau 1928

Lersch, Ph.: Eine Philosophie des Lebens (= Darstellung und Kritik von Klages' ‚Der Geist als Widersacher der Seele'), in: Blätter für Deutsche Philosophie. Zeitschrift der Deutschen Philosophischen Gesellschaft, Band 5 (1931), 92-109

Lewin, J.: Geist und Seele, Ludwig Klages' Philosophie, Berlin 1931

Liebert, A.: Das Problem der Geltung, Berlin 1914 (= Kant-Studien, Ergänzungsheft 32)

Marck, S.: Rathenau als Denker, in: Logos, Band XI (1922/23), 181-190

Messer, A.: Oswald Spengler als Philosoph, Stuttgart 1922

Mezger, E.: Oswald Spenglers ‚Untergang des Abendlandes', eine neue Geschichts- und Gesellschaftslehre, in: Logos, Band IX, Heft 2 (1920/21), 260ff.

Misch, G.: Lebensphilosophie und Phänomenologie. Eine Auseinandersetzung der Diltheyschen Richtung mit Heidegger und Husserl, Leipzig ^{2}1931

—: Die Idee der Lebensphilosophie in der Theorie der Geisteswissenschaften, in: Kant-Studien, Band 31 (1926), 536-548

Moog, W.: Die deutsche Philosophie des 20. Jahrhunderts in ihren Hauptrichtungen und ihren Grundproblemen, Stuttgart 1922

Münch, F.: Erlebnis und Geltung, Berlin 1913 (= Kant-Studien, Ergänzungsheft 30)

Rickert, H.: Die Philosophie des Lebens. Darstellung und Kritik der philosophischen Modeströmungen unserer Zeit, Tübingen ^{2}1922

—: Lebenswerte und Kulturwerte, in: Logos, Band II (1912), 131-167

Rothacker, E.: Einleitung in die Geisteswissenschaft, Tübingen 1920

Scheler, M.: Versuche einer Philosophie des Lebens, in: Ders., Vom Umsturz der Werte, 2. Band, Leipzig 1919

Schlick, M.: Erleben, Erkennen, Metaphysik, in: Kant-Studien, Band 31 (1926), 146-158

Schroeter, M.: Der Streit um Spengler. Kritik seiner Kritiker, München 1922

Seifert, F.: Die Wissenschaft vom Menschen in der Gegenwart, Leipzig 1930

Spranger, E.: Zur Theorie des Verstehens und der geisteswissenschaftlichen Psychologie, in: E. Bergmann (Hrsg.): Festschrift Johannes Volkelt zum 70. Geburtstag, München 1918, 357-403

Steenbergen, A.: Henri Bergsons intuitive Philosophie, Jena 1909

Stein, A.: Der Begriff des Verstehens bei Dilthey, Tübingen ^{2}1926

Sternberg, K.: Die philosophischen Grundlagen in Spenglers „Untergang des Abendlandes", in: Kant-Studien, Band 27 (1922), 107-137

Troeltsch, E.: Der Historismus und seine Probleme, Tübingen 1922 (= Gesammelte Schriften, Band III)

Vorbrodt, G.: William James' Philosophie, in: Zeitschrift für Philosophie und philosophische Kritik, Band 151 (1913), 1-27

Walter, G.: Ludwig Klages und sein Kampf gegen den Geist, in: Philosophischer Anzeiger, III. Jahrgang (1928), 48-90

Eine Philosophie des Lebens (1931)

In dem groß angelegten, gedankenreichen Werke[1] unternimmt L. Klages, dessen frühere Arbeiten vor allem auf dem Gebiete der Charakterkunde und der Ausdruckslehre bahnbrechend gewirkt haben, einen metaphysischen Versuch, der auf nichts Geringeres gerichtet ist als auf eine völlige Neuorientierung der Lehre von der Wirklichkeit, auf die Wiederherstellung eines natürlichen Weltbildes, das, wie Klages meint, seit den Tagen, in denen Parmenides seine Lehre vom Seienden verkündet hat, durch den Verstand entzaubert, entseelt und in schematische Erstarrung umgefälscht worden ist.

Die Gedankenwelt von Klages kommt aus der Tiefe einer stark künstlerisch gerichteten Erlebnisform, die zum erstenmal in der Geistesgeschichte durch Heraklit das Wort ergriffen und ihr Weltbild entworfen hat. Die Worte, die Heraklit von seinem kongenialen Interpreten Nietzsche in den Mund gelegt wurden, sind programmatisch auch für Klages: „Ich sehe nichts als Werden. Laßt euch nicht täuschen! In eurem kurzen Blick liegt es, nicht im Wesen der Dinge, wenn ihr irgendwo festes Land im Meere des Werdens und Vergehens zu sehen glaubt. Ihr braucht Namen der Dinge, als ob sie eine starre Dauer hätten: aber selbst der Strom, in den ihr zum zweiten Male steigt, ist nicht derselbe als beim ersten Male".[2] Das ist die Apotheose des lebendigen Geschehens, das uns immer schon unter den Fingern zerrinnt, wenn wir es mit den Mitteln des Denkens in Begriff, Urteil und Schluß zu fassen glauben; es ist eine Entwertung alles dessen, was wir als seiend und dauernd, als Gestalt und Gegenstand, fest und begrenzt in der Welt zu erkennen vermeinen. Die in dieser Negation zum Ausdruck kommende Liebe zum lebendigen Geschehen war es, was auch die deutschen Romantiker erfüllte, die, von Herder befruchtet, den Begriff des Lebens in den Mittelpunkt ihres Denkens eingestellt hatten. Das Geformte, endlich Begrenzte, ist für die Romantiker niemals Ursinn des Wirklichen, das Innesein der Welt sucht bei ihnen immer einzumünden in das Bewußtsein gestaltlos wogender Innerlichkeit und deshalb ist für sie allenthalben ein Hinauswollen über das Gestaltete, das Bestimmbare und Bestimmte charakteristisch. Sie gehen wohl durch die Gestaltung hindurch, in denen ja das Lebendige zur Erscheinung kommt, aber das Lebendige ist mehr als das Gestaltete und so wird jedes Verweilen, jedes Sich-Ansiedeln im Geendlichten und Begrenzten zur Entfernung vom Leben, zur Erstarrung. Das Verlangen, des Wirkli-

[1] [*Anmerkung des Herausgebers*: Lersch zitiert in diesem Text aus folgender Ausgabe des „Widersachers": L. Klages: Der Geist als Widersacher der Seele. 1. Band: Leben und Denkvermögen; 2. Band: Die Lehre vom Willen, Leipzig 1929.]

[2] F. Nietzsche: Die Philosophie im tragischen Zeitalter der Griechen, München 1923, 31.

chen in seiner schöpferischen Tiefe und ruhelosen Bewegtheit inne zu sein, ist die letzte Wurzel der romantischen Sehnsucht nach dem Unendlichen; denn die Paradoxie des Lebens besteht ja darin, Formen zu zeugen und sie im nächsten Augenblick wieder in sich zurückzunehmen, ins Ungeformte einzuschmelzen: das Endliche immer zu negieren um sich selbst zu bejahen.

Von der Romantik, deren Gedankengut Klages ganz in sich aufgenommen hat, führt die Linie der Versuche eines Weltbildes der Wirklichkeit des lebendigen Werdens über Nietzsche, der den Worten „Leben“ und „Werden“ einen bisher unerhörten Glanz verlieh, in die neueste Zeit zu Dilthey, Simmel, Bergson und Klages. Klages freilich stellt sich ganz außerhalb der Gesellschaft der sog. „Lebensphilosophen“ des 20. Jahrhunderts, der im weiteren Sinne auch Denker wie Spengler und Dacqué angehören; lediglich Bergson findet eine allzu oberflächliche und absprechende Erwähnung. Klages bietet seine Problemstellungen dar im Lichte einer Einzigartigkeit, die nicht ganz so groß ist, wie sie sich gibt, wenngleich auch außer Frage steht, daß Klages im Kampf um die Rehabilitierung des Lebendig-Wirklichen am weitesten und mutigsten bis in die letzten Voraussetzungen vorzudringen sucht.

Der Gedankenreichtum des Werkes von Klages ist hier nicht annähernd wiederzugeben. Aber auch lediglich eine Darstellung der Grundlinien ist mit einigen Schwierigkeiten verknüpft; einmal deshalb, weil das an die endliche Sprache gebundene Denken in sich selbst die Grenzen trägt, bis zu denen es sich dem irrationalen Geschehen anzunähern vermag, Klages selbst aber diese Grenzen nicht immer konsequent einhält und sich so in bildliche Ausdrucksweisen verstrickt, da, wo jedes Bild unzulänglich wird; und zum anderen deshalb, weil das Verständnis dessen, was Klages als das wesentlich Wirkliche aufzuweisen versucht, eine tiefgreifende innere Umstellung zur Welt der sinnlichen Erscheinungen voraussetzt. Um den Ausgangspunkt von Klages zu gewinnen, muß man alles Wissen ablegen, mit dem der heutige Mensch in die Welt der Erscheinungen zu sehen gewohnt ist, alles Wissen um Gegenstände, die Namen tragen und gedacht werden als dauernd, durch Eigenschaften bestimmt und untereinander in ein Netz gesetzmäßiger Beziehungen geordnet. Man muß alles wissensmäßige Eingliedern des sinnlich Gegebenen in schon Bekanntes beiseite lassen und sich in absoluter Aufgeschlossenheit aller Sinne zum Empfang der Erscheinungen bereitstellen, die aus der Tiefe des Raumes und der Zeit auf uns zuströmen. In dieser Haltung der prärationalen Schau, die entwicklungsgeschichtlich am Anfang alles Menschentums gelegen ist und in der Welt des Mythos ihren Niederschlag gefunden hat, erschließt sich uns die Welt in ihrer Wirklichkeit als ein unaufhörliches kontinuierliches Geschehen, in immerwährender Veränderung und jeweils unvergleichlicher Neuheit. Das Wesen dieser Wirklichkeit des Geschehens ist die Zeitlichkeit.

Wenn wir nun trotzdem in dieser Welt, wie sie unmittelbar den Sinnen gegeben ist, in der Zeit dauernde, mit sich selbst identische und festbegrenzte Gegenstände einsetzen und damit das Kontinuum des raumzeitlichen Geschehens unterbrechen, die Nie-Gegenwärtigkeit des Geschehens in die Gegenwärtigkeit des Seins umwandeln, so kann dies nach Klages nicht aus der Erfahrung der ewig sich ändernden Wirklichkeit erfolgen, sondern es muß aus einem anderen Prinzip entstanden, von einer anderen Instanz gesetzt sein. Klages versucht nun, diese andere Instanz in ihrer absoluten Andersheit aufzuzeigen und sie als völlig außerhalb der Zeit und damit des Geschehens und des Lebens zu stellen. Zu diesem Zwecke verweist er auf das Phänomen der Gegenwart, des in den Zeitstrom eingesetzten Jetztpunktes, der seinem Wesen nach dem Wesen des Geschehens, der wahren Wirklichkeit, die Nie-Gegenwärtigkeit bedeutet, völlig entgegengesetzt ist. Das Jetzt, das als punktuell und schlechthin ausdehnungslos gedacht werden muß, kann nicht der Erfahrung der Wirklichkeit entstammen, sondern es wird gesetzt von dem, was Klages den Auffassungsakt nennt. Darunter versteht er den Akt der jeweils momentanen Besinnung auf Erlebtes. Von hier aus geht Klages in seiner Argumentation weiter: wenn das mathematische punktuelle Jetzt, auf das allein der Begriff des Seins anwendbar ist, durch den Auffassungsakt gesetzt wird und nicht aus der Erfahrung der immer flüchtigen, also nie-seienden Wirklichkeit stammen kann, so muß notwendig (!) der Auffassungsakt selbst zeitlos sein, d. h. außerhalb der Zeit stehen.

Klages befindet sich mit diesem Gedanken in engstem Anschluß an Palágyi,[3] einem der sehr wenigen modernen Denker, denen Klages ein wirkliches Verdienst fördernder Erkenntnisse zugesteht. Bei Palágyi finden wir die Ansicht von der Zeitlosigkeit des Auffassungsaktes in prinzipieller Formulierung. Palágyi geht von einer Überlegung aus, auf die schon Lotze verweist und die uns Modernen praktisch besonders nahegelegt wird durch das Phänomen der Zeitlupe, der Überlegungen nämlich, daß unser Wahrnehmungsbild der Welt einen völlig anderen Charakter besitzt, je nach der Frequenz, in der die Auffassungsakte in der Zeiteinheit erfolgen. Palágyi sieht hier eine zwingende Nötigung zu der Trennung unseres sinnlichen Erlebens von der Wahrnehmung, d. i. Bewußtwerdung des Erlebens, – eine Annahme, die durchaus ihre Berechtigung hat und ja auch letzten Endes der Leibnizschen Unterscheidung von Perzeption und Apperzeption zugrunde liegt. Palágyi aber entfernt sich grundsätzlich von der üblichen Unterscheidung in Perzeption und Apperzeption durch die Deutung, die er der Zweiheit von Erleben und Bewußtsein gibt. In dieser Deutung erscheinen Erleben und bewußtes Wahrnehmen nicht wie in der Leibnizschen Unterscheidung quantitativ verschieden in dem Sinne, daß Perzeptionen als bloß Erlebtes Bewußtseinsdifferentiale sind, die sich zur Apperzeption, dem bewußten Innesein akkumulieren, sondern Palágyi unterscheidet Erleben und Bewußthaben als wesensmäßig verschiedene Sachverhalte. „Entweder fließt unser wahrnehmendes Bewußtsein im gleichen Tempo mit dem Empfindungsvorgang oder es fließt nicht mit. Im ersteren Falle müßte unser sinnliches Vermögen ein unendlich feines sein, was allen Tatsachen unsrer Wahrnehmung widerspricht. Es bleibt also nichts übrig, als unserem wahrnehmenden Be-

[3] M. Palágyi: Naturphilosophische Vorlesungen. Über die Grundprobleme des Bewußtseins und des Lebens, Leipzig ^{2}1924; Wahrnehmungslehre. Mit einer Einführung von Ludwig Klages, Leipzig 1925; Zur Weltmechanik, Leipzig 1925.

wußtsein den fließenden Charakter des Stetigen abzusprechen."[4] So kommt Palágyi zu einer generellen Zweiteilung: es besteht ein kontinuierlich fließendes Erleben, dessen Wesen Stetigkeit ist und das vollkommen bewußtlos geschieht. Darüber gelagert sind die Bewußtseinsakte der Besinnung, die je im zeitlosen Nu erfolgen, im Rhythmus eines bestimmten Wahrnehmungspulses und so jeweils verflossene Strecken des Erlebens in der Rückschau spiegeln. Zustände wie Schlaf und Ohnmacht sind demnach so zu deuten, daß in ihnen das Erleben kontinuierlich weiter fließt, der Bewußtseinspuls jedoch aussetzt. Der Unterschied vom unbewußten, stetig fließenden Erleben und intermittierenden Bewußtseinsakten ist für Palágyi nun nichts anderes als die Spiegelung einer wesensmäßigen Polarität von Leben und Geist, deren Verkennung alle modernen Bewußtseinstheorien, ja überhaupt das ganze neuzeitliche philosophische Denken in ein Netz von Irrtümern verstrickt hat. Der Geist wird von Palágyi verstanden als das schlechthin außerzeitliche Prinzip, das in zeitlosen Akten in das stetige Geschehen des Lebens seine Einschnitte macht.

Was die Kritik dieser Auffassung betrifft, so wird man ohne weiteres die Notwendigkeit einer Unterscheidung zwischen dem kontinuierlichen Strom des rein vitalen Geschehens und dem Bewußtsein, das nur gleichsam die Wellenkämme dieses Stromes beleuchtet, zugeben. Die Auffassung jedoch, der Bewußtseinsakt, durch den die rein vitalen Widerfahrnisse in das Licht des Bewußtseins gehoben werden, erfolge schlechthin zeitlos, enthält ohne Frage eine logische Schwierigkeit. Wenn Klages, der ganz auf dem Standpunkt der Bewußtseinstheorie von Palágyi steht, vom Auffassungsakte als einem „Ereignis" spricht (S. 12), so hat er den Begriff der Zeit schon kategorial angewendet. Es liegt ohne Frage ein nicht wegzustreitender Widersinn darin, dem Auffassungsakt den Vorgang des Stattfindens und Erfolgens zuzuerkennen und nicht zugeben zu wollen, daß das Erfolgen in der Dimension der Zeit gelegen ist. Der Auffassungsakt mag uns psychologisch im zeitlosen Nu erscheinen, der Gedanke seines zeitlosen Erfolgens ist jedoch logisch unvollziehbar. Dabei bleibt unbestritten, daß der geistige Akt das zeitlose Jetzt zu setzen imstande ist und daß ferner gedachte Gegenstände schlechthin außerzeitlich sind. Mit dem genannten Einwand gerät jedoch die Grundthese der Wirklichkeitslehre von Klages stark ins Wanken; denn in ihr erscheinen das zeitliche Geschehen als die lebendige Wirklichkeit auf der einen Seite und der die punktuelle zeitlose Gegenwart setzende und damit den Begriff des Seins – im Gegensatz zum niegegenwärtigen Werden – erst ermöglichende Geist auf der anderen Seite als „zwei völlig ursprüngliche und wesensgegensätzliche Mächte, weder aufeinander noch auf ein Drittes zurückführbar". Im menschlichen Ich überkreuzen sich die beiden metaphysischen Größen, das Ich ist der „geometrische Ort für das Zusammenwirken von Geist und Leben".

Der Versuch von Klages, den Geist als das absolut zeitlose und damit unlebendige Prinzip aufzuzeigen, fordert noch einen zweiten Einwand heraus. Wie Klages selbst einräumt, steckt im Zeitbegriff notwendig der Begriff des Jetzt. Stammt aber das aus-

[4] M. Palágyi: Wahrnehmungslehre, a. a. O., 19.

dehnungslose Jetzt aus dem Geiste, so ist die Zeit, die ohne den Begriff des Jetzt nicht zu denken ist, immer schon etwas, das durch den Geist gesehen wird. Sage ich vom Leben aus, sein Wesen sei Zeitlichkeit, so habe ich es, erkenntniskritisch genommen, schon aus der Perspektive des gesetzten Jetztpunktes und damit also durch die Brille des Geistes gesehen und es wird widerspruchsvoll zu sagen, Zeitlichkeit sei das Prinzip des Lebens, das zu erfassen der Geist schlechthin außerstande ist. Zeit ist vielmehr, wie Simmel sagt, „die *Bewußtseinsform* dessen, was das Leben selbst in nicht aussagbarer, nur zu erlebender Konkretheit ist".[5] Unter diesem Gesichtspunkte wird man es zum mindesten als unzulänglich begründet ansehen müssen, die Zeit, wie Klages es tut, ganz auf die Seite des Wirklichen, Lebendigen zu setzen und zu ihm den Geist als das schlechthin außerzeitliche Prinzip in Gegensatz zu stellen. Es erweist sich hier zum ersten und noch keineswegs zum letzten Male die methodische Aporie des Versuches von Klages, das Wirkliche in seinem unmittelbaren Wesen aufzeigen zu wollen als absolut jenseits des Geistes gelegen und dabei doch keinen Schritt auf diesem Wege tun zu können, ohne sich des Geistes als eines Werkzeuges zur Bestimmung des Lebens zu bedienen.

Wir verfolgen weiter die Hauptlinien der Gedankengänge von Klages, die von der Diskussion des Zeitproblems ausgehen. „Ist das Erfassende außerzeitlich, so muß es auch außerräumlich sein. Denn, sollte es selbst eine zeitliche Wirklichkeit ohne Räumlichkeit geben, [...] so aber jedenfalls keine räumliche ohne irgendwelche Zeitdauer ihres Daseins." (S. 13) Damit setzt also Klages den Geist auch außerhalb der räumlichen Wirklichkeit, trägt dabei allerdings kein Bedenken, ihn an anderer Stelle den „immereinen Ursprungsort der erfassenden Akte" zu nennen. (S. 61) Klages nimmt im Zusammenhang des Gedankens von der Außerräumlichkeit des Geistes Stellung vor allem gegen die Subjektivierung, in die Kant, wie Klages diesem „für bedeutend geltenden Denker" vorwirft, den Raum verstrickt hat. Eine Polemik aber, die Kant „eine Vernichtung der Wirklichkeit des Räumlichen" (S. 144) zuschreibt, geht an dem Sinn der Kantischen Raumtheorie völlig vorbei. Sie mißversteht den Kantischen Begriff der „Erscheinung", durch den die empirische Realität einzelner Inhalte der äußeren Erfahrung in keiner Weise in Frage gestellt wird, in ähnlicher Weise wie die Romantik und wie Schopenhauer es getan haben, nämlich im Sinne des unwirklichen Scheines. Sie beruht auf einer Mißdeutung des Begriffs des *a priori*, indem sie ihn, der von Kant rein erkenntnistheoretisch gemeint ist, empirisch-psychologisch versteht. Kant lag es vollkommen fern, wie es nach der Polemik von Klages den Anschein hat, je ein Raumanschauungsvermögen *a priori* in das Gemüt eines jeden empirischen Subjekts, das außerdem noch ein „Riechvermögen", ein „Hörvermögen" usw. besitzt, einzulegen; der Kantische Begriff des *a priori* bezieht sich auf ein ideales, transzendentales Subjekt als der Voraussetzung möglicher Erfahrung von Gegenständen überhaupt. Der Sinn der Kantischen Unterscheidung von der empirischen Realität und der transzendentalen Idealität des Raumes kommt in der Polemik

---

[5] G. Simmel: Lebensanschauung. Vier metaphysische Kapitel, München/Leipzig 1918, 11.

von Klages überhaupt nicht zur Geltung. In dieser Unterscheidung aber bleibt der Charakter des Raumes als der formalen Bedingung, unter der ein Dasein von Gegenständen, abgesehen von jeder Bestimmtheit ihres Soseins, überhaupt erst denkbar wird, auch gegen die Angriffe von Klages bestehen, ohne andererseits die von Klages gemeinte Wirklichkeit des Raumes in Frage zu stellen. Die Kritik, die Klages an der „Irrlehre Kants" führt, wird hinfällig durch die Unterscheidung eines pragmatischen und eines geformten Raumes, wie sie von E. Cassirer getroffen ist.[6] Cassirer spricht von einem vor aller gegenständlichen Erfassung gelegenen Raumerlebnis, dessen Inhalte nicht begriffliche oder anschauliche Relationen sind, sondern selbständige, mit dämonischen Kräften begabte Wesenheiten; ein Raumerlebnis, von dem noch ganz der Mythos durchdrungen und auch Klages gefesselt ist. Aber die bloße sinnliche Gegebenheit dieses pragmatischen, mythischen Raumes als der Sphäre wirkender Mächte reicht nicht aus, um den spezifischen Charakter der Räumlichkeit in Erscheinung treten zu lassen, den Kant meint, wenn er von der Anschauungsform des Raumes spricht, nämlich den Charakter des Raumes als des Ortes der Gegenstände, als der Sphäre des unterscheidbaren Hier und Dort, als des Bereiches der im Schema des Nebeneinander angeordneten Erfahrungsobjekte. Jenes prärational erlebte Etwas, was wir immerhin als mythischen Raum im Sinne der Sphäre webender Mächte bezeichnen können, enthält überhaupt noch keine Gegenstände. Diese sind ja auch nach Klages etwas, das der Geist erst setzt, etwas durch den Geist kategorial Geformtes, und so erfährt der pragmatische Raum eine Transformation in den geformten objektiven Raum, sobald wir den geistigen Akt der Gegenstandssetzung vollziehen.

Mit der Loslösung des Raumes als der Wirklichkeit des Auseinanders aus der Seinsweise des Geistes hat sich die ontologische Gegenüberstellung bei Klages weiter differenziert: auf der einen Seite der Geist als der Ursprungsort der erfassende Akte, die im zeitlosen Jetzt erfolgen, auf der anderen Seite als Wirklichkeit das raumzeitliche, kontinuierliche Geschehen. Raum und Zeit gehören bei Klages, wiederum in unmittelbarer Anlehnung an Palágyi, als Dimensionen des Wirklichen polar zusammen, d. h. ähnlich wie die beiden Pole eines Magneten, die zwar phänomenal voneinander unterschieden werden können, aber nur in der Zweiheit eine existentiale Einheit, nämlich die Einheit des Magneten bilden. So entspricht nun auch der Setzung des Jetztpunktes, mit der der Geist im Auffassungsakte in das Kontinuum der Zeit einbricht, ein Eingriff des Geistes in die Wirklichkeit des Raumes, die dadurch eine tiefgreifende Veränderung und Verunstaltung erfährt. Denn die im Raum erscheinende zeitliche Wirklichkeit in ihrer unmittelbaren, prärationalen Gegebenheit enthält keine Gegenstände mit Eigenschaften, in ihr gibt es nur Ereignisse und diese wiederum sind Ausdruck „lebendiger Wesen", „webender Mächte". In dieser Welt der raumzeitlichen Geschehnisse bricht nun der Geist ein, entzaubernd und entseelend. Er sucht sich gegen die Nie-Gegenwärtigkeit des Wirklichen zu behaupten, indem er

[6] E. Cassirer: Philosophie der symbolischen Formen, 3. Band: Phänomenologie der Erkenntnis, Berlin 1929.

Gegenstände als seiend setzt, die weiter nichts sind, als die an verschiedenen Jetztpunkten identisch gedachten räumlichen Beziehungspunkte von Eigenschaften. So unterbricht er das Kontinuum der Erscheinungen, die Phainomena werden umgeformt in Noumena, das zeitlich fließende Geschehen umgedacht in ein außerzeitliches starres Sein, das Wirkliche ersetzt durch das Begriffliche. Das Pathos der Feindschaft, mit dem Klages auf die Unzulänglichkeit des begrifflichen Denkens gegenüber der strömenden Wirklichkeit hinweist, ist dasselbe, mit dem Nietzsche den Sokrates, den eigentlichen Vater des begrifflichen Denkens, „eine wahre Monstrosität *per defectum*" nennt. Der Geist ist und bleibt schlechthin unfähig, den Ereignischarakter des Wirklichen in sich aufzunehmen und zu spiegeln.

Den Nachweis hierfür sieht Klages bereits in der Philosophie der Eleaten angebahnt. Wenn Zenon zu beweisen sucht, daß Bewegung, die Klages als Grundform des Geschehens setzt, nicht gedacht werden könne, so gibt Klages ihm hierin durchaus recht, schlägt aber in der daran geknüpften Folgerung den gerade entgegengesetzten Weg ein. Wenn Bewegung nicht gedacht werden kann, so ist dies nicht wie bei den Eleaten für Klages ein Beweis, daß sie nicht wirklich sein könne, sondern es folgt daraus klar genug, daß der Geist unfähig ist, das Wirkliche, nämlich das Geschehende zu erfassen und lediglich darauf beschränkt bleibt, identisch Seiendes zu denken, das jedoch völlig außerhalb der Wirklichkeit gelegen ist. Der Schluß, den Zenon gezogen hat, nämlich die Leugnung der Wirklichkeit der Bewegung und damit des Geschehens, ist lediglich ein Akt der Selbstbehauptung des Geistes, mit dem in der Geschichte der Menschheit die grandiose Verfälschung der Wirklichkeit einsetzt.

Damit ergibt sich nun die neue Frage: was es denn, wenn nicht der Geist, im Menschen sei, das ihn zum Innewerden der stetig geschehenden Wirklichkeit befähigt? In der Antwort hierauf setzt Klages nun dem Geist die Seele entgegen, deren Wesen besteht im Vermögen des Erlebens. Sie allein ist imstande, des stetigen Geschehens der Wirklichkeit inne zu werden. Und zwar sind es die Sinne, durch die sich in der erlebenden Seele des Menschen dieses Innewerden vollzieht. Damit mündet der Gedankengang von Klages ein in eine durchaus neuartige Empfindungs- und Wahrnehmungslehre, die einerseits wesentliche Gedanken von Palágyi übernimmt, andererseits doch wieder in Vertiefung und Differenzierung weit über Palágyi hinausgeht.

In der Begründung seiner Wahrnehmungs- und Empfindungslehre tritt Klages zunächst in scharfe Polemik gegen den englischen Sensualismus. Zwei Momente sind in dieser Polemik wesentlich. Der konsequent durchdachte Sensualismus führt zu einer völligen Entwirklichung der Welt. Alles Wahrgenommene, durch die Sinne Erfahrene wird in das Subjekt hereingenommen, wirkliches Sein erschöpft sich im Wahrgenommen-Werden, *esse = percipi*. Es bleibt somit außerhalb des Bewußtseins kein Kern an Wirklichkeit mehr übrig, alles, dessen ich inne werden kann, ist letzten Endes Vorstellungsprodukt.

Die Polemik, die Klages gegen diese vollständige Entwirklichung der wahrgenommenen Welt führt, hat ihre Wurzel in der schlichten, phänomenologisch unmittelbar gegebenen Gewißheit, daß wir die Wirklichkeit in der Form von außen kommender

Widerfahrnisse erleben. Das Wirkliche ist ein von der Seele Empfangenes, kein Produkt der Seele selbst, es ist bewußtseins-unabhängig, bewußtseinsfrei. In diesem Sinne spricht Klages von dem „entfremdenden Charakter" des Erlebens. Er meint damit die Tatsache, daß im Erleben von uns ein Fremdes, ein Anderes erfahren wird. Hier zeigt sich eine der Hauptintentionen der Klagesschen Metaphysik, das Bestreben nämlich, den Menschen wieder einzuordnen in die Polarität von Seele und einer außerhalb ihrer gelegenen Wirklichkeit, ihm die Fähigkeit zuzuerkennen, sich in die Welt hinein zu öffnen, aus ihrer Wirklichkeit reich zu werden und ihn somit aus dem Käfig des Bewußtseins zu befreien, in den sowohl die Theorien des Sensualismus wie die des Idealismus den Menschen eingesperrt halten, indem sie ihn keiner anderen Inhalte inne werden lassen als derer, die er aus sich selbst erzeugt. Man könnte im Sinne von Klages bei diesen Theorien von einer Inzucht des Geistes sprechen. Dem Geist wird von Klages grundsätzlich die Fähigkeit abgesprochen, ein Gegenüber zu schaffen, er findet vielmehr die Polarität von dem Erlebenden und dem im Erlebnis empfangenen Inhalt in der Wirklichkeit selbst vor. Diese für Klages grundlegende Haltung, aus der sich seine Polemik gegen Idealismus und Sensualismus speist, ist übrigens heute durchaus auch wiedergewonnen für die Erkenntnislehre; auch in ihr ist Erkenntnis nicht mehr ein „Erschaffen, Erzeugen und Hervorbringen des Gegenständlichen, wie der Idealismus alten und neuen Fahrwassers uns lehren will, sondern ein Erfassen von etwas, das auch vor aller Erkenntnis und unabhängig von ihr vorhanden ist."[7]

Neben dem Vorwurf einer völligen Entwirklichung der Welt führt Klages in der Kritik der Sensualismus noch ein zweites Moment an, das dessen Position völlig erschüttern soll. Klages versucht nachzuweisen, daß der Sensualismus sich bei dem Bestreben, die sinnliche Bewußtseinswelt auf ihre Ursprünge und letzten unterscheidbaren Kategorien zurückzuführen, gar nicht mehr auf dem Standpunkt des tatsächlich im Erlebnis der Sinne Gegebenen befindet, sondern vielmehr das sinnlich Gegebene in Gedankendinge verwandelt hat und somit schon außerhalb der eigentlich sinnlichen Wirklichkeit steht. Vom Standpunkt des unmittelbar sinnlichen Erlebens aus bestreitet Klages jedes Recht einer Unterscheidung disparater Sinnesgebiete des Optischen, Akustischen usw.; rot und blau etwa, die vom Sensualismus als Erlebnisse derselben Empfindungsart angesehen werden, sind in der Unmittelbarkeit ihres sinnlichen Gegebenseins miteinander ebenso unvergleichlich wie eine erlebte Farbe mit einem erlebten Ton. Wenn nun der Sensualismus tatsächlich das sinnlich Erlebte aufteilt in disparate Sinnesgebiete und rot und blau als Erlebnisse derselben Gattung von dem sinnlichen Erlebnis eines Tones unterscheidet, so ist dies nichts anderes als die Auswirkung der Tatsache, daß er die unmittelbaren sinnlichen Erlebnisse schon auf die Ebene der durch den Geist festgestellten, gedachten mechanischen Ursache (Luft- bzw. Ätherschwingungen) projiziert, das sinnlich Gegebene also umdenkt und sich für die Unmittelbarkeit, in der es erlebt wird, blind macht. Denn nicht nur sind als Er-

---

[7] N. Hartmann, Grundzüge einer Metaphysik der Erkenntnis, Berlin/Leipzig 1921, 1.

lebnisse rot und blau ebenso unvergleichbar wie Ton und Farbe, es setzt sich diese Unvergleichbarkeit bis in die einzelnen Fälle der spezifischen Empfindung fort; im wirklichen Sinneserlebnis gibt es kein Rot schlechthin, es gibt nur das Rot der Rose, der Himbeere, des Blutes, des Sonnenuntergangs. Und zwar ist jedes erlebte spezifische Rot ein eigenbedeutsames Ereignis. Rot als zeitbeständige Einheit, mit der der Sensualismus operiert, ist gar kein Erlebnisinhalt, sondern ein Gedankending. Weder der Vorgang des Empfindens noch der Inhalt ist von der Beschaffenheit zeitbeständiger Einheiten, aus denen sich die sinnlich erlebte Welt zusammensetzen läßt; die Empfindung selbst ist ein nie innehaltender Prozeß und eine Welle im eigenpersönlichen Erlebnisstrom (S. 175). Somit entkleidet also der Sensualismus das Sinneserlebnis seiner wirklichen Wesenheit, das nicht zeitbeständiges Sein, sondern strömendes Geschehen ist. Tatsächlich erleben wir mit den Sinnen gar nicht, wie es nach dem Sensualismus den Anschein hat, einen Komplex von Farben, Linien, Gerüchen usw., die einzelnen Dingen eigenschaftlich zugehören, sondern es sind uns lebendige Mächte gegenwärtig, die nicht dingeigenschaftlich bezeichnet, sondern nur in ihrem Wesen charakterisiert werden können. Und hierbei ergeben sich Bedeutungseinheiten, denen die theoretische Scheidung disparater Sinnesgebiete direkt zuwiderläuft. Wenn dingeigenschaftlich Farbe und Ton voneinander geschieden werden, so besteht eine derartige Disparatheit der Sinnesgebiete im anschaulichen Erleben, wie Klages vor allem an der Sprache erwiesen glaubt, durchaus nicht. Wir sprechen vom hellen Lichte ebenso wie vom hellen Ton. Dingeigenschaftlich, also so, wie sie vom Geiste gedacht werden, haben diese Gegebenheiten nichts miteinander zu tun, wesenseigenschaftlich dagegen sind sie unmittelbar miteinander verwandt. In beiden Fällen ist es ein und dasselbe Wesen, das Wesen nämlich der Helligkeit, das erlebt wird. Diese Helligkeit ist eine lebendige, webende Macht, von der die erlebende Seele irgendwie sich berührt fühlt. Die sinnliche Erscheinungswelt ist ein immerwährendes Ereignis, erfüllt von lebendigen Wesen, deren wir im Erleben inne werden. So gibt es ein Wesen des räumlichen Oben und Unten, ein Wesen der Dämmerung, in dem „die nahende Nacht und die vertiefende Ferne“ erscheinen, das erlebte Grün ist die farbige Erscheinungsseite des Wesens des Wachstums.

Die Bedeutung dieser Gedankengänge von Klages liegt darin, daß durch sie recht eigentlich in Erscheinung tritt, wie weit das sinnliche Erlebnis des vollbewußten Menschen immer schon durch den Verstand kategorial geformt ist und wie dadurch Wesentlichkeiten und Bedeutungen zerstört werden, deren Verlust für den Menschen zweifellos eine vitale Verarmung darstellt. Wenn man allgemein in Erkenntnislehre und Psychologie gewöhnt ist, die Sinne zu betrachten im Hinblick auf das Erfahrungsmaterial, das sie dem Verstande zu liefern vermögen, so setzt Klages, geleitet von einer ungebrochenen Kraft und Unmittelbarkeit sinnlicher Anschauung, seine ganze Beredsamkeit und dialektische Gewandtheit dafür ein, den Eigenwert der sinnlichen Erfahrungswelt in ihrer unmittelbaren, vorintellektuellen Wesentlichkeit wieder zurückzugewinnen. Das Wirklichkeitsbild, das dabei aufgerollt wird, führt letzten Endes in die magische Welt des Mythos. Übrigens hat heute auch die psychologische

Forschung den Weg zu der Wirklichkeit der noch frei von intellektuellen Kategorien erlebenden Sinne zurückgefunden, vor allem in den Forschungen, die einerseits von Lévy-Bruhl über das prälogische Weltbild der Primitiven und andererseits von E. R. Jaensch im Rahmen seiner eidetischen Untersuchungen über die Erlebnisform des synästhetischen Typus durchgeführt wurden.

Bei Klages nun wird die psychologisch außerordentlich wichtige Tatsache, daß die vorintellektuell erlebte sinnliche Wirklichkeit ihre eigenen Bedeutungen und Wesenheiten besitzt, ins Metaphysische gewandt; die unmittelbar den Sinnen gegebene Welt erscheint als diejenige, die allein den Anspruch hat, als Wirklichkeit zu gelten. Klages spricht im Hinblick auf diese Tatsache vom Schauvermögen der Sinne.

Freilich ist dieser Begriff sofort mit einer näheren Bestimmung zu versehen; denn er muß in einem wesentlich anderen Sinne verstanden werden, als es durch die Wahl des Terminus „Schau“ im Hinblick auf den allgemeinen Sprachgebrauch nahegelegt wird. Das Schauen der Sinne, wie Klages es versteht, ist ein völlig unbewußter Vorgang und hat nichts mit der optischen Wahrnehmung zu tun. Im Schauen ist eine erlebnisfähige, eingekörperte Seele irgendeines in der raum-zeitlichen Wirklichkeit lebendigen Wesens inne. Dieses Innesein ist ein rein vitales Berührt-Werden, noch frei von jeder Bewußtheit, hat also noch gar nicht den Charakter der Wahrnehmung. So etwa schaut die Seele der jungen Schwalbe im Norden das Wesen der afrikanischen Landschaft, ohne daß sich diese Landschaft ihrem Bewußtsein präsentiert in Form sei es eines Anschauungsbildes, eines Traumbildes oder einer Vorstellung. Und dieses ganz außerbewußte vitale Innesein und Schauen der afrikanischen Landschaft wirkt sich in der jungen Schwalbe als ein Zug nach dem Süden aus, der sich schließlich in die Bewegung des südlichen Fluges umsetzt. (Das sinnliche Schauvermögen hat bei Klages also grundsätzlich dieselbe Eigenart wie der Instinkt bei Bergson, mittels dessen lebendige Wesen die Dinge unmittelbar in ihrem Wesenskern, also von innen heraus, erfassen.) Dem ganz außerbewußten, rein erlebten Schauen entspricht bei Klages das Bild des geschauten Wesens, das ebenfalls im Sinne einer völlig unbewußten Gegebenheit und zwar von der Art des beharrungslos Geschehenden gemeint ist. Es besteht ein ununterbrochener Zusammenhang der erlebten Seele mit den beharrungslos strömenden Bildern der Wirklichkeit.

Das völlig außerbewußte Geschehen der Bilder und der völlig außerbewußte Verlauf des Schauens sind bei Klages zu verstehen aus seiner von Palágyi übernommenen prinzipiellen Trennung von Erleben und Bewußtsein. Schau und Bild liegen also völlig auf der Seite des Erlebens, das einen kontinuierlichen Fluß darstellt; das Bewußtsein entsteht erst, indem der Geist im zeitlosen Wahrnehmungsakte dieses kontinuierliche Geschehen unterbricht. Mit der Entgegensetzung von Erleben und Bewußtsein, nach der in der Darstellung von Klages die in der modernen Bewußtseinlehre übliche Rede von den „Bewußtseinserlebnissen“ als ein glatter Widersinn erscheint, fordert Klages einen neuen Sinn für den Begriff des Unbewußten. Er wendet sich polemisch sehr scharf gegen den Mißbrauch, der nach seiner Meinung heute mit diesem Begriff getrieben wird. Hat nach Klages einzig berechtigten Anspruch auf diesen Titel das Erleben, das als ein stetiges Geschehen den intermittierenden Bewußtseinsakten entgegengesetzt ist, so erhebt Klages den Vorwurf, der vor allem die Psychoanalyse trifft, daß in dem üblichen Begriff des Unbewußten lediglich das Bewußtsein noch einmal gesetzt sei. Denn es werden ihm eine Reihe von Eigenschaften zuerkannt, die, wie Klages in seiner Lehre vom Willen behauptet, gerade das Wesen des Bewußtseins im Unterschied zum Erleben ausmachen, nämlich die Wirksamkeit von Wünschen, das Verfolgen von Zwecken und das Anstellen von Kalkulationen, durch welche die Mittel für gewollte Absichten gefunden werden. In diesem Sinne ist nach Klages der Begriff des Unbewußten völlig rationalistisch und bewußtseins-analog gefaßt.

Die Ablehnung der Psychoanalyse durch Klages ist radikal und unberechtigt schroff. Man wird heute die Erfahrungen, aufgrund derer Freud seine Theorie des Unbewußten gewonnen hat, nicht mehr in Abrede stellen können. Tatsachen, wie die der Verdrängung und auch der Zensur haben heute eine bleibende psychologische Bedeutung erlangt. Was den Begriff des Unbewußten in der Psychoanalyse betrifft, so soll mit ihm ja nicht mehr und nicht weniger gesagt sein als dies, daß es nach gewissen Tatsachen den Anschein hat, *als ob* unter dem Wach-Bewußtsein eine Schicht sei, in der, ohne daß das bewußte Ich davon Kenntnis hat, Wünsche lebendig sind, Absichten verfolgt und Überlegungen angestellt werden. Ein gutes Recht wird man allerdings in Anspruch nehmen können, wollte man gerade für diese hypothetisch angenommenen Sachverhalte den Begriff des Unbewußten *nicht* zulassen und unter dem Unbewußten grundsätzlich etwas anderes verstehen als Vorgänge, die sich in einem – um mit Nietzsche zu reden – „Bewußtseinszimmer“ abspielen, das sich vom wachen Bewußtsein lediglich dadurch unterscheidet, daß das Licht abgedreht worden ist. Für alle Vorgänge, die hypothetisch in dieser tieferen Bewußtseinsschicht angesetzt werden müssen, steht ja der Begriff des Unterbewußtseins zur Verfügung. Der Begriff des Unbewußten bleibt dann ganz im Sinne von Klages verfügbar zur Kennzeichnung der Tatsache, daß das unaufhörliche vitale Geschehen zwischen der Seele und der Wirklichkeit sehr viel weiter ist als das, was jeweils im Lichte des Bewußtseins erscheint.

Ob dieses Erleben aber, wie Klages mit Palágyi annimmt, von dem Bewußtsein wesensmäßig verschieden ist im Sinne des Gegensatzes von kontinuierlichem Geschehen und punktuell intermittierenden Akten der rückschauenden Besinnung, das erscheint deshalb höchst fraglich, weil die Annahme der Zeitlosigkeit des Besinnungsaktes, wie oben ausgeführt, sich unvermeidlich in logische Widersprüche verwickelt. Die hierbei in Erscheinung tretende Aporie, die im metaphysischen Ansatz von der radikalen Wesensentgegengesetztheit des Lebens und des Geistes enthalten ist, macht sich nun vor allem geltend bei der für Klages bestehenden Notwendigkeit, zu erklären, wie das Bewußtsein aus dem qualitativ so ganz anderen, rein vitalen Erleben entstehen könne. Klages widmet dieser Aufgabe sehr breite und schwierige Ausführungen. Er sucht sie damit zu lösen, daß er im kontinuierlichen unbewußten Lebensstrome Knicke annimmt, Ereignisse nach Art einer Stromschnelle, durch die die Kontinuität des Erlebens nicht unterbrochen wird, wohl aber der

Lebensstrom eine Wendung erfährt. Klages denkt sich diese qualitative Veränderung des Lebensstromes ganz nach Analogie einer Sinuskurve, die Wendepunkte des Erlebens entsprechen den Scheitelpunkten der Kurve, an denen eine Änderung der Hauptbewegungsrichtung eintritt. Klages wendet dieses Bild der Sinuskurve unbedenklich auf das Leben an, viel unbedenklicher, als es gerechtfertigt erscheint gerade für jemand, der grundsätzlich davon ausgeht, daß das Leben in seinem Wesen nur erlebt, nicht gedacht werden könne. Der Vorwurf, den Klages gegen die Psychoanalyse erhebt, nämlich in der Deutung von Lebensvorgängen Analogien des Bewußtseins anzuwenden, fällt hier auf Klages zurück. Wenn die Wirklichkeit des Lebens, dessen die Seele inne wird, ein absolutes Jenseits des Geistes und das Bewußtsein immer schon etwas Geistverarbeitetes ist, dann ist es wenig konsequent, auf die Lebensvorgänge den Begriff der Veränderung anzuwenden, da dieser schon eine Kategorie der bewußt geformten Gegenstandswelt ist. Der ontologische Ansatz von Klages müßte eigentlich in die Weisheit der Mystik einmünden, die in dem Eingeständnis besteht, daß das Leben – und das Göttliche der Mystik ist nichts anderes als die reine Lebendigkeit – für alle Worte und Gedanken schlechthin jenseitig ist. In dem strengen Sinne genommen, den gerade Klages eigentlich fordert, ist es schon eine Rationalisierung des Lebensgeschehens, wenn Klages von ihm aussagt, daß in ihm entscheidende Qualitätsänderungen nach Art einer Stromschnelle auftreten müssen, um dem Geist den Ansatzpunkt zur Besinnungstat darzubieten dergestalt, daß Bewußtsein und Lebensstörung identisch werden.

Nun besteht auch unter Zuhilfenahme des Begriffes der Störungsstelle des Lebensstromes für die Erklärung des Geisteingriffes eine Schwierigkeit insofern, als der Geist, der absolut zeitlose Gegenwart ist, imstande sein soll, sich im Akte der Besinnung auf die Nie-Gegenwärtigkeit des erlebten Lebens zu beziehen. In dieser Schwierigkeit hilft Klages sich damit, daß er innerhalb der Sphäre des Erlebens selbst vom eigentlichen Schauen, durch das die Seele der strömenden Bilder in ihrer Nie-Gegenwärtigkeit völlig bewußtlos inne ist, einen Vorgang des Zuschauens und Rückschauens einschaltet, und zwar da, wo die Stromschnelle, der Wendepunkt des Erlebens auftritt. Indem Klages das Bild der Sinuskurve auf den Verlauf des Lebens anwendet, schafft er sich die Möglichkeit, in den uneingeschränkten Geschehenscharakter des Schauens einen Augenblick der Rückwendung, des Umschauens einzuführen, eine Stockung anzusetzen, die zur zerteilenden Tat des Geistes das Vorspiel bildet (S. 287). So spricht er also davon, daß im Durchgang durch den Wendepunkt der Erlebnisstrom zu kurz befristeter Haft verhielte und hierbei das in der verflossenen Phase des Erlebens tatsächlich Geschaute im Widerschein spiegle. Diese Spiegelung wird als rein vitaler Vorgang gemeint, Klages spricht von der „vitalen Spiegelung“. Das Gespiegelte selbst nennt Klages im Unterschied zu dem bloß bewußtlos geschauten Bild das „Anschauungsbild oder Abbild“. Diese Anschauungsbilder sind es erst, was uns als die Gesamtheit der sinnlichen Eindrücke gegenwärtig ist. So kommt Klages dazu, von dem um uns gebreiteten Raum der sinnlichen Wahrnehmungsinhalte noch einen Urraum zu unterscheiden, der – in Anlehnung an den „fließenden Raum“ bei

Palágyi – die Sphäre der niegegenwärtigen, strömenden Bilder der Wirklichkeit ist, deren die schauende Seele im bewußtlosen Erleben inne wird. Durch die Fähigkeit, sich umzuwenden und das Vergangene von Augenblick zu Augenblick zu spiegeln, wird der fließende, völlig unanschauliche Urraum oder Wirklichkeitsraum in einen gegenwärtigen, stehenden Sinnenraum verwandelt, gleichsam als ein in das Geschehen eingeschalteter Querschnitt. Die in ihm enthaltenen Abbilder oder Anschauungsbilder geben das bewußtlos erlebte vergangene Geschehen im Widerschein, sie geben von den geschauten Bildern ihre „erlebbare Gegenwart". Der stehende Sinnenraum ist also das Anschauungsbild des fließenden Urraumes und eben darin, daß er von den strömenden Bildern der Wirklichkeit im Widerschein stehender Abbilder ihre erlebbare Gegenwart spiegelt, bietet er dem Geiste die Einschlagstelle zur spaltenden Auffassungstat, in der es gelingt, das ewig Vergehende des fließenden Urraumes zu binden in außerzeitliche Gegenstände, die mit bleibenden Eigenschaften behaftet sind und untereinander in der Beziehung mechanischer Gesetzmäßigkeiten stehen.

Dieser Punkt der Gedankenführung bei Klages ist schwerwiegenden Bedenken ausgesetzt. Die Fundamentalsätze seines metaphysischen Versuchs, die Entstehung des Bewußtseins aufzuzeigen, sind die Sätze von der absoluten Nie-Gegenwärtigkeit des Lebens und der Außerzeitlichkeit des geistigen Aktes. Man wird sich nun berechtigterweise fragen, wie es möglich sein kann, daß der Bilderstrom im Widerschein des Abbildes gespiegelt, also das seinem Wesen nach Nie-Gegenwärtige gegenwärtig werde. Auch bei aufrichtigem Bemühen, Klages gerecht zu werden, kann ich in seiner Theorie von der vitalen Spiegelung, in der vom Verflossenen dessen „erlebbare Gegenwart" gegeben wird, nur eine Verschleierung der Kluft sehen, die er mit seiner metaphysischen Ausgangsthese von der absoluten Zeitlosigkeit des Geistes und der Nie-Gegenwärtigkeit des zeitlichen Lebens ein für allemal aufgerissen hat. Klages erkennt am Anfang seines Werkes (S. 12) dem Begriff der Gegenwart lediglich den Sinn eines zeitlosen mathematischen Punktes zu, der wesensmäßig außerhalb alles Geschehens gelegen ist. Wenn er nun bei der Erörterung des Abbildes davon spricht, daß die Lebensbewegung im Umkehrpunkt neutralisiert und der Bilderstrom im Widerschein gegenwärtig sei (S. 287), so ist dies entweder ein logischer Widerspruch oder es wird unversehens der Begriff der mathematischen Gegenwart, den Klages allein anerkennt, mit dem psychischen Präsens vertauscht. Der Unterschied zwischen zeitlichem, nur erlebbarem Geschehen und zeitloser gedachter Gegenwart, der zu Anfang der Gedankenentwicklung bei Klages absolut gemeint ist, wird mit einem Male in der Rede von der erlebbaren Gegenwart verflossener Bilder relativiert.

Der Widerspruch, in den Klages durch die Theorie der vitalen Spiegelung mit seinen eigenen Voraussetzungen auf dem Gebiet der Zeitauffassung gerät, trifft auch seine Auffassung des Raumes. Klages erörtert eindrücklich genug, daß der wirklich erlebte Raum nur wesenhafte Erscheinungen zeigt und das Gegenstände Setzungen sind, mit denen der Geist das Kontinuum der räumlichen Wirklichkeit durchbricht, indem er Dingpunkte setzt als Beziehungszentren zeitbeständiger Eigenschaften. Damit stehen Gegenstand einerseits und erschautes Bild sowie dessen Spiegelung im

Abbild andererseits in demselben wesensmäßigen Gegensatze wie Geist und Leben. Nun aber will Klages die vitale Spiegelung verstanden wissen als ein im Umkehrpunkte jeder Erlebniswelle gegebenes „gegenstandsähnliches Quidproquo" (S. 284) der in den Abschnitten zwischen zwei Wendepunkten erlebten Inhalte. Wie also die vitale Spiegelung etwas relativ Gegenwärtiges ist, so ist sie auch „gegenstandsähnlich". Die Anwendung des Begriffes der Gegenstandsähnlichkeit auf etwas, das doch auf der Seite des dem Geiste entgegengesetzten Erlebens liegt, ist aber im Hinblick auf die von Klages selbst getroffenen Voraussetzungen unvollziehbar, es ist eine Anwendung von Kategorien des Geistes auf das schlechthin wesentlich verschiedene Erleben der Seele.

So scheint durch den Begriff der vitalen Spiegelung die Kluft nicht überbrückt, die angelegt ist in der schroffen Ausgangsthese von Klages, Geist und Leben, also Sein und Zeit seien wesensgegensätzlich und weder aufeinander noch auf ein Drittes zurückführbar. Trotzdem liegen gerade in den Erörterungen über die vitale Spiegelung eine Reihe von tiefgesehenen psychologischen Problemen und subtil beobachteten Tatsachen, deren eine mir charakterologisch von besonderer Tragweite erscheint. In den Ausführungen von Klages über den Vorgang der Spiegelung kommt es sehr klar zur Darstellung, daß die Erlebnisinhalte des Gesichtssinnes, sofern sie uns Gestalten darbieten, sich wesentlich unterscheiden von allen übrigen sinnlichen Erlebnisinhalten, so den Düften, Farben, Tönen. Erfahren wir in diesen das Wirkliche als Geschehen, so ist uns in jenen die Welt als verhältnismäßig zeitbeständiges gegenwärtiges Sein gegeben. Und eben deshalb bieten die sichtbaren Gestalten dem Geiste, der nur zeitfrei Seiendes denken kann und muß, um dem menschlichen Ich in der Flüchtigkeit des Geschehens einen festen Halt zu gewähren, gleichsam die Einschlagstelle, an denen er seine Setzungen vornimmt. So kommt es, daß gedachte Begriffe Analogien gesehener Gestalten sind, was am klarsten in der Platonischen Ideenlehre zur Geltung kommt. In diesem Sinne spricht Klages von der „Begriffsverwandtschaft des Augenscheins".

In der relativen Zeitunabhängigkeit der sichtbaren Gestalten liegt nun zweifellos die Gefahr, daß durch sie der tatsächliche Ereignischarakter der Wirklichkeit überdeckt wird, eine Gefahr, die in charakteristischer Form an der Romantik in Erscheinung tritt. Es ist durchaus im Sinne der Romantik, wenn Klages sagt, gerade der Gesichtssinn locke infolge seiner Spiegelfähigkeit, in der er das Geschehende im Mittel des Raumes gibt, den Menschen aus der Innerlichkeit des schauenden Lebens in die Äußerlichkeit des Zuschauens und kehre ihn so von der Wirklichkeit ab. Die Romantiker, in das lebendige Geschehen verliebt, hatten eine sehr feine Witterung dafür, daß im Innesein der sichtbaren Gestalten die Gefahr gelegen ist, vom Strom des Geschehens abgezogen zu werden. Sie sprechen deshalb dem Gesichtssinn, sofern er Gestalten gibt, die Fähigkeit ab, zum wahren Gehalt der Wirklichkeit hinzuführen. So nennt Novalis das Auge einen Flächen-Sinn, ein Gedanke, der schon in Herders Plastik vorweggenommen ist. Es ist im höchsten Grade bedeutungsvoll, wie die romantische Dichtung den Raum behandelt; sie sucht ihn darzustellen nicht als Sphäre dauernder, geordneter Gestalten, sondern als Ereignis, als Geschehen. Ihre Schilderungen greifen immer über das Gegenständliche und Geformte hinaus nach Licht und Farbe, die sich körperlos durch den Raum verbreiten; jede Orientierung im Raum ist dadurch aufgehoben und es fällt schwer, die Dinge und Geschehnisse räumlich-gegenständlich zu ordnen. Was den Raum erfüllt, ist Bewegung in Farben- und Lichtströmen, die herausgeboren werden aus dem unendlichen Hintergrund und wieder in diesen zurückrinnen. Am auffallendsten ist die Verwendung von Farben- und Lichteffekten dann, wenn die romantische Dichtung ihrem erklärten Urbilde, dem Traume, sich im Märchen oder in der Lyrik nähert oder wenn sie selbst in Traumschilderungen übergeht. Dann ist vom Glühen und Blühen die Rede, die Phantasie malt Morgen- und Abendrot, die Farben des Frühlings und das Feuer, welches – gestaltlos – das Symbol reinen Geschehens ist. So ist also in den Darstellungen der romantischen Dichtung die Tendenz unverkennbar, den Raum darzustellen nicht als Ort sichtbarer Gestalten, die dauern, sondern als fließendes Geschehen, gleichsam als eine Erscheinungsform der Zeit, wie es ähnlich auch bei Klages angestrebt ist.

In Ergänzung zur Klagesschen Theorie des Sinneserlebnisses, die hier freilich auf vereinfachte Formen gebracht wurde, ist anzuführen, daß Klages vom Schauvermögen der Sinne noch ein besonderes Vermögen der Empfindung unterscheidet. Wenn die Sinne durch das Vermögen der Schau der Welt in ihren Qualitäten, ihren Wesenheiten inne werden, so erleben sie durch das Vermögen der Empfindung die Körperlichkeit der einzelnen Erscheinungen. Wirklichkeit und Körperlichkeit sind nicht dasselbe, wir vermögen die Wirklichkeit einer Landschaft, ihre Wesenszüge also, im Traume zu schauen ohne ihrer Körperlichkeit inne zu sein. Im Hinblick hierauf unterscheidet Klages am Leben der Sinne einen Vorgang der Verkörperung und einen solchen der Vergegenwärtigung und nennt den einen die empfindend-leibliche, den anderen die schauend-seelische Seite des Lebensvorganges.

Bis jetzt ist die Antithese Seele-Geist bei Klages erschienen in der Form des Gegensatzes von erlebter Wirklichkeit und gedachter Gegenständlichkeit. Im weiteren Verlauf seiner Gedankenführung, in seiner Lehre vom Willen sucht Klages nun die Auffassungs- und Urteilstat des Geistes, bei der Gegenstände und ihre Beziehungen untereinander gedacht, die wesenhafte Lebendigkeit der wirklichen Erscheinungen aber unterschlagen und ertötet werden, aufzuzeigen als Vorgänge, die nicht um ihrer selbst willen, aus rein theoretischem Interesse ausgelöst werden, sondern ihren Ursprung besitzen in der Fähigkeit des Geistes, Willensakte auszuführen, und das bedeutet nach Klages ebensoviel wie Zwecke zu setzen. In das Wollen verlegt Klages das Grundwesen des Geistes, und zwar ist das Wollen in seinem Kerne nichts anderes als der Wille zur Selbstbehauptung, mit der der Geist dem fluktuierenden Geschehen des Lebens gegenübertritt. In der rein pathischen, erlebenden Hingegebenheit an die nie gegenwärtige Wirklichkeit ist die Seele selbst eine Welle im Meer des Geschehens, es herrscht eine völlige Nacht des Ichs. In seiner wesensmäßigen Feindschaft gegen das Leben sucht nun der Geist als metaphysisches Prinzip sich gegen dieses Geschehen, das er nicht zu erfassen vermag, zu behaupten; er tut dies, indem er in die

Seele des Menschen seine Keile eintreibt, und damit das Ich in die Erscheinung springen läßt. Im Ich schafft er sich gleichsam eine feste Insel, an der sich die Wellen im Meere des Geschehens brechen. Die Annahme des Parmenideischen Seins in der Welt ist nichts als die Projektion des beharrungssüchtigen Ichs in die Wirklichkeit. Die unmittelbarste Bekundung des Ichs aber ist das Wollen, in welchem wie gesagt der Geist als das dem lebendigen Geschehen wesensfremde metaphysische Prinzip zur Selbstbehauptung gelangt. So stehen sich also auf einer neuen, breiteren Ebene gegenüber das Erleben als Erleidnis der Seele, das ihr aus der Wirklichkeit heraus widerfährt, und die Tätigkeit der Selbstbehauptung, mit der der Geist im Ich durch Auffassungsakt und Urteilstat gegen das wogende Geschehen der Wirklichkeit kämpft.

Da nun nach der ganzen Grundeinstellung von Klages der Geist durchaus unschöpferisch ist und nur in Auffassungsakt und Urteilstat zerteilen kann, was er im Erlebnis als vitalem Inhalt vorfindet, so muß Klages auch das im Vorgang des Wollens gelegene schöpferische Moment, den Bewegungsantrieb, dem die Handlung entwächst, aus dem Bereich des rein Vitalen ableiten. Im Verfolg dieser Aufgabe rundet sich seine Darstellung der Wirksamkeit von Seele und Geist im Menschen zum geschlossenen Ganzen. Klages greift zurück auf die Lehre von den Bildern, in denen die eingekörperte Seele der Wirklichkeit in ihren webenden, lebendigen Mächten inne wird. Was jedoch bisher darüber ausgeführt wurde, betraf lediglich die rezeptive, d. i. die Eindruckseite des Erlebens. Es ist aber dem Leben eigentümlich, daß jeder Eindruck, jedes Innesein eines Bildes der Wirklichkeit durch die Seele begleitet ist von einem Antriebserlebnis, das entweder in der Form des Hinstrebens oder des Wegstrebens aktuell ist. Klages spricht im Hinblick hierauf vom „Zug der Bilder". Der Zug kann ausgehen nur auf eine eingekörperte Seele, weil jede andere Seele ortlos wäre und damit keine Trennung bestünde zwischen ihr und dem lebendigen Wesen der Wirklichkeit. So wirkt etwa im Dürstenden ein Zug, der vom bewußtlos erschauten Bilde des „Wasserwesens" ausgeht. Eben darin, daß eine eingekörperte Seele den Zug von Bildern erlebt und das Antriebserlebnis des Körpers in Bewegung umgesetzt wird, liegt nach Klages das eigentliche Wesen des Triebes, das er polemisch scharf vertritt gegenüber allen bisherigen Versuchen einer Trieblehre, in denen jedesmal der Trieb als zweckhaft dargestellt wird. Zwecke gibt es nur in einer Sphäre des Bewußtseins, sie sind eine Kategorie des Geistes, dessen Grundwesen das Wollen ist. Triebe aber sind wie die erschauten Bilder, auf deren Wirksamkeit sie beruhen, weder bewußt noch bewußtseinsanalog. In den Trieben bilden nach Klages die beiden Seiten des Erlebens, das Eindruckserlebnis und das Antriebserlebnis, einen vitalen Kreis (S. 525), eine polare Einheit, in die die lebendige Seele mit der erlebten Wirklichkeit zusammengeschlossen ist.

Der Geist ist es nun, der diese polare Einheit zu zerstören sucht. Er spaltet, wie gezeigt, die Eindruckseite des Erlebens im Auffassungsakt und der darangeschlossenen Urteilstat. In ähnlicher Weise greift er nun auch in die Antriebsseite des Erlebens zerspaltend ein. Im erlebten Antrieb besteht eine polare Einheit zwischen dem

Antriebsträger, der eingekörperten Seele und dem Triebziel, dem im Zuge wirkenden Bilde. Das Schauen des Bildes und der Bewegungsantrieb sind eines, im Erschauen erlebt die eingekörperte Seele sich angezogen. Durch den Geist wird diese Einheit zerstört, er spaltet das Antriebserlebnis von dem Triebziel ab, isoliert die bewegende Kraft des Antriebs und das ursprünglich intendierte Triebziel wird umgewandelt in einen gedachten Zweck. Durch dieses Dazwischentreten des Geistes erblindet gleichsam der erlebte vitale Antrieb, in dem ursprünglich das wirkende Bild geschaut wurde. Die Einheit des Eros zwischen Seele und Bild, so könnte man im Sinne von Klages sagen, ist damit abgetötet. Was übrig bleibt, ist ein blinder Bewegungsdrang, den als eine schöpferische Wesenheit der Geist zur Realisierung des Wollens wohl nötig hat, aber nie aus sich selbst hätte gewinnen können. Er hat ihn, indem er das Antriebserlebnis vom geschauten Bilde spaltet, für sein eigenes Kommando verfügbar gemacht und dirigiert ihn aus dem Ich heraus auf Grund bewußter Entschlüsse in der Richtung bestimmter Zwecke. Die ursprünglich unbewußten vitalen Triebe sind zu bewußten Triebfedern oder Interessen geworden, an die Stelle des ehemals vitalen Getriebenwerdens der eingekörperten Seele ist die Selbsttätigkeit auf Grund bewußter Entschlüsse und Zwecksetzungen des Ichs getreten.

Der Akt der Selbsttätigkeit, der das Wesen des Geistes im Gegensatz zum Erleiden der Seele ausmacht, liegt nach Klages schon im bloßen Wahrnehmungsakte, also der Auffassungstat, „durch die ich im Wandel der Bilder den Gegenstand finde“ (S. 610). Das Denken in Begriffen und Urteilen erscheint somit in unmittelbarer Anlehnung an Nietzsche rein pragmatistisch als Zweckmaßnahmen, die das Wesen der Wirklichkeit überhaupt nicht erfassen; sie wurzeln lediglich im Bemächtigungswillen des Geistes. Ganz analog ist ja auch bei Bergson das Denken ursprünglich nur ein Handeln, mit dem der Intellekt die Wirklichkeit des Werdens in beliebiger Weise zerschneidet, um mit ihr zweckmäßig operieren zu können. Die Wirklichkeit des bloßen Geltens von Urteilen wird von Klages unter Festhaltung an der rein psychologistischen Betrachtung mit der Behauptung geleugnet, daß die Geltung gebunden sei an die Existenz urteilender Iche. In Konsequenz des Gedankens der Abhängigkeit des Denkgegenstandes von Zwecken leugnet Klages jede Gesetzmäßigkeit. Soweit eine solche in Form moralischer Gesetze vorgefunden wird, ist sie nur Setzung einer als wollend gedachten Weltvernunft. Was aber die Naturgesetze betrifft, so stellt Klages unter Berufung auf die Autorität Nietzsches ihr Vorhandensein völlig in Abrede. In der Wirklichkeit des Lebendigen gibt es nach Klages – ähnlich wie bei O. Spengler – lediglich Notwendigkeit, Schicksal. Dieser Gegensatz von Gesetzen, die auf der Seite des Geistes stehen, und dem Schicksal im Geschehen der lebendigen Wirklichkeit hat seine charakterologische Spiegelung; während Klages den Menschen des Altertums noch Schicksalsgefühl zugesteht und sie in diesem Sinne Pathiker nennt, denen menschliches Dasein Widerfahrnis ist, erhebt er gegen das Christentum den Vorwurf, den Menschen zum wollenden Täter gemacht zu haben, der in seinem Tätertum den Selbstbehauptungswillen des Geistes zur Auswirkung bringt. Der Pathiker ist lebensursprünglich, der Täter ich-ursprünglich. Diese Gegenüberstellung zeigt Klages wiederum in einer gewissen Verwandtschaft zur Romantik, die von der „gottähnlichen Kunst der Faulheit" (F. Schlegel) spricht. Damit ist nichts anderes gemeint als auch die von Klages verkündete Weisheit, daß die Wirklichkeit in ihrem Reichtum sich der Seele nur auftut, wenn sie sich in pathischer Bereitschaft und Offenheit hält und sich der Fessel des wollenden Ichs, das auf Zwecke, auf Leistungs- und Nutzwerte gerichtet ist, entschlägt; denn das Wollen ist immer schon eine Gespanntheit und damit eine Einengung all der Resonanzen, die die uns umflutende Welt der Wesenheiten bei völliger Entspanntheit und pathischer Bereitschaft in uns hervorruft.

Bei der Ableitung der Auffassungs- und Urteilstat hat Klages versucht, im Eindruckserlebnis selbst die Voraussetzung aufzuweisen, die den Eingriff des Geistes erst möglich macht. Klages kam in diesem Zusammenhang zur Annahme eines übermäßigen Gefälles im kontinuierlichen Lebensstrom. In ähnlicher Weise liegt nun nach Klages im Antriebserlebnis ein Moment vor, das den Eingriff des Geistes im Akte des Wollens, nämlich die Spaltung von Antrieb und Triebziel überhaupt erst möglich macht. Es ist dies der im Antriebserlebnis gelegene Gegendrang gegen die Hindernisse, die der unmittelbaren Auswirkung des Zuges der Bilder entgegenstehen. Durch diesen Gegendrang wird der Bildgehalt selbst abgeschwächt, es entsteht „jener Sprung oder Riß, in den sich der Geist gewissermaßen einnisten" kann (S. 628). Indem „wir den Bildgehalt der Wollung unbeschränkt vermindert und im Verhältnis dazu erhalten denken die Spannung aus Gestörtheit des Lebensvorganges, nähern wir uns einem Zustand der Vitalität, der die Abspaltung des Zuges der Bilder gewissermaßen zuläßt" (S. 628). Die Kehrseite dieses Sachverhalts liegt also darin, daß in dem Maße, in dem sich das Wollen verstärkt, das pathisch schauende Aufgeschlossensein der Wirklichkeit gegenüber geschwächt wird. „Ein nichts als wollendes Wesen befände sich im Zustand völliger Entsinnlichung" (S. 629). Und hier offenbart sich die eigentliche Intention des Selbstbehauptungswillens des Geistes: die Intention nämlich, das Lebendig-Wirkliche zu zerstören. „Nicht die Natur ja rodet Wälder, kanalisiert Flüsse, zieht Telegraphendrähte, legt Schienenstränge, errichtet Fabrikschlote, sondern gegen die Natur, sie in sich selber entzweiend, erzwang das alles der menschliche Wille und so redet es (das Machwerk, als das die Welt hervorgeht aus den Händen des Willens) unvergleichlich weniger vom Leben der Erde als von den Vergewaltigungen, die dem Erdleben durch eine Intelligenz widerfuhren, deren Endziel es wäre, das Nichts zu verwirklichen" (S. 673).

Mit dieser Zuspitzung der Intention des Geistes auf die Zerstörung des Lebens engt Klages den Begriff des Geistes in einer Weise ein, die den Tatsachen gegenüber gewaltsam erscheint. Was Klages als die wesentlichen Funktionen des Geistes darstellt, daß er nämlich das Kontinuum der Wirklichkeit mit rücksichtsloser Willkür der Grenzsetzung durchsticht, den fluktuierenden Erscheinungen ein starres Beziehungsschema gedachter Dinge überstülpt, das polare vitale Eins-Sein des Menschen mit der Wirklichkeit zerspaltet, indem er Zwecke setzt und Mittel zur Erreichung dieser Zwecke sucht, all das sind Eigentümlichkeiten, die dem engeren Begriffe des Intellekts zuerkannt werden müssen. Sofern Klages dem Intellekt eine Anmaßung gegenüber dem Reichtum des Sinnlich-Wirklichen zum Vorwurf macht, besteht seine Polemik zu Recht. Zweifellos liegt im rationalen Denken die Tendenz, den Menschen immer mehr in die Welt des Begriffes und der Zwecksetzungen einzuspinnen und zu einem beklagenswerten Produkt der Inzucht des Intellektes zu machen. Der Mensch gerät, wie jede Aufklärung zeigt, durch das rationale Denken in Gefahr, den Sinn einzubüßen für das Geheimnis, das im Dasein jedes Dinges mitklingt, in Gefahr, diejenige Haltung zu verlieren, die sich in einem liebevollen, schauenden Verweilen vor den Dingen bekundet. Gegen diese Gefahr bedeutet das Buch von Klages einen leidenschaftlichen Ruf zur Besinnung auf die begrifflich nicht faßbare, anschauliche Fülle der erscheinenden Wirklichkeit und man empfängt dankbar aus der Hand von Klages die Welt des mit den Sinnen Geschauten in ihrer vitalen Unmittelbarkeit und Tiefe. Damit kann jedoch keineswegs wissenschaftliches Denken in seinem eigenen Wert angefochten, sondern lediglich ein Hinweis gegeben werden, wie eng die tatsächlichen Grenzen seines Geltungsbereiches sind. In der begreiflichen Polemik gegen die zweifellos schon im Wesen des Rationalen angelegten Anmaßungen, die ja auch Nietzsche aufgezeigt hat, legt Klages jedoch einen einseitig eingeengten Begriff des Geistes zugrunde. Denn Geist ist mehr als begriffliche Aufteilung und technische Bewältigung der Wirklichkeit. Wäre der Mensch völlig geistfrei, dann wäre er wie das Tier eingesponnen in das Hier und Jetzt, nicht wissend, „was Gestern, was Heute ist […] angebunden […] an den Pflock des Augenblicks und deshalb weder schwermütig noch überdrüssig“.[8] Der Geist erst ist imstande, den Menschen, wie Scheler es nennt, umweltfrei, weltoffen zu machen, ihm existentiale Entbundenheit, Freiheit, Ablösbarkeit zu verleihen. Daß diese Weltfreiheit, die mit der Entstehung der Sprache einsetzt, schon eine Entfernung und Entfremdung vom Lebendigen in sich schließt, ist ein Preis, um den jedes Menschsein erkauft wird. Aber diese Ferne wird im Menschen ja gerade wieder schöpferisch, sie trägt in ihn die Spannung hinein, aus der er um so bewegter nach dem Lebendigen hinstrebt. Erlebten wir nicht schon durch den Geist im Bewußtsein eine Spaltung vom Leben, dann gäbe es auch keinen Eros, der uns immer in Wachheit für das Lebendige hält. Je mehr der Mensch durch den Geist vom Hier und Jetzt entbunden ist, desto tiefer sucht er in das Lebendige zurückzuschauen, tiefer als je ein Wesen, das nie aus der Unmittelbarkeit des Lebens herausgetreten ist. Hier liegen wohl auch die Gründe dafür, daß im menschlichen Geschlecht das Schöpfertum lediglich beim Manne anzutreffen ist, während die Frau die zur Produktivität notwendige Spannung aufgrund ihres engeren vitalen Verbundenseins mit der Wirklichkeit entbehrt.[9]

---

[8] F. Nietzsche: Vom Nutzen und Nachteil der Historie für das Leben, Leipzig 1906, 107.

[9] [*Anmerkung des Herausgebers*: Diese peinliche und misogyne Passage – essentialistisch im schlechten Sinne und weit unter Niveau – wurde nicht gestrichen; denn es galt auch hier, der editorischen Maxime treu zu bleiben und die Texte Lerschs im Originalzustand wiederzugeben (vgl. die „Editorische Notiz“ auf S. 38)].

Übrigens gelingt es Klages nicht, die Enge und Schroffheit seiner Behauptung von der absoluten Lebensfeindlichkeit des Geistes rein praktisch konsequent beizubehalten. Um sein Bemühen zu rechtfertigen, das Wirkliche des Lebens in seiner Wesentlichkeit aufzuzeigen als absolut jenseits des Geistes gelegen und dabei doch nicht auf den mystischen Standpunkt der *docta ignorantia* gedrängt zu sein, sieht Klages sich gezwungen, zwei Arten von Geistigkeit zu unterscheiden, eine logozentrische und eine biozentrisch-kontemplative, womit er Wissenschaft und Metaphysik, ähnlich wie auch Bergson es tut, einander gegenüberstellt. Rein psychologisch ist hier wiederum zweifellos eine wichtige Tatsache getroffen, die Tatsache nämlich, daß im Denken zwei Richtungen angelegt sind; die eine, von Klages die „begreifende“ genannt, welche die durch Definition festgelegten Begriffe miteinander in Beziehung setzt und so zu Urteilen und zur Erweiterung der Kenntnisse gelangt, und eine andere, welche in Begriffen und Sätzen lediglich Hinweise sieht auf Wirklichkeiten, die in ihrer Wesenheit nicht gedacht, sondern nur erlebt werden können. So hält sich die zweite hinweisende Richtung des Denkens frei von der zur Verflachung führenden Hybris des Intellektes, die besteht in dem Glauben, die Wirklichkeit in ihren wesentlichen Inhalten erfaßt zu haben, sofern er auf sie Begriffe und Urteile angewandt hat.

Mit der Anerkennung der tiefen Besinnung, in der die kontemplative Geistigkeit sich bekundet, sprengt Klages selbst die Enge und Schroffheit seiner metaphysischen Grundthese der Wesensfeindschaft von Leben und Geist, in der er eine Entdeckung sieht, aus der allein die Entstehung des Bewußtseins verstanden werden kann. An welchen Stellen in der Gedankenführung von Klages gerade die Ausgangsthese eine Lücke aufklaffen läßt, wurde aufzuzeigen versucht. Dies vermag jedoch die Bedeutung des Werkes von Klages, das in seiner Gesamtkonzeption zweifellos etwas Faszinierendes hat, nicht entscheidend zu beeinträchtigen. Gerade die Einseitigkeit und das revolutionäre Pathos, mit dem Klages die Enge und die vitale Armseligkeit des Rationalen aufzuweisen und dem Irrationalen nahezukommen sucht, lassen die Grundprobleme einer jeden Philosophie des Lebens prägnanter hervortreten, als es für andere Versuche dieser Richtung zutrifft. Aber auch durch endgültige Erkenntnisse wirkt das Buch von Klages überaus bereichernd. Überall da, wo Klages von seelischen Vorgängen spricht, wird er wesentlich und tiefschürfend. Sein Buch enthält eine Fülle neuer Aspekte, die bedeutungsvoll sind für das gesamte Gebiet der Seelenkunde, im besonderen für die Ausdruckslehre und die Charakterologie des Wollens.

Grundsätzliches zur Lebensphilosophie (1936)

Die Probleme der Lebensphilosophie, die vom 20. Jahrhundert zwar keineswegs zum erstenmal gestellt, aber in seinem philosophischen Bewußtsein eine beherrschende und symptomatisch bedeutsame Rolle spielen, sollen hier in der Weise zur Erörterung kommen, daß gewisse thematische und methodische Grundgedanken herausgehoben und auf den Problemebenen der Erkenntnistheorie, Metaphysik und Anthropologie verfolgt werden. Es wird zu zeigen sein, was die Lebensphilosophie einerseits an fruchtbaren und wegweisenden Ansätzen enthält und wo andererseits die Stellen liegen, an denen sie in Aporien und unbewältigten Problemen steckenbleibt und eine Revision ihrer Grundbegriffe zu fordern ist. Es liegt in der Natur dieser Aufgabe, daß sie verzichtet auf eine geschlossene Darstellung der einzelnen Lebensphilosophien und ihrer Verschiedenheiten[1] und lediglich das Gemeinsame ihrer Ausgangspunkte und Ziele herausgreift.

I. Die Theorie der inneren Erfahrung

a) Das Grundmotiv der Lebensphilosophie liegt im Fragenbereich der Erkenntnistheorie und führt hier zu einer Kritik des rationalistischen Erfahrungsbegriffes, wie er in klassischer Form durch Kant festgelegt wurde. Besteht die Tätigkeit des rational-diskursiven Denkens darin, daß sie durch Setzung von Begriffen und Feststellung von gesetzmäßigen Beziehungen die Inhalte der Erfahrung ordnet und dabei die Welt zum Bewußtsein bringt als ein überschaubares Gegebensein von Gegenständen, welche die zureichende Bedingung ihres Soseins vor allem im Gesetz der Kausalität haben, so hat Kant im transzendentalen Beweis zu zeigen versucht, daß die Prinzipien dieser Ordnung der Welt dem menschlichen Denken einwohnen, und zwar so, daß Erfahrung von Welt von vornherein unter dem formalen Gesetz dieser Prinzipien steht. Rationalistisch ist der damit gegebene Erfahrungsbegriff insofern, als es nach ihm die reinen Verstandesbegriffe (Kategorien) sind, die „die Gründe der Möglichkeit einer Erfahrung überhaupt enthalten". Erfahrung als erkennendes Innewerden von Welt ist nur soweit möglich, als es geschieht in Anwendung der formalen Gesetze, die der Verstand der Natur – als begegnender Welt – vorschreibt. Der so geleiteten rationalen Erfahrung, und nur ihr, kommt objektive Gültigkeit zu. Denn die Bedingungen unseres

[1] Hierüber siehe Lersch, Lebensphilosophie der Gegenwart. Berlin 1932.

Denkens der Gegenstände sind die Bedingungen der Gegenstände in ihrer Objektivität selbst; sie konstituieren die Welt als Natur und nur als Natur. Die Erfahrungswelt „ist entweder gar kein Gegenstand der Erfahrung oder eine Natur“. Die so gesehene Welt ist nichts als das kausal-mechanische Ordnungsverhältnis meßbarer Größen.

b) In der Gegenstellung zu diesem dem mathematisch-naturwissenschaftlichen Weltbild zugrunde liegenden Erfahrungsbegriff hat die Lebensphilosophie ihren Ausgang. Es ist einer ihrer Grundgedanken, daß die von Kant gesetzte logisch rationale Struktur der Erfahrung schon eine Mediatisierung, Auslegung und Verstellung dessen ist, was wir als Welt in der voraussetzungslosen Besinnung auf das schlicht und anschaulich Gegebene einer „unmittelbaren Erfahrung“ vorfinden.

Unter den Wesenszügen dessen, was mit „unmittelbarer Erfahrung“ gemeint ist, erscheint als erkenntnistheoretisch bedeutsamster die Tatsache, daß der unmittelbaren Erfahrung Welt immer erschlossen ist als Wirklichkeit von Qualitäten, Bedeutungen und Sinngehalten, angezeigt durch die Vorgänge und Zustände des Gefühls, der Strebung und des Interessenehmens. Alle diese Vorgänge und Zustände, die dem „irrationalen“ Bereich des Seelenlebens angehören, werden zusammengefaßt unter dem Begriff des *Erlebens*. Der gemeinsame Wesenszug alles Erlebens aber ist ein Angerührtwerden jener intimsten Sphäre des Bewußtseins, die, klar unterschieden von der Vorstellungs- und Gegenstandssphäre, in der Richtung dessen liegt, was die Mystik des Meisters Eckhart den Seelengrund nennt. Er wird uns bewußt als die in sich nicht mehr unterscheidbare schöpferische Tiefe unserer Existenz, als absolute Innerlichkeit, hinter die das Bewußtsein nicht mehr zurückzugehen vermag und die sich zu allen bloß gegenständlich gegebenen Inhalten des Bewußtseins (Wahrnehmung, Vorstellung und Begriff) wie die Mitte zur Peripherie, wie die extensive Oberfläche zur intensiven Tiefe verhält. Im Hinblick auf das Moment der Innerlichkeit ist die unmittelbare Erfahrung auch als „innere“ zu bezeichnen. Von hier aus ergibt sich für die Lebensphilosophie ein wichtiger Unterschied und Gegensatz, nämlich der zwischen einer Welt der äußeren Erfahrung als einer Wirklichkeit qualitätsloser, wertneutraler Gegenständlichkeiten und einer Welt der inneren Erfahrung als einer Wirklichkeit fließender Erscheinungen, die das Antlitz des Sinn- und Bedeutungsvollen trägt, indem sie erschlossen wird aus der Innerlichkeit des Erlebens.

Man würde die lebensphilosophische Theorie der unmittelbaren, inneren Erfahrung völlig mißverstehen, wollte man das Erleben rein psychologisch als etwas auffassen, was zum objektiven Gegenstand der Erfahrung vom Subjekt aus hinzutritt. Das Erleben wird vielmehr erkenntnistheoretisch gefaßt als begründender Faktor der Erfahrung überhaupt. Es wird kein geringerer Anspruch erhoben als der, daß dem in der Begegnung mit Welt sich vollziehenden Erleben ein Erkenntniswert, seinen Inhalten „objektive“ Realität zukommt. Das Erleben bleibt nicht eingeschlossen in den Kreis des Subjektiven, sondern es ist eine selbständige Art, über die Welt etwas in Erfahrung zu bringen; es erschließt sich ihm ein Sosein der erscheinenden Welt. Die Qualitäten und Bedeutungen der im Erlebnis erfahrenen Erscheinungen sind nicht bloße persönliche Auslegungen, das Erlebnis tritt nicht zum „objektiv" Gegebenen als etwas „Subjektives" hinzu, sondern es erschließt und offenbart sich in ihm und nur in ihm wesenhafte Wirklichkeit von sich her. Erleben soll verstanden werden als ein Vernehmen von Welt, ein Gewecktwerden in der Tiefe des Seelengrundes durch Welt, ein Aufwachen und Zur-Welt-kommen und damit zugleich ein Aufbrechen der eigenen Wirklichkeit des Daseins in seiner konkreten Eigentlichkeit, als das es – sich erhebend aus dem rational nicht mehr bestimmbaren, dunklen, unoffenbaren Grunde aller Wirklichkeit – in der Helle des Bewußtseins steht.

Den Gedanken, daß das Erleben für das Sichzeigen von Welt konstitutiv ist, hat die Lebensphilosophie mit der Existenzphilosophie gemein. Bei Heidegger erfährt er freilich eine folgenschwere Einengung insofern, als lediglich die Angst als Modus des Erlebens anerkannt wird, der die Welt erschließt (und zwar als Bedeutungszusammenhang von Zuhandenheiten) und damit das Dasein „vor sich selbst als In-der-Welt-sein bringt".

c) Die Rechtfertigung des erkenntnistheoretischen Anspruches, den die Lebensphilosophie für den Erlebnisbegriff erhebt, findet sie unter anderem im Bereich des ästhetischen Erlebens.[2] In der Art, wie die Schönheit eines Kunstwerkes oder einer Landschaft hingenommen wird, muß ein eigenartiges Faszinans anerkannt werden, hindeutend auf etwas Wesenhaftes, das uns mit aufblitzender Bedeutsamkeit gegeben ist, unsere Innerlichkeit anrührt und sich uns damit offenbart. Es enthüllt sich im Erleben des Kunstwerks vor uns etwas mit einem selbstverständlichen Eigengewicht seines Wirklichsein und Soseins, und zwar so, als ob wir es schon lange, vielleicht ohne davon zu wissen, erwartet und gesucht und nur eben erst gefunden hätten. Dieses Moment der unmittelbaren Erfahrung kann beansprucht werden als Rechtsgrund dafür, daß hier von einer Erkenntnis gesprochen wird. Es ist phänomenologisch dasselbe Moment des Auffindens und Entdeckens, daß in der platonischen Erkenntnislehre als *ἀνάμνησις* gedeutet wird. Im ästhetischen Erleben begegnet und zeigt sich uns Welt von sich her, es erschließt sich uns ein Wissen um …

Es ist aufschlußreich, unter diesem Gesichtspunkt der inneren Erfahrung sich zu vergegenwärtigen, was Kant über den Erkenntnisgehalt ästhetischer Urteile aussagt. Nach ihm bringt das ästhetische Erleben nichts über den Gegenstand in Erfahrung. Wenn trotzdem eine Allgemeingültigkeit des ästhetischen Urteils anerkannt werden muß, so beruht sie darauf, daß die subjektiven Grundlagen des ästhetischen Gefühls

[2] Wenn hier und auch an anderen Stellen das Phänomen der Kunst herangezogen wird, um den Sinn und die Absichten einer Philosophie der inneren Erfahrung zu erläutern, so wäre nichts verkehrter, als hieraus das Recht abzuleiten, den Standpunkt der inneren Erfahrung rein psychologisch als Ästhetizismus zu bezeichnen. Daß das Kunstwerk sich als tauglich erweist aufzuhellen, was eine Philosophie der inneren Erfahrung will, hat seinen tieferen Grund vielmehr in dem tatsächlichen metaphysischen Gehalt der Kunst. Daß das Phänomen der Kunst jedoch nicht voll genügt, den Sinn und die Aufgabe einer Philosophie der inneren Erfahrung zu erhellen, darauf wird weiter unten noch hinzuweisen sein.

einen Zustand des Spiels der Vorstellungsfunktionen darstellen, die allen Menschen gemeinsam sind. Die Angepaßtheit des an sich unbestimmbaren Gegenstandes zur Auslösung dieses Spiels (subjektive Zweckmäßigkeit) kommt uns zum Bewußtsein in dem Gefühl, auf Grund dessen wir einen Gegenstand ästhetisch wertvoll nennen. Das Gefühl als Modus der ästhetischen Erfahrung kreist also innerhalb des subjektiven Bereiches, es stößt nicht vor zur Erkenntnis des Gegenstandes, alle ästhetischen Qualitäten werden subjektiv relativiert, sie gehören nur zur Wirklichkeit des Bewußtseins, nicht zur Wirklichkeit der Welt, sie haben nur psychologische, aber keine ontologische Wertigkeit.

Eine Theorie der inneren Erfahrung, wie sie die Lebensphilosophie anstrebt, wird gegen die Kantische Auslegung des ästhetischen Erlebens zwei Einwände geltend machen. Sie wird hinweisen auf die im Erleben vor aller Auslegung phänomenologisch gegebene Tatsache, daß wir in ihm doch faktisch ein Reicherwerden, eine Ausweitung des Welthorizonts erfahren – eine Tatsache, die eine Annullierung der eigenständigen Wirklichkeit der im Kunstwerk erscheinenden Qualitäten nicht zuläßt. Zum anderen wird es eine Theorie der inneren Erfahrung ablehnen, nach Art der Kantischen Auslegung des ästhetischen Gefühls das Verhältnis von Mensch und der im Kunstwerk begegnenden Welt unter die rationale Kategorie der Kausalität zu stellen und die erlebten ästhetischen Qualitäten als Wirkung eines Gegenstandes zu erklären. Vom Standpunkt der inneren Erfahrung erscheint die Frage nach dem Kausalverhältnis von Mensch und Welt zu Unrecht gestellt. Die innere Erfahrung zeigt, – ein Gedanke, auf den vor allem Dilthey nachdrücklich hingewiesen hat und der dann wieder von Heidegger in seiner ganzen Grundsätzlichkeit herausgestellt wurde – die innere Erfahrung zeigt Mensch und Welt als eine urgegebene, nicht rückführbare Einheit, vergleichbar der Einheit der Pole eines Magneten. Mensch-sein heißt Welt-haben, im Antlitz von Welt existieren. Menschliches Dasein kann als „weltlos" überhaupt nicht gedacht werden; Subjekt und Objekt bestehen *a priori* in untrennbarer polarer Einheit.

Es lohnt sich, der Verkennung dieser Tatsache in der Entwicklung von Philosophie und Seelenkunde nachzuspüren. Sie war es, die in der Geschichte der Philosophie in die Sackgassen des Sensualismus und des Bewußtseinsidealismus geführt hat. Der Sensualismus „erklärt" das Bewußtsein aus der gegenständlich gedachten materialen Welt, der Idealismus die Erfahrung der begegnenden Welt aus der Tätigkeit des Bewußtseins. In beiden Fällen haben wir es zu tun mit einer vorlaufenden kausalen Auslegung des Verhältnisses von Mensch und Welt, der vom Standpunkt der inneren Erfahrung ihr Recht abzusprechen ist. Auch in der Seelenkunde hat sie ihre fatale Wirkung getan und zum Sündenfall des Psychologismus geführt, jener Richtung der Seelenkunde, die die seelische Wirklichkeit mit „subjektiv" gleichsetzt und sie als Umformung der objektiven Reizwelt auslegt. Die qualitative Welt des Seelischen wird zurückgeführt auf eine kausal wirkende objektiv vorgegebene Reizwelt, allen erlebten Qualitäten die autochthone Wirklichkeit genommen, getreu den Worten des Mephistopheles (Faust II, 1):

Was Ihr nicht tastet, steht Euch meilenfern!
Was Ihr nicht faßt, das fehlt Euch ganz und gar!
Was Ihr nicht rechnet, glaubt Ihr, sei nicht wahr!
Was Ihr nicht wägt, hat für Euch kein Gewicht!
Was Ihr nicht münzt, das, meint Ihr, gelte nicht.

Die schon von Herder ausgesprochene Einsicht, daß die erlebte Qualität einer Farbe eine ontisch eigenständige Wesenheit darstellt, die sich dem Menschen von sich her erschließt, wurde erst wieder von Klages zum Bewußtsein gebracht.

Am eindringlichsten läßt sich innerhalb der Seelenkunde der Irrweg einer kausalen Auslegung des Verhältnisses von Mensch und Welt und die damit verbundene Ablehnung der Möglichkeit eines Offenbarwerdens von Welt im Erleben am Phänomen der Liebe aufweisen. Den Prototyp der psychologistischen Auslegung stellt Stendhal dar, der den Vorgang der Liebe in das Gleichnis der Kristallbildung kleidet. Wenn man einen entblätterten dürren Zweig in die Sole einer Salzmine legt und ihn nach einigen Monaten wieder herausnimmt, so zeigt er eine eigenartige Verwandlung: die anspruchslose, wenig fesselnde Form des dürren Zweiges hat sich mit unzähligen, glänzenden Kristallen überdeckt, die vor allem in der Sonne ihr zauberisches Spiel entfalten. In ähnlicher Weise bildet die Liebe um die „objektive" Gestalt des geliebten Menschen zauberische Kristalle, d. h. sie sieht Qualitäten, die der andere *realiter* gar nicht besitzt. Das Entscheidende an dieser Auslegung ist, daß die dem Liebenden gegebenen Qualitäten subjektiv relativiert werden, der Gedanke, daß das Innesein von Qualitäten im Erleben nicht zum Seienden selbst vorzudringen vermag, daß Liebe also keine ontologische Beziehung hat. Es wird von vornherein psychologistisch-naturalistisch nach der seelischen Kausalität gefragt – so, als ob Liebe als ein Innewerden von Qualitäten überhaupt nur aus dem Subjekt erklärt werden könne und müsse. Seinen Gegentypus hat Stendhal in Plato, der im Eros den Durchbruch zum *ὄντως ὄν*, zum Reich der Idee anerkennt. Die Liebe wird als ein Modus des Erlebens in ihrem Ergriffensein von Qualitäten nicht psychologistisch subjektiviert, sondern als ein Weg verstanden, auf dem wir über Wirklichkeit etwas in Erfahrung zu bringen vermögen. Das psychologistisch-naturalistische Vorurteil, die vorlaufende diskursiv-rationale Auslegung der Erfahrung ist im Gedanken der Selbsttranszendenz und Intentionalität des Erlebens überwunden.

Es wird entscheidend sein für die weitere Entwicklung der Seelenkunde, ob es ihr gelingt, sich zu lösen von der am Beispiel der Liebe aufgewiesenen Verstrickung des Psychologismus und ihren Blick freizuhalten für die in der inneren Erfahrung gegebene Selbsttranszendenz und Intentionalität des Erlebens.

d) Die Rede von der inneren Erfahrung als dem erkenntnistheoretischen Ausgangspunkt der Lebensphilosophie erhält erst dann ihre volle Aufhellung, wenn erkannt wird, daß mit ihr die Unterscheidung von äußerer und innerer Erfahrung einen durchaus anderen Sinn bekommt als denjenigen, in dem sie von Locke in die Erkenntnislehre eingeführt wurde. Sie beruht nicht wie bei Locke auf der Unterscheidung einer Erfahrung der Außenwelt als dem Insgesamt gedachter Gegenstände und einer solchen der Innenwelt, die alle seelischen Vorgänge und Zustände umfaßt. Die Wirklichkeiten der inneren und äußeren Erfahrung sind im lebensphilosophischen Aspekt nicht ontisch verschieden im Sinne des subjektiv Seelischen und des objektiv Gegenständlichen, der *res extensa* und *res cogitans* des Descartes. Dieser Scheidung setzt ja die Theorie der inneren Erfahrung die im Erlebnis ungeschiedene polare Einheit von Mensch und Welt entgegen. In dem erkenntnistheoretischen Sinne, in dem sie zu verstehen ist, hat die Unterscheidung von innerer und äußerer Erfahrung vielmehr die Bedeutung von wesensverschiedenen Einstellungen zur Welt. Innere Erfahrung bedeutet nicht ein weltabgewandtes Beschäftigtsein mit der Seele, den subjektiven Vorgängen und Zuständen, sondern sie will durchaus verstanden sein als eine Erfahrung von begegnender Welt, von Erscheinungen, sofern sie sich uns erschließen im Angesprochenwerden der Innerlichkeit, in einem Prozeß, den man sinngemäß als „*Innerung*" bezeichnen kann. Die Wirklichkeit der inneren Erfahrung ist „geinnerte" Welt, das Ganze dessen, als was uns die begegnende Welt im Erleben in Sinn- und Wertgehalten entgegenblitzt, sich uns von sich her offenbart. Die „Innerlichkeit", um die es hier geht, entspringt also nicht einer Haltung der Weltabgewandtheit, wie dies etwa für die Atmanlehre des Brahmanismus und für gewisse Formen der abendländischen Mystik typisch ist. Sie ist nicht „weltlos", sondern bewährt sich gerade im Erfassen von Welt, in dem vorbehaltlosen Aufgeschlossensein für die Erscheinungen, deren Sinn- und Wesenhaftigkeiten sich uns zeigen, sofern wir sie uns durch die Akte der Innerung zuzueignen vermögen.

Von hier aus bekommt die Rede von der äußeren Erfahrung die Bedeutung eines Innewerdens der Welt *als* etwas Äußerem; in ihr erscheint Welt nicht als geinnertes Sinnantlitz, sondern als Ordnungsgefüge antlitzloser Gegenstände, in dem die nur der Innerlichkeit des Erlebens erschlossenen Qualitäten als ontologisch irrelevant weggestrichen und auf die „objektive" Realität von Quantitäten zurückgeführt werden. Die Kategorien und Grundsätze, mit denen Kant die erkenntnistheoretische Grundlegung des Newtonschen Naturbildes gibt, konstituieren die Welt als Inhalt der „äußeren Erfahrung". Dasselbe gilt auch für die moderne mathematisch-physikalische Naturwissenschaft, die zwar durch Auflösung des Gegenstandsbegriffes in Funktionsgefüge und durch die Erschütterung des Kausalbegriffes (Quantentheorie) das Newtonsche Weltbild aufgibt, dabei aber, wie dieses, die Welt aufzeigt als etwas „Äußeres", das ausschließlich besteht aus quantitativ bestimmbaren, räumlich-zeitlichen mechanischen Beziehungen und die Wirklichkeit erlebter Qualitäten annulliert. Als Philosophie der inneren Erfahrung zielt die Lebensphilosophie nun auf nichts anderes ab als auf eine Lehre von der Wirklichkeit der Qualitäten, in mehr oder weniger bewußtem Protest gegen die Ontologie der äußeren Erfahrung, wie sie der rationalistisch naturwissenschaftlichen Weltauslegung zugrunde liegt. Von diesem Realismus der inneren Erfahrung aus versteht sich das leidenschaftliche Pathos, mit dem Klages spricht von der Wirklichkeit der „Bilder" und „Wesenheiten", die nur dem Erleben erschlossen sind. Er wird damit – wie die Lebensphilosophie überhaupt – zu einem Wiederentdecker der inneren Erfahrung, deren Aufhellung eine völlige methodische Umstellung auf die Herausarbeitung der Tatsachen des unmittelbaren Erlebens voraussetzt, – eine Umstellung, um die sich auch die Phänomenologie bemüht.[3] Dabei besteht allerdings ein grundsätzlicher Unterschied zwischen Phänomenologie und Lebensphilosophie insofern, als die erstere das Realsein der in der unmittelbaren Erfahrung erschlossenen Wesenheiten, um das es gerade der Lebensphilosophie geht, „einklammert" (Husserl), also nur nach der *essentia*, nicht nach der *existentia* fragt.

e) Zusammenfassend sei noch einmal der erkenntnistheoretische Ausgangspunkt der Lebensphilosophie gekennzeichnet. Indem die Lebensphilosophie von der inneren Erfahrung ausgeht, wird das rational-diskursive Denken seines Geltungsanspruches der einzig vertretbaren „objektiven" Erkenntnis entmächtigt und allen nicht-rationalen Vorgängen des Erlebens, also den Trieben, Affekten, Leidenschaften, Strebungen und Gefühlen die Funktion des Erkennens zugeschrieben. Dem Erleben kommt ein ursprünglicher und selbständiger objektiver Geltungswert zu, es überschreitet den Bereich des rein Subjektiven und vermag Welt in Erfahrung zu bringen. So heißt es bei Nietzsche, der – wie Kierkegaard – über die Armut und Leere der die abendländische Philosophie beherrschenden Idee einer vom Erleben gereinigten, leidenschaftslosen Objektivität spottet: „Je mehr Affekte wir über eine Sache zu Worte kommen lassen, [...] um so vollständiger wird unser Begriff dieser Sache, unsere „Objektivität" sein. Den Willen überhaupt eliminieren, die Affekte samt und sonders aushängen, gesetzt daß wir dies vermöchten: wie? Hieße das nicht den Intellekt kastrieren?" (Genealogie der Moral.) In denselben Zusammenhang gehört auch ein Wort Goethes: „Man lernt nichts kennen als was man liebt, und je tiefer und vollständiger die Erkenntnis werden soll, desto stärker, kräftiger und lebendiger muß die Liebe, ja die Leidenschaft sein."

Der erfahrungstheoretische Standpunkt der Lebensphilosophie spitzt sich schließlich zu auf einen transrationalen Apriorismus, der in schroffem Gegensatz steht zum rationalen Apriorismus Kants. Die Erfahrung von Welt ist allererst ermöglicht – nicht wie bei Kant durch das Apriori der sinnlichen Anschauungs- und der rationalen Denkformen – sondern durch transrationales Angesprochenwerden, durch Innerung; Welt ist vor aller Denkbarkeit und Gedachtheit immer erlebte Welt. Die begrifflich zur Aussage gebrachte Wirklichkeit ist ursprünglich aufgefunden nicht im Denken – wie es auch im *cogito ergo sum* des Descartes behauptet wird – sondern im Erleben. Dilthey hat an Kant und Hume auszusetzen, daß sie „die Erfahrung und Erkenntnis aus einem dem bloßen Vorstellen angehörigen" – also den Bereich der Innerlichkeit ausschließenden – „Tatbestand erklärten". Tatsächlich sind ja Kants Anschauungs- und Denkformen reine Formen eines erlebnisfreien Vorstellens, in dessen Bereich auch das Wahrheitskriterium bei Descartes, das *clare et distincte intellegi* gelegen ist.

[3] Über die Beziehungen zwischen Lebensphilosophie und Phänomenologie vgl. M. Scheler, Versuche einer Philosophie des Lebens. (Vom Umsturz der Werte, II. Bd.)

In der konkreten Wirklichkeit der inneren Erfahrung erweist sich jedoch die psychische Sphäre der Vorstellung, in der sich Welt zeigt, je schon integriert mit der Zustandssphäre der Innerlichkeit; ein Zusammenhang, den Kant durch eine strenge Trennung der zuständlichen Erlebnissphäre und der gegenständlichen Vorstellungen zerschneidet. Das Erleben, auf die Zuständlichkeiten der Lust und Unlust reduziert, ist nach Kant dem Vorfinden von Welt in den Anschauungs- und Denkformen rein akzessorisch und zufällig. Das Erleben ist recht eigentlich weltlos, rein „subjektiv". Das Gefühl wird von Kant geradezu definiert als „das, was jederzeit bloß subjektiv bleiben muß und schlechterdings keine Vorstellung eines Gegenstandes ausmachen kann". Es ist für das Innewerden der Welt in ihrer – nur naturwissenschaftlich erkennbaren – Objektivität nicht nur bedeutungslos, sondern in hohem Maße störend. Den Protest gegen die damit eingeleitete Entkleidung der Welt von allen der inneren Erfahrung gegebenen Qualitäten, gegen ihre Sinnentleerung und Veräußerlichung hat seinerzeit Herder ausgesprochen, der dadurch, daß er das Gefühl als ein Organ auslegt, dem Welt allererst sich als vorstellbar erschließt, zu einem der Ahnen der heutigen Lebensphilosophie wird.[4] In die entsprechenden Gedankengänge moderner Lebensphilosophie gehören vor allem Klages' Rede vom kosmogonischen Eros und vom vitalen Erkennen und Schelers in der Gefolgschaft zu Lotze vertretene Theorie von der kognitiven Funktion des Gefühls und vom Primat des Liebens, Hassens und Interessenehmens im Auffinden von Welt überhaupt.[5] Bei Rothacker findet der erkenntnistheoretische Standpunkt des transrationalen Apriorismus folgende Formulierung: „Vom Biologischen bis ins höchst Geistige erkennen wir […] einen Motor des Welteinganges, Welterschließens, Weltöffnens, Welterweiterns und Vernichtens in einer vitalen, emotionalen und existentialen Anteilnahme, ohne welche Wissen, Erlebnisinhalte haben, Kennen überhaupt nicht zustande kommt und deren erkenntnistheoretische Bedeutung in einem ‚Satz der Bedeutsamkeit' […] formuliert werden kann" (Geschichtsphilosophie, S. 98).

f) Wird damit „Bedeutsamkeit" als kategorialer Modus des Erlebens gesetzt, so ist es für die Aufhellung der lebensphilosophischen Probleme schon an dieser Stelle geboten, auf die beiden Grundformen hinzuweisen, in denen die Kategorie der Bedeutsamkeit die erlebte Wirklichkeit bestimmt, nämlich in der Form der (vitalen) „Bedeutung" und in derjenigen des (existentialen) „Sinns". Nur durch diese Unterscheidung ist eine Abhebung des menschlichen Daseins gegen das tierische möglich.

Von „Bedeutung" soll dann gesprochen werden, wenn die Wirklichkeit sich zeigt lediglich in den für die individuelle Lebenserhaltung und Lebensförderung wichtigen

---

[4] Vgl. Th. Litt, Kant und Herder. 1930. – In diesem Zusammenhang ist vor allem auch auf Fichte hinzuweisen, der den rationalen Apriorismus der Kantischen Erkenntnislehre in lebensphilosophischem Sinne dadurch überwindet, daß er das rationale Kategorialgefüge in einer Genese des Bewußtseins abzuleiten sucht aus der transrationalen Tatsache der lebendigen Tätigkeit des Ich.

[5] Vgl. hierzu vor allem auch M. Scheler, Erkenntnis und Arbeit.

Qualitäten, wie es für das Dasein des Tieres als eines reinen Lebewesens zutrifft. Das Tier „erlebt" seine Welt als Gefüge von Orten lebensfördernder und lebensbeeinträchtigender Kräfte und Wirklichkeiten und steht zu ihnen im Verhalten des Angezogen- und des Abgestoßenwerdens. Es handelt sich bei diesem Innewerden um ein „Wahrnehmen" insofern, als es ein Entdecken und Herausholen von Wirklichkeit ist, deren Gegebensein von einem emotionalen Erlebnis begleitet wird.[6] Diese Wahrnehmung bleibt jedoch eine rein biologische Erkenntnis: das Auffinden ist verwurzelt in einem Suchen, das geleitet wird von den Triebkräften und Instinkten der Selbst- und Arterhaltung. Der dabei entdeckte Gesichtskreis hat nicht eigentlich Anspruch auf den Titel „Welt", er ist ein Teilausschnitt von ihr, ist bloße „Umwelt", die dem biologischen „Bauplan" des Lebewesens korrelativ entspricht und sich im erlebenden Innewerden von Bedeutungen als ein Gefüge von „Merk- und Wirkzeichen" (Uexküll) ausgliedert. Jede Gattung und Art tierischer Lebewesen lebt in einer ihr spezifischen Umwelt.

Für menschliches Erleben reicht die Kategorie der Bedeutung nicht aus; es wird getragen durch die höhere Kategorie des Sinnes. Ist Bedeutung ein „Lebensbezug" (Dilthey), der Wirklichkeit immer nur als Umwelt konstituiert, so geht Sinn immer auf Welt als ganzheitliches Gefüge, in dem der Mensch als geistiges Wesen sich selbst einen Ort und eine Aufgabe zuweist, die für sein Handeln und Gestalten verbindlich wird. Hier schlägt der Begriff des Erlebens um in den der Existenz. Bedeutung ist eine rein vitale, Sinn eine existentiale Kategorie des Erlebens. Bedeutung ist ein Lebensbezug, in dem die Umwelt und das Lebewesen zentriert wird, im Lebensbezug des Sinnes dagegen entwirft das geistige Lebewesen sich selbst auf den Horizont einer Welt.

Das Innewerden des Sinnes verläuft ebenso über die Innerlichkeit wie dasjenige von Bedeutungen; daran ändert auch die Tatsache nichts, daß es sich natürlich in anderen psychologischen Formen des Erlebens („Gefühlsakten") vollzieht als das rein vitale Erleben, das sich abspielt in den Vorgängen des Triebes und den sie begleitenden diffusen zuständlichen Gefühlstönen.[7] Sein auszeichnendes Merkmal hat das von der Sinnkategorie fundierte menschliche Erleben darin, daß es hinausdrängt über den Gesichtskreis der rein biologischen Relevanz einer Umwelt und das Leben des Menschen einstellt in den Horizont einer Welt, die natürlich kein bloß theoretisches Bild, sondern insofern im Erleben fundiert ist, als der Mensch sich ihrer als eines Sinnbereiches seiner Existenz inne ist.

Es muß den folgenden Erörterungen vorbehalten bleiben, aufzuklären, was hier thematisch mit der Aufstellung des Sinnbegriffes in den Blick zu bringen versucht wurde. Soviel jedenfalls ist schon jetzt zu sagen: jede Philosophie des Erlebens bleibt

---

[6] Vgl. McDougall: Grundlagen einer Sozialpsychologie. Deutsche Übersetzung 1928. II. Kap.

[7] Vgl. hierzu McDougall, a. a. O. S. 23: „Wir scheinen also in unserem Glauben gerechtfertigt zu sein, daß jede instinktive Verhaltungsweise von einer […], wenn auch schwachen, emotionalen Erregung begleitet wird, welche in jedem Fall spezifisch oder charakteristisch für diese Art des Verhaltens ist."

im Biologismus stecken, wenn sie die im Erleben beschlossene Bedeutsamkeit nicht in den Grundformen von Bedeutung und Sinn unterscheidet, – ein Vorwurf, der vor allem dem Pragmatismus gemacht werden muß.

II. Die Wirklichkeit des Lebens

Dem lebensphilosophischen Grundmotiv der inneren, d. h. vom veräußerlichenden diskursiv-rationalen Auslegungsschema befreiten Erfahrung entspricht ein spezifisches Weltbild, in welchem dem *Erleben* als dem Weg der Erfahrung das *Leben* als das in der inneren Erfahrung sich zeigende Wesen der Wirklichkeit korrelativ zugeordnet ist.

a) Der allgemeine Grundzug dieses Lebens ist sein *heraklitischer* Charakter. Der inneren Erfahrung ist Welt erschlossen immer nur als stetig fortschreitender Prozeß, als Bewegung und Verwandlung, als ein fließendes Geschehen von Erscheinungen, die noch jenseits der Kategorie beharrender Gegenständlichkeit (Dinglichkeit) liegen, ja denen gegenüber gerade die Anwendung dieser Kategorie sich als unangemessen erweist. Von hier aus wird jede Philosophie abgelehnt, die die Wirklichkeit als in sich ruhendes, in allen Veränderungen beharrendes und gleichbleibendes dingliches Sein bestimmt und die Welt durch das Schema der Gegenständlichkeit erklärt. Wirklichkeit ist immer sich zeitigendes Geschehen, Zeit ist gleichsam der Atem und die konkrete Innerlichkeit der Welt.[8]

Dieser Gedanke wird in seiner Grundsätzlichkeit erst dann erfaßt, wenn Zeit nicht – wie bei Kant – als äußere Form, als leeres extensives Schema verstanden wird, das die einzelnen Erscheinungen im Nacheinander ordnet wie wir „Dinge“ im Nebeneinander des Raumes ordnen, d. h. so, daß jede Einzelerscheinung außerhalb der anderen bleibt, sondern Zeit ist im lebensphilosophischen Aspekt der in seiner Kontinuität erlebte „innere Übergang“ (Dilthey) von Vergangenheit durch Gegenwart in Zukunft. Vom lebensphilosophischen Standpunkt aus ist Kants Zeitbegriff ein Ordnungsschema der „äußeren Erfahrung“, d. h. der Erfahrung der Welt als äußerlich gedachter Wirklichkeit. Darüber darf nicht die Tatsache hinwegtäuschen, daß Kant die Zeit als Form des „inneren Sinnes, d. i. des Anschauens unserer selbst und unserer inneren Zustände“ dem Raum als der Anschauungsform der „äußeren Erscheinungen“ entgegenstellt. Der hier gebrauchte Begriff des „Innen“ ist wie immer bei Kant völlig frei von der in der Lebensphilosophie intendierten Bedeutung eines seelischen Grundes. Die Kategorie des Innen in diesem Sinne lehnt Kant ja grundsätzlich ab; die Welt

[8] Jede Philosophie der inneren Erfahrung drängt zu einer Metaphysik des Werdens. So heißt es bei Meister Eckhart, dem ersten deutschen Metaphysiker der inneren Erfahrung: „Gott wird und entwird. Gottes Gewerden ist sein Wesen.“

sowohl als das Ich sind in der Erfahrung immer nur als „Erscheinungen“ gegeben, Erscheinungen aber bestehen nur aus „äußeren Verhältnissen“. Der Erfahrung erschlossen ist immer nur ein „komparativ Inneres“, niemals aber ein absoluter Grund des Daseins überhaupt. Die Frage nach ihm ist für Kant erkenntniskritisch gesehen unsinnig. Wenn Kant deshalb den Begriff des Innen gebraucht, dann geschieht es immer im Sinne der von Locke stammenden Unterscheidung zwischen der subjektiv-psychischen Bewußtseinswirklichkeit und der objektiv gedachten Außenwelt des mathematisch-naturwissenschaftlichen Raumes. Nach Kant bestimmt die Zeit als Form des inneren Sinnes „das Verhältnis der Vorstellungen in unseren inneren Zuständen“. „Wir stellen die Zeitfolge durch eine ins Unendliche fortgehende Linie vor, in welcher das Mannigfaltige eine Reihe ausmacht, die nur von einer Dimension ist, und schließen aus den Eigenschaften dieser Linie auf alle Eigenschaften der Zeit. [...] Hieraus erhellt auch, daß die Vorstellung der Zeit selbst Anschauung sei, weil alle ihre Verhältnisse sich in einer äußeren Anschauung ausdrücken lassen.“ Kant interpretiert also die zeitliche Innenwelt durch das extensive Schema des Raumes, er behandelt sie wie Dinge der „äußeren“ Erfahrung, er setzt einen von der Lebensphilosophie her gesehen veräußerlichten Zeitbegriff, der die Tatsachen der inneren Erfahrung nicht in sich aufzunehmen vermag. Das zeigt sich darin, daß im mathematisch-naturwissenschaftlichen Zeitschema die Gegenwart zusammenschrumpft zum ausdehnungslosen Jetztpunkt, der Vergangenheit und Zukunft außerhalb seiner läßt und damit gerade das in ein diskontinuierliches Nebeneinander auflöst, dessen die innere Erfahrung als erlebter Gegenwart inne wird. Für sie ist Gegenwart gerade die Wirklichkeit des *Überganges* von Vergangenheit in Zukunft, sie läßt es nicht zu, im Schema des extensiven Nebeneinander Vergangenheit und Zukunft zum punktuellen Jetzt als etwas hinzuzudenken, das ihm äußerlich ist, sondern ihr zeigt sich die Gegenwart als das Janusgesicht des Epimetheischen und Prometheischen (Carus), als die Durchdringung und die intensive Einheit des Nicht-Mehr der Vergangenheit und des Noch-Nicht der Zukunft.

Die Veränderung, die das rationale mathematisch-naturwissenschaftliche, die Welt als Inhalt der äußeren Erfahrung konstituierende Denken mit der Wirklichkeit der Zeit vornimmt, indem sie die Gegenwart zu jeweils interpungierenden Augenblicklichkeit macht und die in der inneren Erfahrung gegebene Durchdringung von Vergangenheit und Zukunft zerstört, erhält eine grundsätzliche Bedeutung für die Lebensphilosophie insofern, als ja das Wesen der Wirklichkeit als zeitliches Geschehen aufgefaßt wird. Die Struktur des rationalen Denkens als des konstitutiven Prinzips der „äußeren“ Erfahrung zeigt sich von hier aus gesehen als unfähig, die sich zeitigende Wirklichkeit des Werdens überhaupt in sich aufzunehmen. Sie bringt gerade das Kontinuum des lebendigen Geschehens zur Auflösung in diskontinuierliche Stücke, setzt Grenzen, wo Übergänge sind und macht das sich Bewegende und Geschehende zum gegenständlichen Sein.

Mit ihrem Bestreben, diese Betrachtungsweise zu überwinden, steht die Lebensphilosophie im Zentrum jenes Problems von *Sein* und *Werden*, das seit Parmenides und Heraklit die abendländische Metaphysik thematisch durchzieht. Wenn die Eleaten einsahen, daß das streng logisch-rationale Denken unfähig sei, die Bewegung in sich aufzunehmen, und sich zu einer radikalen Leugnung der Wirklichkeit der Bewegung und des Geschehens entschlossen, so kommt die Lebensphilosophie zu auf eine Kritik des Geltungsanspruches des logisch-rationalen Denkens und tritt in eine grundsätzliche Polemik zur überlieferten, in der Faszination des parmenideischen starren Seinsbegriffes befangenen Ontologie, deren „Rationalismus" darin besteht, daß sie die Welt interpretiert als logisch notwendig angenommenes Apriori beharrender Seinsgegebenheiten.

b) In dieser Polemik wird – so vor allem bei Bergson und Klages – die Auslegung der Welt durch die rationalen Kategorien zurückgeführt nicht auf ein logisches Apriori der Möglichkeit von Welterfahrung überhaupt, sondern enthüllt als ein abkünftiger Modus menschlichen Verhaltens zur Welt, das verwurzelt ist im Willen und im Interesse, Welt zu gebrauchen, mit ihr umzugehen und sie zu beherrschen. Dieses praktisch interessierte Verhalten „muß für die Befriedigung seiner Bedürfnisse und für alle Zwecke seines Handelns auf Beständigkeit und Berechenbarkeit der Ereignisse und auf voraus erkennbare Notwendigkeit ihres Zusammenhanges bauen dürfen" (Lotze, Mikrokosmos). Die Mittel des praktischen Umgehens mit Welt müssen notwendig feste Werkzeuge sein; sie werden gefunden im Begriff, der die lebendigen, sich wandelnden Erscheinungen der Welt in die Starrheit der sich im Fluß der Zeit gleichbleibenden Gegenstände verwandelt; diese ändern sich lediglich in ihren Zuständen und sind dabei dem Gesetz der Kausalität unterworfen. Die aufgestellten Naturgesetze werden ausgelegt als Formeln des praktischen Kalküls für das Umgehen mit Welt. Gesetze werden gesucht, um den Lauf der Welt vorherbestimmen zu können. Im rationalen, naturwissenschaftlichen Weltbild wird Welt also aufgewiesen als das Ausgriffsfeld zweckgerichteten, praktisch interessierten Handelns, Welt zeigt sich als etwas, das es zu bewältigen gilt. Die Grundbegriffe und Grundsätze, durch die die Welt hier als Gegenstand der äußeren Erfahrung gedacht wird, sind das Kategorialgefüge, mit dem der Herrschaftswille die Wirklichkeit angeht und angehen muß, sofern er sie eben sucht als eine Ordnung von Angriffspunkten für technische Bearbeitung und zweckmäßige Umformung. Es ist bezeichnend, daß die moderne Naturwissenschaft selbst ihr Verfahren ganz in diesem Sinne versteht. Poincaré bekennt, daß mit der Aufstellung einer physikalischen Theorie gar nicht ihre „Wahrheit" behauptet werde; „sie erlaubt uns nur, einen größeren Kreis von Erscheinungen so zu erkennen, daß wir sie beherrschen. Neue Erscheinungen können sie umwerfen, dann wird ein neues Bild gemacht. An dem Bild ist nichts gelegen; was die Welt an sich ist, – das kann uns gleichgültig sein, sondern wir wollen sie beherrschen" (zit. bei Nohl, Einführung in die Philosophie, S. 31.)

Die Rückführung des rationalen Denkens der Welt auf den Herrschaftswillen löst natürlich die Frage aus, wie es denn möglich sei, die Welt mit praktischem Erfolg als Gegenstand der äußeren Erfahrung zu sehen, und ob dieser praktische Erfolg denn nicht den Hinweis darauf gebe, daß das rationale Denken der Struktur der Welt angemessen sei. Die Lebensphilosophen stellen sich zu dieser Frage verschieden. Klages geht auf sie überhaupt nicht ein; für ihn kommt der rationalen Auslegung der Welt schlechthin kein Wahrheitswert zu, da die Welt durchweg lebendig ist. Nach Bergson dagegen entspricht dem rationalen Denken die Wirklichkeit der toten Materie, die – ganz in der Gefolgschaft Schellings – gedeutet wird als eine Minusvariante, ein Abfall und Müdewerden der eigentlichen Wirklichkeit des Lebens. Der Intellekt wirkt wie ein Sieb, durch dessen Maschen gerade die flüssige Lebendigkeit unfaßbar hindurchrinnt.

c) Die lebensphilosophische Kritik am logisch-rationalen Weltbild der „äußeren" Erfahrung führt notwendig zu der Frage, wieweit das Denken überhaupt imstande ist, die Wirklichkeit in sich aufzunehmen, wieweit also die Grundform der *Begrifflichkeit* nicht von vornherein der Struktur des Lebendigen unangemessen ist in der Weise, wie es etwa Fichte formuliert: „Die Verwandlung des unmittelbaren Lebens in ein stehendes und totes Sein ist der [...] Grundcharakter derjenigen Verwandlung, welche der Begriff mit dem Dasein vornimmt."

Die Beantwortung dieser für die Lebensphilosophie zentralen Frage geht am besten aus von der radikalen Einstellung, in der Klages das Wesen des Denkens, die Funktion des Geistes als das Streben bestimmt, sich der Welt gegenüber zu behaupten, die Welt zu beherrschen. Dieses Streben verwirklicht er durch begriffliche und gesetzliche Schematisierung der Wirklichkeit, was letzten Endes hinausläuft auf eine Ertötung des Lebendigen. Der Geist will, seinem Grundwesen folgend, die Vernichtung des Lebens, er steht zum Leben im Verhältnis des metaphysischen Widersachers; der Mensch aber ist der Schauplatz des Kampfes, der welthistorisch endigt mit dem Sieg des Geistes über die erlebende Seele, die der Welt als einer lebendigen Wirklichkeit strömender Bilder, nicht aber als gesetzlicher und beherrschbarer Ordnung gedachter toter Gegenstände inne ist.

Da es mit dieser metaphysischen Grundansicht um nichts weniger geht als um die Idee des Menschen, im besondern um die Auslegung seiner geistigen Natur, kommt alles darauf an, den Geltungsanspruch der von Klages gegebenen Deutung des Geistes und seiner Funktion, des Denkens zu überprüfen. Sofern alle Lebensphilosophen den Gegensatz des rational zurechtgelegten Weltbildes und des Weltbildes der unmittelbaren inneren Erfahrung des Erlebens mitmachen, handelt es sich um die Frage, ob Erleben und Denken als Modi des Weltinnewerdens bzw. der Weltauslegung einen unvereinbaren Gegensatz darstellen, ob es also in der Natur des Menschen als denkenden Wesens notwendig begründet ist, daß die Welt als Gegenstand der „äußeren" Erfahrung, als naturwissenschaftlich-mechanische Ordnung ausgelegt wird, und ob – sofern diese Auslegung zurückgeführt wird auf den Willen zur Beherrschung der Welt – dieser Wille, wie es die Ansicht von Klages ist, das treibende Grundmotiv jeglichen Denkens ausmacht.

Die Beantwortung dieser Frage drängt zur Unterscheidung einer *technisch-intellektuellen* und einer *geistig-ideellen, „hermeneutischen“* Begrifflichkeit. Von der ersteren ist da zu sprechen, wo die Anwendung des Begriffes darauf abzielt, *den* Teilgehalt der Erscheinungen in den „Griff“ zu bekommen, der sie als praktizierbare Gegenstände und ihre Mannigfaltigkeit in der Beziehung eines gesetzmäßigen Zusammenhangs denken läßt. Der technisch-intellektuelle Gebrauch des Denkens hat sich selbst zu verstehen als ein Modus, durch den die Welt in den Blick der auf praktisches Umgehen gerichteten „äußeren“ Erfahrung gebracht wird. Die Wirklichkeit der der inneren Erfahrung erschlossenen Qualitäten wird umgedacht in eine solche der beherrschbaren und berechenbaren Quantitäten. „Der Intellekt sucht nach technischer Macht über die Natur, Gesellschaft, Geschichte“ (Scheler). Welt zeigt sich dem technisch-intellektuellen Gebrauch des Denkens nur in ihrer Beherrschbarkeit, die allerdings *eine* Seite ihres Wirklichseins ausmacht.

Es wäre nun völlig verfehlt und hieße das Kind mit dem Bade ausschütten, wollte man dem Intellekt sein Recht absprechen, sofern er ein Mittel darstellt, sich in der Welt praktisch zurechtzufinden, das Bild der Welt als Lebensraum in der Sorge um Selbsterhaltung und Selbstdurchsetzung zu organisieren. Der Intellekt hat seine unbestrittenen Verdienste gerade auf dem Gebiet der Naturwissenschaft, Technik und praktischen Organisation. Kritik und Protest fordert der technisch-intellektuelle Gebrauch des Denkens jedoch dort heraus, wo er die Grenzen seines Geltungsbereiches verkennt und den Anspruch erhebt, die Wirklichkeit der „äußeren“ Erfahrung als *den* Horizont von Welt aufzuweisen, in dem sich der Sinn des menschlichen Daseins erfüllt, – dort also, wo der Intellekt führt zur Grundhaltung des Intellektualismus, d. h. zur Rationalisierung und Mechanisierung des Weltbildes und der Lebensführung.

Als Kritik am Intellektualismus hat das, was Klages gegen die Fatalität des „Geistes“ vorbringt, fraglos seine Berechtigung. Die Gefahr des Intellektualismus ist in der Entwicklung der modernen Kultur bzw. Zivilisation in immer bedrohlichere Nähe gerückt, die rationalen Kategorien der Naturwissenschaften und der Technik sind immer mehr zum Apriori der Weltauslegung und Lebensführung des Menschen, die Menschen immer mehr rechnende Wesen, die Welt berechenbare und durch richtigen Gebrauch von Regeln beherrschbare Wirklichkeit geworden. Die Funktion des zerlegenden, quantifizierenden und kalkulierenden intellektuellen Denkens wurde immer mehr zum Organon jeglichen Weltsuchens, Welthabens und Weltverhaltens. Innerhalb der auf solche Weise qualitäts- und sinnlos gewordenen intellektualisierten, entzauberten und entseelten Welt findet sich der Mensch vor in völliger emotionaler Verarmung und Verödung, ohne Bindung (*religio*), um den Besitz seiner Tiefe gebracht, in seinem Denken völlig losgelöst vom Grund des Erlebens.

Sofern nun aber Klages das Wesen des Geistes überhaupt als metaphysische Feindschaft zum Leben bestimmt, fordert er seinerseits Protest und Kritik heraus. Denn in seinem technisch-intellektuellen, vom Erleben losgelösten Gebrauch erfüllen sich noch keineswegs alle Möglichkeiten des „Geistes“. Es gibt eine Begrifflichkeit, die den Grund des Erlebens noch ganz unter sich hat, nämlich da, wo sie nicht der technischen Beherrschung und Organisation der Wirklichkeit, den Zielen der Selbsterhaltung und Selbstdurchsetzung, sondern der *Sinnerhellung* des Daseins in der Welt dient. Dieser geistig-ideelle Gebrauch des Denkens steht im unmittelbaren Zusammenhang mit dem Erleben insofern, als die Frage nach Sinn kontrapunktisch je schon im Erleben des Menschen mittönt, soweit er sein Dasein als „geistiges" Wesen zu verwirklichen sucht. In dieser „existentialen" Form ist Erleben ein Anklingen des Sinnmotivs, ohne das menschliches Dasein nicht möglich ist. Menschliches Dasein als geistige Existenz ist immer angelegt auf Sinnerfragen. Zum Sinn aber führt das Erleben immer nur insofern, als sein Inhalt hinaufgehoben wird in die Erhellung der *Idee*. Sinn ist also eine Wirklichkeit, die je schon im Erleben erfragt und angegangen und im Denken zum Horizont von Welt, in der wir sind, aufgehellt wird.

Was mit der geistig-ideellen Funktion des Denkens gemeint ist, erhält seine Verdeutlichung durch die Erfahrung, die wir an der Sprache des Dichters machen. Wort und Satz, Begriff und Urteil bringen in der sprachlichen Form etwa eines Gedichtes immer ein Erlebnis zur Aufhellung, und zwar so, daß unmittelbar einsichtig wird, wie gerade diese sprachlich-begriffliche Formung das im Erlebnis dunkel und drangvoll Gegebene in die Helle des erscheinungsmäßig Faßbaren, Sichzeigenden, in die Sphäre der Geistigkeit und des Sinnes erhebt. Verstanden wird die Dichtung immer nur vom Erlebnis her, das Erlebnis selbst aber bleibt unverstanden, in der chaotischen Dunkelheit und Dranghaftigkeit seiner Irrationalität befangen, sofern es diese geistige Erhellung nicht findet; im geistigen Akt wird es aus der Unoffenbarheit des Lebensdranges in die Offenbarheit des Sinnes überführt. Die geistig-ideelle Funktion des Denkens zeigt hier ihren Grundcharakter als Interpretation, sie bringt das Leben zum Verständnis, enthüllt den ihm immanenten Sinn, sie gibt in der Extensität der „Vorstellung" die intensive Qualität des Erlebens. Dilthey hat für diesen Zusammenhang das Wort von der „hermeneutischen Begrifflichkeit" geprägt.[9] Sie wird von ihm als Grundlage der „Geistes"-wissenschaften verstanden und ist klar abgegrenzt gegen die technisch-intellektuelle Begrifflichkeit, die, in den Natur- und positivistischen Erfahrungswissenschaften zu Hause, als werkzeugliches Mittel feststellbarer Gegenstände im Dienste der Weltbeherrschung steht und gerade den Offenbarungscharakter der hermeneutischen Begrifflichkeit nicht besitzt. Organisation als Technik und leitendes Prinzip der „äußeren" Erfahrung und organische Ausfaltung als Lebensvorgang treten hier in voller Gegensätzlichkeit auseinander. In der technisch-intellektuellen Begrifflichkeit sind Sprache und Denken Mittel, Welt und Dasein in ihr zu *organisieren*; im hermeneutischen Gebrauch sind sie Antlitz des seelisch-geistigen Organismus, nicht Bezeichnung, Terminus, sondern „aufklärender" (Groethuysen), „evozierender" (Misch) Ausdruck, Verlautbarung des Erlebens in der Kategorie des Sinnes. Im Horizont der hermeneutischen Begrifflichkeit steht das Erleben, in dem wir des Lebens inne werden; sie ist in diesem Sinne nicht irrational, wohl aber *transrational*, wogegen die Rationalität der technisch-intellektuellen Begrifflichkeit darin besteht, daß

[9] Vgl. Misch, Lebensphilosophie und Phänomenologie, 1931, S. 94ff.

diese nicht über sich hinaus weist und ihrem Gegenstand die Qualität und das Antlitz des in „innerer“ Erfahrung erlebbaren Lebens nimmt, also Welt nur als Inhalt der „äußeren“ Erfahrung vor den Blick zu bringen vermag.

Es hat sich gezeigt, daß der Gegensatz zwischen Erleben und Denken, der von Klages als unvereinbar gesetzt wird, in der Ebene des Geistes aufgehoben ist. Die Rede von der geistig-ideellen Funktion des Denkens gibt uns nun den Standort, von dem aus die von Klages vertretene Theorie vom „Geist als Widersacher der Seele“ – wobei Seele mit Leben gleichgesetzt wird – zu beurteilen ist. Der Hintergrund, auf dem die Klagessche Kritik des Geistes entworfen wird, die im Grunde nur eine Kritik des Intellektualismus darstellt, ist nichts weniger als die Forderung, sich absinken zu lassen in den Fluß des Lebens, unterzutauchen in den Kreislauf von Werden und Vergehen und in die ekstatische Hingerissenheit der reinen Lebewesen. Die Idee des Menschen ist auf reine dionysische Lebendigkeit reduziert. Blieben wir aber, verbannt aus der apollinischen Lichtwelt des Sinnes, in der irrationalen Ekstatik des Erlebens befangen, dann wären wir nichts als der Spielball der uns im Erleben ansprechenden Wirklichkeiten, bald der einen, bald der anderen preisgegeben. In der drangvollen Irrationalität eines Versunkenseins in das Leben wäre der autonome Sinn der menschlichen Existenz aufgehoben, die Idee des Menschen in verhängnisvoller Weise verdunkelt. Es wären aus der Idee des Menschen und dem Sinn seines Daseins zwei Wesenszüge gestrichen, die ihn gerade vom tierischen Dasein unterscheiden. Der Mensch besäße keine kosmische Wachheit, er hätte keine Welt, sondern nur, wie das Tier, Umwelt, in der dieses triebhaft aufgeht und über die es nicht hinaussieht. Zum anderen hätte der Mensch, bliebe er in der Ekstatik des irrationalen Lebens stecken, keine Freiheit, es gäbe für ihn kein Wagnis und Risiko und damit keine Verantwortung in der Entscheidung. Dem Tier ist Dasein immer nur *gegeben*, dem Menschen dagegen *aufgegeben* und zwar als Frage nach dem Sinn, die nur im Risiko entschieden werden kann.

Nur in der Anerkennung der geistig-ideellen Funktion des Denkens kann also die autonome Idee des Menschen gerettet werden, will man menschliches Dasein nicht gleichsetzen einerseits mit dem vitalen Erleben von Bedeutung und Umwelt und andererseits mit der Haltung des *homo faber*, der die Welt nur als Inhalt der äußeren Erfahrung, als praktizierbares Material seines Herrschaftsstrebens sucht.

Jetzt heben sich auch die Unterschiedsmerkmale des technisch-intellektuellen und des geistig-ideellen Weltbildes klar heraus. Das erstere ist „Herrschaftswissen“ (Scheler), ausgerichtet auf die Erreichung der Zwecke der Daseinsorganisation, das letztere ist Wissen um Sinn. Der technisch-intellektuelle Gebrauch des Denkens sucht immer nach Garantien, das Kriterium der Wahrheit liegt in der praktisch-technischen Bewährung. Die Inhalte des geistig-ideellen Denkens, in dem der Kosmos als Sinngehalt aufblitzt, können und wollen niemals *garantiert* sein, sondern es ist ihr auszeichnendes Merkmal, daß sie immer nur – und zwar mit der ganzen Existenz – *riskiert* werden. Im naturwissenschaftlich-rationalen Weltbild tragen die Inhalte kein Antlitz, sie sind qualitätslos, auf den Nenner beherrschbarer und berechenbarer Quantitäten gebracht, das Denken hat sich vom Erleben und damit von dem dem Erleben immanenten Sinnerfragen gelöst. Sprechen wir aber von Weltanschauung immer nur dann, wenn ein entworfenes Weltbild sinnvoll und damit Aufgaben setzend für das menschliche Dasein wird, so ist die Naturwissenschaft wie überhaupt der Rationalismus, das technisch-intellektuelle Denken unfähig, Weltanschauungen zu geben, da er ja die Kategorie des Sinnes von vornherein gestrichen hat. „Der Mechanismus ist ‚sinnlos', deshalb befriedigt er nicht."[10] Und so ist es charakteristisch für Kant, daß er die Idee der Freiheit, jenes „letzten Punktes wahrhafter Innerlichkeit" (Lotze) – im „Primat der praktischen Vernunft" zwar ihr souveränes Recht einräumt und damit dem philosophischen Fragen den Horizont des Sinnes zurückgewinnt, die Sinnfrage aber völlig verweist aus dem Bereich der Erfahrungswelt, deren Erkenntnistheorie er als solche der reinen Natur, des gegenständlich Seienden in der Kritik der reinen Vernunft gegeben hat. Die Sphäre der Innerlichkeit, das sinnhafte Dasein des Menschen als geistiger Person ist bei Kant der Erfahrungswelt absolut transzendent, die Wirklichkeit des Menschen im *mundus intelligibilis* ist in empirischem Sinne weltlos. Da die Theorie der phänomenalen Welt, des *mundus sensibilis*, von vornherein als eine solche der äußeren Erfahrung bestimmt wird, muß die Frage nach Sinn außerhalb ihrer verwiesen werden. Welt zeigt sich dann notwendig immer nur als mechanisch bestimmte Natur, als gesetzliche Beziehung von Erscheinungen, nie aber als Trägerin von Sinn. In einer Theorie der inneren Erfahrung dagegen werden Innerlichkeit und Sinn als immanent gesetzt, und zwar aus der Erkenntnis, daß die Frage nach dem Sinn je schon in der menschlichen Erfahrung kontrapunktisch mitschwingt und für ihre Inhalte konstitutiv wird (Satz der Bedeutsamkeit).

d) Mit der Unterscheidung einer technisch-intellektuellen und einer von der Kategorie des Sinnes geleiteten geistig-ideellen Funktion des Denkens ist nicht nur die schroffe Gegensätzlichkeit von Erleben und Denken, von Leben und Geist zur Aufhebung gebracht. Darüber hinaus zeigt sich die Wichtigkeit des Sinnbegriffes für die Fragestellung der Lebensphilosophie vor allem auch darin, daß er allein die Möglichkeit gibt, eine Aporie zu lösen, in der die Lebensphilosophie mit ihrer grundsätzlichen heraklitisch-dynamischen Auffassung der Wirklichkeit hier und dort stecken zu bleiben droht.

Ist nämlich die Welt die absolute Kontinuität des Werdens, das als Verneinung alles beharrenden Seins verstanden wird, so erscheint zunächst jeder Versuch vergeblich, in ihr etwas zu erfassen, was den Fluß der Veränderungen überformt, gestalthaft überdauert und dem Menschen Halt im Dasein gibt. Beharrendes Sein und fließendes Werden können nur im Verhältnis der unvereinbaren Gegensätzlichkeit gesehen werden. Der Mensch selbst aber steht damit in der Gefahr, in den Strudel der unaufhaltbaren Flüchtigkeit hinabgezogen, im Erleben ohne festen Halt von Welle zu Welle geworfen zu werden. Alle wesentlichen und tragenden Wertgehalte des Daseins müs-

[10] N. Hartmann, Sinngebung und Sinnerfüllung. Bl. f. dtsch. Philos., 8. Bd., 1934.

sen dann in den Prozeß des Lebens als solchen verlegt werden. So ist es bei Bergson, dessen *élan vital* einen rein ekstatischen Charakter hat und zur individualistischen Haltung des Impressionismus und Expressionismus führt.

Nun besteht allerdings eine Möglichkeit, den Gegensatz zwischen dem werdenden Leben und einer es überformenden gestalthaften Wirklichkeit zur Aufhebung zu bringen, und zwar in der Idee der *Entwicklung*. Diese Möglichkeit wurde auch von der Lebensphilosophie aufgegriffen. Entwicklung ist einer ihrer bevorzugtesten Begriffe. Um aber klarzustellen, wieweit durch ihn tatsächlich die Gegensätzlichkeit zwischen dem Werden und einer es überformenden Wirklichkeit aufgehoben wird, ist es nötig, grundsätzlich zwei mögliche Fassungen des Entwicklungsgedankens zu unterscheiden: eine teleologisch-eidogenetische und eine dialektisch-ideelle.

Den Prototyp der ersteren finden wir bei Aristoteles: das Werden der Wirklichkeit erscheint als Ausgestaltung bestimmter Form- und Bildekräfte und geht zu Ende, wenn die Form sich verwirklicht hat, – ein Gedanke, der vor allem in der modernen „Philosophie des Organischen“ (Driesch) seine Erneuerung gefunden hat. Wenn nun zweifellos im aristotelischen teleologisch-eidogenetischen Entwicklungsgedanken die Synthese von einer im Fluß des Werdens befindlichen und einer diesen Fluß überformenden Wirklichkeit angestrebt wird, so reicht er doch nicht aus für eine konsequente Philosophie des Werdens, als die sich die Lebensphilosophie verstanden wissen will; und zwar deshalb nicht, weil unter seiner Anwendung das Werden im gestalthaft Gewordenen sein Ende findet: „Das Ziel verschlingt die Entwicklung“ (Rothacker). Die das Werden überformende Wirklichkeit wird gedacht in der Kategorie des statischen Seins und dadurch die Idee des Werdens als eines metaphysischen Prinzips faktisch aufgegeben.

Es gibt nur *eine* Möglichkeit, die heraklitische Grundidee des *πάντα ῥεῖ* beizubehalten und zugleich das fließende Geschehen in Beziehung zu bringen zu einer es überformenden Wirklichkeit, durch die allein der Mensch Halt im Dasein findet. Diese Möglichkeit besteht darin, daß der Entwicklungsgedanke durch die Kategorie des Sinnes fundiert und aus der historisch ursprünglichen teleologisch-eidogenetischen Fassung übergeführt wird in die dialektisch-ideelle, die Hegel inauguriert hat. Das dem Werden sich gestalthaft enthebende und es übergreifende Prinzip ist jetzt nicht wie im teleologisch-eidogenetischen Entwicklungsgedanken eine letzten Endes doch wieder in der Kategorie des statischen Seins gedachte Form, in deren Verwirklichung das Werden zum Ende kommt, sondern die Wirklichkeit des Sinnes, der nicht am Ende des Werdens liegt, sondern „stets schon im Jeweiligen, [...] in jeder noch so einseitigen Verwirklichungsform schon in seiner Weise da und gegenwärtig ist“. „Das Zeitliche [...] wird dadurch seiner Zeitlichkeit nicht überhoben. Nur der Sinn [...] ist es, was sich an ihm erhebt über sein Auftauchen und Verschwinden im Zeitstrom“ (N. Hartmann, a. a. O.)

Die Wirklichkeiten der äußeren und der inneren Erfahrung heben sich von hieraus gesehen noch einmal charakteristisch gegeneinander ab: das feste, haltgebende Gefüge der Welt der inneren Erfahrung ist nicht, wie die der äußeren Erfahrung, eine

Wirklichkeit des parmenideisch gedachten gegenständlichen Seins, das immer als absoluter Gegensatz zum fließenden Werden erscheinen muß, sondern die geistige Realität des Sinnes. Der Sinnbegriff als Kategorie, in der sich eine den Fluß des Geschehens überformende und haltgebende Wirklichkeit zeigt, ist völlig frei von der Vorstellung des statischen gegenständlichen Seins, das technisch-intellektueller Setzung entspringt. Und so erscheint im dialektisch-ideellen Entwicklungsgedanken die ontologische Gegenüberstellung von zeitlich Fließendem und überzeitlich Festem nicht als Alternative, vor der der Mensch sich zu entscheiden hat, indem er *eine* Seite des Gegensatzes aus dem Horizont der Welt als unwirklich, als *μή ὄν* wegstreicht, sondern als dialektische Einheit der sinnlich erfahrenen Wirklichkeit des zeitlichen Werdens und der überzeitlichen geistigen Wirklichkeit des Sinnes. Der Geist ist nicht wie bei Klages dem Fluß der sinnlichen Erscheinungen und ihrem Erlebtwerden unaufhebbar gegensätzlich, sondern er hat gerade in diesem Fluß die notwendige Voraussetzung seiner Erfüllung, wie ihm seinerseits die Aufgabe zukommt, die sinnliche Wirklichkeit des Werdens sinnhaft aufzuhellen. „Geist [...] ist wesentlich Sinngebung" (N. Hartmann). Im Aufblitzen des Sinnes berühren sich Zeitlichkeit und Überzeitlichkeit. Das Werden steht im Dienste der Sinnoffenbarung, der Sinn erhält seine Erfüllung nur am Fluß des Werdens. Die dialektische Einheit beider ist das Leben des Geistes und die Geistigkeit des Lebens. In dieser Sicht ist Lebensphilosophie immer Philosophie des Geistes, als was sie ja auch von Dilthey bestimmt wird. Unter den Lebensphilosophen ist es denn auch nur Dilthey, dessen Ansätze die Möglichkeit einer dialektisch-ideellen Fassung des Entwicklungsbegriffes offen lassen. (Über Simmel siehe weiter unten.)

e) Die bisher unter dem Gesichtspunkt der Wirklichkeit des Lebens entwickelten Gedanken gingen aus von der für die Lebensphilosophie verbindlichen Idee des heraklitischen *πάντα ῥεῖ.* Nun wird das Leben von der Lebensphilosophie nicht nur bestimmt als sich zeitigende, immer im Fluß des Geschehens befindliche Wirklichkeit; neben diesem ihrem historisch-heraklitischen Charakter wird ihr das Wesensmerkmal der Einheit zuerkannt: es ist das „eine" Leben, was den Grund der Wirklichkeit ausmacht. Dieses Problem der Einheit muß in unserem Zusammenhang besonders herausgestellt werden, weil auch hier, wie im Problembereich des Werdens, jede Lebensphilosophie auf die Kategorie des Sinnes zugedrängt wird, d. h. der Gedanke der Einheit nur dann vertretbar ist, wenn er in der Kategorie des Sinnes fundiert wird.

Daß die Lebensphilosophie vom Standpunkt der inneren Erfahrung aus auf eine Metaphysik der Einheit zukommen muß, ist ohne weiteres verständlich. Was Dilthey unter „Struktur" als der Grundkategorie der Erlebniswirklichkeit versteht, ist die gegenseitige Durchdringung, das Ineinander-Enthaltensein aller sowohl im Querschnitt der Gegenwart als auch im Längsschnitt des Lebensverlaufs unterscheidbaren Einzelzüge des Seelenlebens, die wir begrifflich als Inhalte des Denkens, Vorstellens, Wahrnehmens, der Stimmung und des Gefühls, des Strebens und Wollens gegeneinander abgrenzen. Faktisch stehen sie alle gegenseitig nicht als selbständige Bestandteile im

Verhältnis des diskontinuierlichen Nebeneinander, wie es durch das Schema des Raumes gegeben wird, sie sind als Wirklichkeiten des Erlebens einander nicht äußerlich, sondern ihre extensiv erscheinende Mannigfaltigkeit ist zur Einheit zusammengeschweißt durch eine erlebbare „innere" Beziehung, es ist ein „Zusammenhang der Funktionen im Erleben von innen gegeben" (Dilthey).

Ist nun die Welt für die Lebensphilosophie wirklich nur als erlebte, geinnerte Welt und ihre Wirklichkeit die Wirklichkeit des Lebens, so muß auch ihre extensive Mannigfaltigkeit der Erscheinungen aufgehoben sein in der intensiven Einheit eines Lebensgrundes. Damit betritt die Lebensphilosophie jenen Problembereich, der durch die Gegenstellung Einheit – Vielheit (Mannigfaltigkeit) thematisch formuliert ist und das metaphysische Fragen seit den Anfängen der Philosophie in Atem gehalten hat. Um die Behandlung, die dieses Problem durch die Lebensphilosophie erfährt, auf ihre metaphysische Tragfähigkeit zu prüfen, ist es nötig, historisch mindestens zwei – in ihren Folgerungen auseinanderstrebende – Auffassungen des Einheitsgedankens zu unterscheiden: eine *transzendente* und eine *immanente.* Zum Typus der ersteren gehören – trotz weitgehender Unterschiede – der Brahmanismus, der Eleatismus und gewisse Formen der Mystik. Der typische Grundzug der transzendenten Einheitsauffassung liegt darin, daß die Vielheit der Erscheinungen, also dessen, was sich als *hic et nunc et sic* zeigt, als Verstellung und Verhüllung des „einen" absoluten Weltgrundes ausgelegt wird. Der Brahmanismus hat hierfür das Gleichnis vom „Schleier der Maja" gefunden. Die praktisch-ethische Folgerung des transzendenten Einheitsgedankens ist Weltabgewandtheit und Sinnenfeindlichkeit, Sinn des menschlichen Daseins ist es, sich aus der täuschenden Verstrickung in die Mannigfaltigkeit zu erlösen. Aus einem sentimentalischen Leiden an der Mannigfaltigkeit heraus wird das Bewußthaben von Welt in ihrer vielheitlichen Gliederung gedeutet als ein Gehen in der Irre, das *ὄντως ὄν* wird gesucht als absolute *Unterschiedslosigkeit*, die Erscheinungen werden in ihrem Sosein metaphysisch annulliert.

Weshalb der transzendente Einheitsgedanke als philosophisch unzulänglich abzulehnen ist, kann hier nicht *in extenso* erörtert werden. Aus Gründen der Ethik, der praktischen Vernunft kann keine Einheitsmetaphysik sich der Aufgabe entziehen, in das Einheitsgefüge der Welt, innerhalb der sich doch der Mensch vorfindet und seine Aufgabe sucht, die Mannigfaltigkeit mit einzubauen. Wird dies versucht, dann schlägt der Einheitsgedanke aus der transzendenten, von einem sentimentalischen Erlösungspathos getragenen Form um in die immanente (G. Bruno, Herder, Hegel), in der die Mannigfaltigkeit ihre Auslegung als Entfaltung eines erlebbaren Sinnzusammenhangs findet. Die Einheit wird nicht gedacht als Unterschiedslosigkeit, sondern als Ganzheit, deren Prototyp in der Erfahrung des Erlebens gegeben ist. „Was Ganzheit ist, erschließt sich letzten Endes nur in Erlebnissen, da allein erfahren wir es von innen" (Driesch). Die Ganzheit der Erlebniswirklichkeit verleiht den unterscheidbaren Einzelzügen ihren Sinn, hebt also das Diskontinuum des Unterschiedenen in die Einheit des Sinnes hinauf, ohne seine Konturen zu verwischen. Und so hat auch die Mannigfaltigkeit der Welt der inneren Erfahrung ihre Einheit nur im Zusammenhang des

Sinns. Sein illustrierendes Beispiel findet der Gedanke der immanenten Einheit (Ganzheit) wiederum im Kunstwerk, dessen so und nicht anders gegebene Mannigfaltigkeit notwendig ist, um die Einheit des Sinnes als geistiger Wirklichkeit zur Erfahrung zu bringen. Die für den transzendenten Einheitsgedanken bestehende schroffe Gegensätzlichkeit von Einheit und Vielheit ist also in der Ebene des Geistes aufgehoben. Die Einheit – nicht transzendent als absolute Struktur- und Unterschiedslosigkeit, sondern als immanent, als Ganzheit gedacht – schließt die Mannigfaltigkeit nicht aus, sondern ein: Ganzheit ist Vieleinheit, ist Einheit des Sinnes, in der die Konturen des Mannigfaltigen voll erhalten bleiben.

Vom Standpunkt der inneren Erfahrung aus, die ja den Prototyp der Ganzheit darstellt, müßte die Lebensphilosophie in der Auslegung der Welt als Wirklichkeit des Lebens auf die immanente Einheitsauffassung zukommen. Tatsächlich bleibt sie in einzelnen ihrer Vertreter auf halbem Wege stecken; so bei Bergson. In seinem Mythos von der Einheit des schöpferischen Lebens, das in der Tiefe des Erlebens als *élan vital* erfahren wird, erscheint das Mannigfaltige, die sich entfaltende Form dem Leben akzessorisch beigegeben als notwendiges Mittel, um es zu seiner Verwirklichung als *élan vital* zu bringen und es im Aufschwung seines Schöpfertums zu halten. Seinen eigentlichen Wert und seine Erfüllung hat das Leben aber im formlosen Innensein, in der erlebten Dynamik und Ekstatik des Lebensprozesses. Es wird zwar nicht, wie in der transzendenten Einheitsauffassung, das Mannigfaltige in der Faktizität seines So-und-nicht-anders-Seins metaphysisch annulliert, aber es wird lediglich erklärt die Notwendigkeit, daß überhaupt Form, Mannigfaltigkeit im Zusammenhang mit Leben sein muß. Nach dem totalen Zusammenhang des Soseins der erscheinenden Mannigfaltigkeiten, in dem die einzelnen einen „Sinn" erhalten, wird überhaupt nicht gefragt. Das So-und-nicht-anders-Sein der Mannigfaltigkeit wird ontologisch bagatellisiert und relativiert, zurückbezogen auf den Grundwert des Lebens als reiner Zuständlichkeit: das Leben will nicht mehr sein als Leben, als *élan vital*, es hält sich – ähnlich wie in Schopenhauers Willensmetaphysik – immer nur in der Unersättlichkeit seines Dranges.

Simmel[11] macht den Versuch, diese rein impressionistische und expressionistische Auslegung der Form in ihrer Beziehung zum Leben dadurch zu überwinden, daß er die Form als ein „Mehr als Leben" deutet und das Drängen zu diesem seinem Komparativ in das Wesen des Lebens selbst hineinlegt. Dieser Versuch bleibt jedoch unbefriedigend; denn das in der „Wendung zur Idee", der „Transzendenz des Lebens" sich ausgliedernde Reich der Formen ist nichts als ein Pantheon zeitloser, vom Leben emanzipierter starrer Gebilde, die zwar einen selbständigen Sinne repräsentieren, deren Mannigfaltigkeit aber, ohne einen lebendigen gegenseitigen Sinnbezug, im Ordnungsschema des diskontinuierlichen Nebeneinanders steht.

Dort, wo die Lebensphilosophie nun tatsächlich in der Auslegung der Welt als der Wirklichkeit des Lebens zur Kategorie der Ganzheit durchstößt, und damit die Man-

---

[11] Vgl. hierzu Lersch, Lebensphilosophie der Gegenwart, S. 47ff [In diesem Band S. 78ff.].

nigfaltigkeit der Erscheinungen in einen totalen Sinnbezug bringt, sind es wiederum zwei verschiedene Formen, in denen der immanente Einheitsgedanke auftritt und deren philosophische Tragfähigkeit hier zu prüfen ist: eine vitalistisch-organische und eine historisch-geistige.

Für diejenigen Formen der Lebensphilosophie, die Ganzheit als ontologische Kategorie vitalistisch-organisch setzen, ist es charakteristisch, daß die Welt als *Natur* und als nichts anderes gesehen wird. Dies gilt vor allem für Klages. Die Wirklichkeit wird in ihren mannigfachen Erscheinungen und Veränderungen ausgelegt als die Entfaltung lebendiger Wesenheiten, die zueinander in der Wechselwirkung des Erlebens stehen und so vom Band des Lebens ganzheitlich umschlungen werden. Es ist keine Frage, daß Klages sich mit dieser vitalistisch-organischen Weltauslegung, die getragen wird von dem Bachofenschen Gedanken des mütterlich-chthonischen Weltprinzips, ein Verdienst erwirbt. Er stellt die lebendige Natur als *magna mater* mit hinein in das Ganze menschlichen Daseins und Welthabens, führt den Menschen zurück in die Besinnung auf seine Verwurzelung in der „Erdenkräfte flüsterndem Gedränge“, auf seine lebendigen Bindung in den meist im Unbewußten wirkenden schöpferischen Bildekräften der Natur, die in den Mythologien ihren symbolischen Ausdruck gefunden haben. Aber wenn Klages damit einerseits mit Recht zur Geltung bringt, daß jede Auffassung des Menschen und der Welt verhängnisvoll vereinseitigt ist, sobald jene chthonischen Wurzelgründe menschlichen Daseins nicht mehr anerkannt werden, so bleibt seine Metaphysik andererseits befangen im reinen Chthonismus, den schon Bachofen überwunden hat; sie bringt überhaupt nicht zur Geltung, daß Mensch und Welt ihre Wirklichkeit haben nicht nur als Kreislauf der Natur, sondern darüber hinaus als unwiederholbarer Längslauf der Geschichte. Das Faktum der Geschichte aber ist es, an dem die vitalistisch-organische Form des Ganzheitsgedankens die Grenzen ihrer Anwendung findet.

Sucht man das Faktum der Geschichte in ein erfragtes Ganzheitsgefüge der Welt aufzunehmen, so nimmt der immanente Ganzheitsgedanke eine neue Form an: die historisch-geistige. Ansätze hierzu finden sich unter den Lebensphilosophen lediglich bei Dilthey. Was Spengler in seiner Geschichtsphilosophie bietet, ist nichts anderes als eine Übertragung der in der Philosophie des Organischen beheimateten teleologisch-eidogenetischen Entwicklungsidee auf das Faktum der Geschichte, die damit letzten Endes doch wiederum nur als Natur verstanden wird. Die in der Geschichte sich entfaltenden Kulturseelen sind gesehen in Analogie zu Pflanzen, der Sinn der Wirklichkeit der Kulturen erschöpft sich darin, daß sie sich entwickeln, die Möglichkeiten ihrer Anlage erfüllen und dann wieder verschwinden. Die einzelnen Kulturseelen weisen als geschichtliche Wirklichkeiten nicht über sich hinaus, sie stehen beziehungslos im Diskontinuum des Nebeneinander; die Geschichte erscheint als naturhafter Kreislauf, nicht als Längslauf.

Lediglich in Dilthey bekommt die Lebensphilosophie die Wirklichkeit des Lebens als Längslauf der Geschichte in den Blick: Geschichte ist ein strömendes Geschehen, aus dem sich fortschreitend eine geistige Welt, eine Welt des erlebbaren Sinnes erhebt, sich festigt und aufbaut. Freilich wird nun bei Dilthey die geistig-historische Ganzheitsidee von der hier gesetzten Bestimmung als ontologische Kategorie wieder abgedreht; die sich im geschichtlichen Werden konkretisierende Wirklichkeit des Geistes wird psychologisiert, ihr Erklärungspunkt im menschlichen Subjekt gesucht. „Alle letzten Fragen nach dem Wert der Geschichte haben schließlich ihre Lösung darin, daß der Mensch in ihr sich selbst erkennt." „Wir suchen Seele, dies ist das Letzte, zu dem nach langer Entwicklung der Geschichtsschreibung wir gelangt sind." Im Nacherleben der Geschichte erfährt der Mensch die Verwirklichung von Möglichkeiten, die im Grunde solche seines eigenen seelischen Daseins sind. Damit wird der im geschichtlichen Werden sich ausgliedernden Wirklichkeit des Geistes ihr eigentlicher Schwerpunkt im seelischen Subjekt gegeben, sie erscheint nur im psychologischen, nicht im ontologischen Aspekt. Der gerade von Dilthey vertretende Gedanke einer der inneren Erfahrung gegebenen untrennbaren polaren Einheit von Mensch und Welt, deren einer Pol nicht auf den anderen zurückgeführt werden kann, wird von seiner ursprünglichen Konzeption wieder abgebogen.

Es gibt nur eine Möglichkeit, den historisch-geistigen Ganzheitsbegriff mit dem Gedanken der polaren Einheit von Mensch und Welt in Einklang zu bringen; sie ist dann verwirklicht, wenn die Tatsächlichkeit dieser Einheit selbst als Entfaltung und Erscheinung einer an sich weder „subjektiven" noch „objektiven" Wirklichkeit gedacht wird, die aus der Unoffenbarheit zur Offenbarung drängt. Damit stehen wir mitten in der Tradition des wertvollsten Gutes echt deutschen Philosophierens, das uns von Böhme, Schelling, dem späten Fichte und Hegel überkommen ist. Erst in dieser Auslegung erscheint der historisch-geistige Ganzheitsgedanke in seiner ideellen Reinheit: die Wirklichkeit des Werdens ist nichts anderes als die Verwirklichung des Sinnes, mit dem der Mensch im Totum der Welt steht. Der Kosmos der Geschichte, in dessen Zusammenhang der Mensch sein Dasein vorfindet, ist nicht – wie bei Dilthey – vermenschlicht, sondern der Mensch, von dem der Sinngehalt der Geschichte und sein Dasein als Geschichte erlebt und zur geistigen Erhellung gebracht wird, zeigt sich recht eigentlich als kosmisches Wesen, als kosmische Idee. Indem er die Frage nach Sinn als Anruf und Aufgabe vernimmt, wird sein Dasein vor den Horizont der Welt und vor das Antlitz des Absoluten gebracht.

f) Der entwickelte historisch-geistige Ganzheitsbegriff, auf den das in der Lebensphilosophie aufbrechende Problem Einheit-Mannigfaltigkeit hindrängt, fällt zusammen mit dem dialektisch-ideellen Entwicklungsbegriff, auf den die Erörterung der Antithese Sein-Werden, ausgehend von der heraklitischen Idee des *πάντα ῥεῖ*, zukam. Die Wirklichkeit des Werdens ist Sinnverwirklichung, Welt als Geschehen ist die Folie für das Sich-Darleben des Menschen im Geist und das Aufblitzen des Geistes im Menschen. Es kommt freilich alles darauf an, daß dieses Verhältnis nicht mißverstanden wird als die Auswicklung einer in einer überindividuellen Vernunft vorgegebenen Idee. Der Mensch ist nicht Mittel, dessen sich der absolute Geist bedient, sondern es hängt je vom Menschen ab, ob er im Hier und Jetzt sein Dasein als

Sinnfindung und Sinnsetzung zu verwirklichen und sich damit vor das Antlitz des Absoluten zu bringen vermag. Da die Wahrheit des Sinnes immer riskiert, nie garantiert wird, ist die Verwirklichung des Daseins im geistigen Bereich des Sinnes immer ein Wagnis, bei dem das Ganze des Daseins zum Einsatz kommt. In diesem Aspekt ist der je sich zeitigenden Existenz des Menschen die Entscheidung und Verantwortung zurückgegeben, die bei Dilthey zurücktreten. Bei Dilthey ist der Mensch als geschichtliches Wesen lediglich der Spontaneität seiner Antriebe überlassen. Aber erst wenn der Mensch sich als Glied des Absoluten, als Idee Gottes erfragt und sein Dasein in dieser Blickrichtung zu bestimmen und zu wesen sucht, versteht er sich als das, was er seiner eigentlichen Möglichkeit nach ist: als kosmisches Wesen. Nur er allein von allen Lebewesen vermag Welt zu haben und sie als ein Sich-Zeigen des Absoluten, als Sinnverwirklichung hinzunehmen. Ihm allein ist Dasein nicht bloß gegeben, sondern aufgegeben.

Damit ist auch gesagt, daß der Gedanke der historisch-geistigen Ganzheit und der dialektisch-ideellen Entwicklung keineswegs konzipiert ist als ästhetisches Ideal einer universellen Harmonie. Die Verwirklichung von Sinn, mit der der Mensch sein Dasein in den Horizont des Absoluten zu stellen sucht und es in allen seinen Äußerungen, Entscheidungen und Handlungen eben als absolut setzt, vollzieht sich gerade in Anfechtung und Gefährdung, in Kampf und Gegensatz. Eine Philosophie des Lebens als des Existierens im geistigen Bereich erlebten Sinnes gibt keine „Anweisung zum seligen Leben", zum Leben in der Geborgenheit. Die Welt des Sinnes fällt dem Menschen nicht ein für alle Mal als bleibender Besitz zu, sondern sie muß je und je in der gelebten Gegenwart geschaffen und behauptet werden. Das Absolute ist dem Menschen immer nur als Gesuchtes und Erfragtes gegeben, als Horizont, zu dem er sich je und je unterwegs befindet.

Nur wenn Entwicklung in diesem dialektisch-ideellen Sinn verstanden wird, vermag die Lebensphilosophie als Philosophie des Werdens das Erbe Heraklits ganz in sich aufzunehmen, d. h. nicht nur die Idee des *πάντα ῥεῖ*, dem Heraklit im Bilde des Feuers ein Gleichnis gegeben hat, sondern auch die Idee des dem Werden immanenten *λόγος* und die Idee der *ἔρις*, des *ἀγών* als des „Vaters aller Dinge". Es war eine grobe Verkennung, wenn das Altertum Heraklit als den „weinenden Philosophen" bezeichnete, und zwar deshalb, weil er den Blick auf den ewigen Fluß der Veränderung gerichtet hielt. Man hat das Pathos des Werdens, von dem Heraklits Philosophie getragen wird, als sentimentalisch mißdeutet. Es gibt ein solches sentimentalisches Pathos des Werdens; so in der deutschen Romantik, die recht eigentlich an das Kreuz der Unendlichkeit, der Unvollendbarkeit geschlagen war. In Hegel und Nietzsche aber, die beide aus der Romantik kommen, schlägt das Pathos des Werdens aus dem Sentimentalischen um ins Aktivistische. Und so waren es auch Hegel und Nietzsche, die aufzeigen, worum es sich bei Heraklit handelt: nicht um ein Leiden am Werden, sondern um den Mut, dem Werden ins Gesicht zu sehen und in ihm seine Aufgabe zu suchen. Nietzsche nennt gerade die Konzeption des Parmenideisch-Platonischen Seins

„eine Erdichtung des am Werden Leidenden“ und Platon – freilich ohne ihm dabei gerecht zu werden – einen „Feigling vor der Realität“.

III. Zum Wesen des Menschen

Wie jeder Philosophie, sofern sie Weltanschauung ist, ein bestimmtes Bild vom Menschen zugrunde liegt, so gibt auch die Lebensphilosophie eine ihr eigentümliche Auslegung der Wirklichkeit des Menschen.

a) Wenn sie ausgeht vom Standpunkt der inneren Erfahrung, so erwirbt sie sich zweifellos das Verdienst, daß sie den Menschen als das Wesen, dem Welt erschlossen ist, sieht *nicht* in der Partialität seines begrifflichen Denkens, sondern in der Totalität seines ihm selbst gegebenen Wirklichseins. Seit Descartes das Wort vom *cogito ergo sum* geprägt und damit die Gewißheit des Ichbewußtseins im Denken zum Ausgang der Philosophie gemacht hat, ist auf lange Zeit hin das Wesen des Menschen festgelegt als *animal rationale*, das durch das Mittel des Verstandes theoretische Einsichten in die Welt und ihre Gesetze zu gewinnen vermag und durch diese Einsicht sich in seinem Verhalten zur Welt leiten läßt. „Die neuere Philosophie hat nur die Gottheit des Verstandes bewiesen – nur den, und zwar den abstrakten Verstand als das göttliche, absolute Wesen erkannt. Die Definition Descartes’ von sich selbst: Mein Wesen besteht einzig darin, daß ich denke – ist die Definition der neueren Philosophie von sich“ (Feuerbach).

In bewußtem Protest gegen diese Einseitigkeit und Verengung geht die Lebensphilosophie vom Menschen aus, wie er sich in der konkreten Wirklichkeit seines Daseins erfährt als ein Wesen, das in Freud und Leid, in Hoffnung und Enttäuschung, in Liebe und Haß, im Getriebensein durch Bedürfnisse, Leidenschaften und Begeisterung Welt hat und in diesem Welthaben sein Dasein verwirklicht. Der Mensch und sein Weltinnesein werden gesehen aus der Ganzheit seiner unmittelbar erfahrenen Wirklichkeit, zu der die „irrationalen“ Vorgänge ebenso gehören wie die rationalen. Dilthey formuliert diese Wendung zum ganzen Menschen also: „In den Adern des erkennenden Subjekts, das Locke, Hume und Kant konstruieren, rinnt nicht wirkliches Blut, sondern der verdünnte Saft von Vernunft als bloßer Denktätigkeit. Mich aber führt die Beschäftigung mit dem ganzen Menschen dahin, dieses wollend fühlend vorstellende Wesen auch der Erklärung der Erkenntnis zugrunde zu legen.“ Ist die Tätigkeit des rein rationalen Denkens, wie die Lebensphilosophie es als Philosophie der inneren Erfahrung tut, auszulegen als ein Verhalten des an der Beherrschung und Lenkung der Welt interessierten Willens, dann erscheint der Mensch, in der Ganzheit seiner konkreten Wirklichkeit gesehen, nicht mehr als *homo faber*, sondern als ein Wesen, das aus der Tiefenschicht seiner Innerlichkeit aufwacht zu Wesenheiten des Wirklichen. Die Vorgänge des Erlebens als Angerührtwerden der Innerlichkeit erhalten eine konstitutive Bedeutung nicht nur für die Welt, sondern auch für das menschliche Dasein im Innewerden von Welt. Der Welt sowohl als dem Menschen werden die Dimension der Tiefe und die Qualität der Innerlichkeit zurückgegeben, die der Rationalismus aus seinem Welt- und seinem Menschenbild weggestrichen hat.

b) Indem der Mensch nun als ein Wesen verstanden wird, das Tiefe und Innerlichkeit hat, wird der Umkreis seines Daseins und Welthabens über den Bereich des Bewußtseins in denjenigen des *Unbewußten* hinein erweitert. Denn wenn das Erleben oben als ein Gewecktwerden in der Tiefe des Seelengrundes bezeichnet wurde, so ist der Begriff des Seelengrundes ja nur ein Wort, das hindeutet auf das Unerklärbare der schöpferischen Kraft, in der das lebendige Dasein wurzelt und die als solche schon ein Jenseits des Bewußtseins ist.

Unter den Lebensphilosophen ist es vor allem Klages, der – in der Gefolgschaft von Carus, Nietzsche und Palágyi – die Wirklichkeit des Menschen ins Unbewußte erweitert. Nicht freilich in psychologischem Sinne, wie es die Psychoanalyse tut, die das Unbewußte als den Bereich aus dem Bewußtsein verdrängter Trieberlebnisse versteht, sondern im ontologischen Sinne des „unbewußt bildenden Lebens“. Das Erleben reicht viel weiter als das, was je im Lichte des Bewußtseins erscheint und zu erscheinen vermag. Was sich im Bewußtsein zeigt, sind lediglich die beleuchteten Wellenkämme eines unaufhörlich strömenden unbewußten Erlebens, in dem die Seele des Menschen der Wirklichkeit der Bilder als der Urwesenheiten der Natur inne wird und sich selbst als wirkendes Bild, als beseelte Natur darlebt.

Klages' Auffassung von der Verwurzelung des Erlebens und damit des Daseins und Welthabens im Unbewußten bedeutet eine grundsätzliche Achsendrehung in der Auffassung des Menschen, und zwar gegen die von Descartes begründete und in der neueren Philosophie vorherrschende Ansicht von der Absolutheit des Bewußtseinsichs, das als erstes und letztes Faktum der Welterfahrung verstanden wird. Die Rehabilitierung des Unbewußten in der Wirklichkeit des Menschen schlägt aber nun bei Klages um in eine Herabwertung, ja schließlich Verneinung des Bewußtseins. Nach Klages kommt das Bewußtsein zustande durch den Eingriff des Geistes, jenes metaphysischen Parasiten, der auf dem Umweg über den Menschen sich in das Leben einbohrt, um es zu zerstören. Der Mensch als ein mit Bewußtsein ausgestattetes Wesen ist schon ein Niedergang des Lebens, ganz im Sinne des Satzes von Nietzsche: „das Bewußtsein drückt einen unvollkommenen und oft krankhaften persönlichen Zustand aus“.

Wenn nun zweifellos jede Verabsolutierung des Bewußtseins, die den Menschen schlechthin nur als bewußtes Wesen versteht und alle möglichen Inhalte seiner Welterfahrung aus dem Bewußtsein und nur aus ihm ableitet, in die Enge einer Verichung führt – wie Klages richtig sieht –, so kann andererseits die Einbeziehung des Unbewußten in die Wirklichkeit des Menschen und seines Welthabens nicht durch eine Diffamierung des Bewußtseins geleistet werden; denn dann wäre ja das Aufgehen im unbewußten Leben der Natur das erstrebenswerte Ziel, es bliebe dem Menschen als bewußtem Wesen keine Aufgabe, seiner geistigen Natur wäre der autochthone Sinn genommen. Die Wirklichkeit des Menschen, die er in der inneren Erfahrung vorfindet, kann als Ganzheit nur dann begriffen werden, wenn Bewußtsein und unbewußtes Leben in ein dialektisches Verhältnis gesetzt werden, in dem beide aufeinander zugeordnet sind. Tatsächlich wird dieser Weg schon im deutschen Idealismus beschritten und damit die Verabsolutierung des Bewußtseins-Ichs überwunden. Gerade Fichte, der ausging vom Ich als dem Prinzip der Philosophie, bestimmt in seiner Spätphilosophie, der „Anweisung zum seligen Leben“, das Wesen der philosophischen Erkenntnis dahin, daß das Bewußtsein sich nicht als das erste und letzte aller Erfahrung versteht, sondern sich durchschaut als „Bild“, als „Gleichnis“ des absoluten Lebens, das als solches immer jenseits des Bewußtseins gelegen ist. „Dieses Wissen ist das göttliche Dasein selber, schlechthin und unmittelbar, und inwiefern wir dieses Wissen sind, sind wir selber in unserer tiefsten Wurzel das göttliche Dasein.“ Das Bewußtsein hat seinen autochthonen Sinn als Durchgang, auf dem allein es möglich ist, das Leben zu vernehmen; der Weg zum Leben als dem Jenseits des Bewußtseins führt nur über das Bewußtsein selbst. Das Bewußtsein erscheint demnach als *Aufgabe* im Hinblick auf das absolute Leben. Damit ist die Enge des Bewußtseinsidealismus, in dem Seele, Leben und Bewußtsein gleich gesetzt werden, grundsätzlich gesprengt.

Nun deutet Fichte freilich das Bewußtsein im Hinblick auf das Leben lediglich in der Faktizität, in dem bloßen „Daß“ seines Gegebenseins; *nicht* gefragt wird aber nach dem Zusammenhang, in dem die inhaltliche Fülle der im Bewußtsein erscheinenden Welt, also ihr mannigfaltiges, unterschiedliches „So-und-nicht-anders-Sein“ zum „Leben steht“. Stellt man diese Frage – und sie muß gestellt werden, soll das Antlitz des Mannigfaltigen nicht einfach metaphysisch annulliert werden –, dann kann der gesuchte Zusammenhang innerhalb einer Philosophie der inneren Erfahrung nur gedacht werden als sinnhaft-ganzheitlich, zentriert im Einheitspunkt des Erlebens, dessen Wurzeln in die unbewußte Tiefe des Seelengrundes hinabreichen. Das Bewußtsein bekommt anthropologisch damit eine souveräne, und zwar hermeneutische Funktion: das Wesen des Menschen besteht gerade in der „Erhebung des Lebens zum Bewußtsein“ (Dilthey), also darin, daß das Unoffenbare, Dunkle und Dranghafte des Erlebens sich aufhellt im geistigen Lichte des Sinnes, der Mensch erscheint als Polarität des Dionysisch-Lebendigen und des Apollinisch-Geistigen.

c) Man hat gegen die Lebensphilosophie den Vorwurf erhoben, daß sie, indem sie das Erleben zum konstituierenden Vorgang des menschlichen Daseins im Welthaben macht, das Pathos des Erlebens und Sichauslebens, die inhaltliche Fülle und Farbigkeit des Daseins und die freie Entfaltung aller schöpferischen Antriebe des Lebens als ausschließliche Leitlinie der Lebensführung und Lebensformumg setzt und ein Ethos der Verantwortlichkeit, der Bindung und Zucht unmöglich macht.[12] Dieser Vorwurf des impressionistischen Lebensgenusses und des expressionistischen Sichauslebens

[12] Vgl. Litt, Die Philosophie der Gegenwart und ihr Einfluß auf das Bildungsideal. 1925.

besteht überall da zu Recht, wo der Mensch im Erleben sich nicht selbst sucht und erfragt als ein Glied des totalen Sinngefüges der Welt und sich und der Welt genug ist, sofern er sich hält im Prozeß des Lebens und Erlebens, im zuständlich genossenen Wechselspiel von Eindruck und Ausdruck, sofern also die Zustandswerte (Stepun) als oberste Werte gesetzt werden. Hier unterliegt die Lebensphilosophie tatsächlich der Gefahr einer emotionalen Verichung, deren metaphysischer Sündenfall nicht weniger verhängnisvoll ist als derjenige der rationalen Verichung im Bewußtseinsidealismus. Darin aber, daß der Mensch im Erleben nach der Idee seines Daseins in ihrer Gliedhaftigkeit zum Absoluten fragt, wie sie in der historisch-geistigen Ganzheitsidee gedacht wird, wird das rein ästhetische Pathos des Erlebens überwunden und es erwächst der Philosophie der inneren Erfahrung die Möglichkeit eines Ethos. Der Begriff des Erlebens schlägt hier notwendig um in denjenigen der Existenz. Wird die Lebensphilosophie als Philosophie der inneren Erfahrung unter die Kategorie der Existenz gestellt, dann wird das Beispiel der Kunst, durch die mehrmals die Intentionen der Lebensphilosophie verständlich gemacht wurden, unzulänglich. Das Existieren ist der ethische Modus des Erlebens. Im Existieren geht das Erleben aus der pathisch-ekstatischen Form, dem zuständlich genossenen Wechselspiel von Eindruck und Ausdruck über in die dramatische, das Erleben wird als ein Sinnerfragen vor das Entweder-Oder gebracht; es genügt sich nicht mehr als bloßes Pathos des Lebensaufschwungs und der emotionalen Ergriffenheit, sondern es geht ihm um nichts weniger als um die Idee des eigenen Daseins im Horizont des Absoluten, es drängt zur Entscheidung über Sinngehalte, die für Lebensführung und Lebensformung verbindlich werden und für die der Mensch mit seiner gesamten Existenz verantwortlich zeichnet. Im Existieren hält sich der Mensch in der Entschlossenheit als der „ursprünglichsten Wahrheit seines Daseins“ (Heidegger), er entreißt seine Gegenwart der Gleichgültigkeit einer homogen gedachten Zeit, macht sie zum „Augenblick“, jener Verdichtung der Innerlichkeit, in der sich „Zeit und Ewigkeit berühren“ (Kierkegaard), er macht die Gegenwart zum Aufbruch eines Schicksals, für das ihm die volle Verantwortung zufällt. Er lebt in der Haltung der Innerlichkeit des Existierens sein Dasein nicht als die Folge auswechselbarer Standpunkte und Verhaltungen, sondern er setzt es als absolut, als unaufhebbare und unumkehrbare Geschichte und erfüllt damit seine metaphysische Wirklichkeit, die ja schon durch Fichte aus der Form der reinen Gedachtheit in das konkrete Verhalten der Tätigkeit und Entscheidung umgedeutet wurde.

Wenn sich an dieser Stelle die Frage erhebt, worin denn der Mensch die Kriterien seines Existierens findet, mit dem er sein Dasein vor das Antlitz des Absoluten und dieses selbst zur Offenbarung bringt, so ist zu antworten, daß sie ihm je schon im Erleben gegeben sind. Als Modus des Erlebens ist das Existieren immer ein Aufbruch der Innerlichkeit, der Tiefe des Seelengrundes. Wenn Eckhart – der erste deutsche Metaphysiker der inneren Erfahrung – den Seelengrund als „Wesen“, als „Istigkeit“ bezeichnet, dann ist Existieren ein Sichhalten in der „Wesenhaftigkeit“. Der Begriff des „Wesens“ bewährt hier seinen ursprünglichen, im Zeitwort „wesen“ enthaltenen

Sinn, nämlich denjenigen der Innerlichkeit des Daseins – ein Sinn, der bei Herder und Goethe noch erhalten, dann aber verlorengegangen ist. Setzt man ihn in sein angestammtes Recht ein, dann heißt Existieren nichts anderes als seine Wertungen, Überzeugungen, Äußerungen, Handlungen und Entscheidungen „wesen" und sich im Ethos der Echtheit[13] halten. Die Innerlichkeit ist das Gewissen des Existierens.

Sofern aber der Mensch sein Dasein in den konkreten Einzelheiten aus der Innerlichkeit seines Seelengrundes zu wesen vermag, verwirklicht er sich als *animal metaphysicum*, lebt er aus dem metaphysischen Schwerpunkt seines Daseins. Denn „was Gott will, ist [...] Ursprünglichkeit" (Kierkegaard). Mit dem Begriff „Ur" ist nichts anderes gemeint als das Mittelpunkthafte und Tiefenhafte, die Innerlichkeit des im Existieren schöpferischen Seelengrundes, auf die sich Echtheit gründet. In dem Maße, in dem der Mensch des 19. und 20. Jahrhunderts sich ans Äußerliche verloren hat, ist er unmetaphysisch geworden. „Wie es das Grundübel des modernen Wesens ist, alles objektiv zu machen, so ist es das Grundunglück der modernen Zeit, daß ihr Ursprünglichkeit fehlt. Und darauf beruht, was ich die Unredlichkeit der modernen Zeit nennen möchte. Zweifellos ist es das Bequemste und Sicherste, überall sich dem Traditionellen anzuschließen, es wie die andern zu machen, zu meinen, zu denken, zu sprechen wie die andern [...]. Doch ist es nie die Meinung der Weltlenkung gewesen, daß es so sein sollte. Jedes menschliche Wesen soll Ursprünglichkeit haben" (Kierkegaard).

Im Existieren, im Sichhalten in der Echtheit wird der Mensch unmittelbar zu Gott und zugleich „mit sich selber eins" (Eckhart), d. h. er geht ein in die Eigentlichkeit seines Daseins als eines möglichen Gehaltes des Absoluten; das Wort des Meister Eckhart, daß Gott aus der Seele des Menschen geboren werden müsse, erhält in diesem Zusammenhang einen neuen Sinn. Als Existierender bewährt der Mensch den Mut, „vor Gott er selbst zu sein – der Nachdruck liegt auf ‚vor Gott', weil das die Quelle und der Ursprung aller Eigentümlichkeit ist. Wer das gewagt hat, der hat Eigentümlichkeit, und hat zu wissen bekommen, was ihm Gott schon gegeben hatte; und der glaubt ganz in demselben Sinne an die Eigentümlichkeit eines jeden" (Kierkegaard).

Es wäre eine grobe Verkennung, wollte man gegen die in diesen Gedankengängen angelegte Metaphysik der Individualität den Vorwurf des Individualismus erheben. Seine Individualität in der Haltung der Echtheit wesen bedeutet keineswegs sich als Individualist verhalten, d. h. keine Beziehung zum Anderen haben noch suchen. Denn indem wir als Individualität unsere Eigentlichkeit gewinnen und wesentlich werden, kommen wir aus dem Absoluten und stehen mitten im dialektischen Prozeß der Entfaltung des Ganzen. Die Beziehung, die wir in der Innerlichkeit des Existierens zum Anderen haben, ist freilich nicht von der Art gewisser Theorien der Liebe und des Mitleids, nach denen die Individualität zerbrochen werden und untergehen soll in

[13] Vgl. Lersch, Das Problem der Echtheit, Ztschr. f. angew. Psych. u. Charakterkunde, Band 48. 1935.

der verschwommenen, konturlosen Einheit des Allgrundes. Ihr Prinzip kann auch nicht die Konvention, das Übereinkommen sein; denn Konvention ist lediglich eine technische Maßnahme, mit der wir unser äußerliches Zusammenleben organisieren. Sie ist es gerade, die uns von der Innerlichkeit und Wesentlichkeit der Existenz abzuziehen sucht. Nicht in der Geborgenheit der Konvention, sondern in persönlicher Entscheidung, in Anfechtung und Gefährdung bricht – wenn überhaupt – die Eigentlichkeit des Daseins auf. „Darum ist auch Gottes Wort so eingerichtet, daß sich stets einer Aussage gegenüber eine andere findet, die das Entgegengesetzte sagt. Das bedeutet: Ursprünglichkeit fordern. Doch die Lehrer wie die Jünger fühlen sich am wohlsten in der Nachahmung und durch die Nachahmung: deshalb sind sie rührend darin einig, und das nennen sie Liebe" (Kierkegaard). Sozialethisch fordert die Philosophie der Innerlichkeit, daß die Menschen wesentlich zueinander werden; und dies ist nur möglich, indem sie in sich selbst wesentlich, echt, also unmittelbar zu Gott werden. Insofern ist Gott selbst der Mittler vom einen zum andern.

Unter diesen Aspekten mündet der lebensphilosophische Ansatz zu einer Metaphysik der inneren Erfahrung in die Idee einer existentiellen, immanenten Mystik, die das So-und-nicht-anders-Sein der konkrete Inhalte des Erlebens und Sich-darlebens dialektisch in die Innerlichkeit des Seelengrundes hineinnimmt. In ihr ist die Einseitigkeit aller jener Formen der Mystik überwunden, die das Versinken ins „Weiselose" als den Weg zum Absoluten bestimmen.

Seele und Welt – Zur Frage nach der Eigenart des Seelischen ([2]1943)

Als ich zu überlegen hatte, mit welchem Thema ich mich in einer Antrittsvorlesung wohl am besten vorstellen könnte, mußte ich mir eingestehen, daß diese meine Einführung mit einer gewissen Skepsis zu rechnen habe, mit der man heute hier und dort, und zwar auch im Kreise nachdenklicher Leute dem engeren von mir vertretenen Fach der Psychologie begegnet. Ich habe mich deshalb entschlossen, einmal die Frage zu stellen, woraus sich diese Skepsis herleitet und wie weit sie im Hinblick auf den heutigen Stand der wissenschaftlichen Seelenkunde noch begründet ist. Es wird sich zeigen, daß die Beantwortung dieser Frage engstens mit dem Problem der Einsicht in die Eigenart des Seelischen zusammenhängt.

Wenn ich versuche, den Wurzeln des erwähnten Mißtrauens gegen die Psychologie nachzugehen, so erscheinen mir drei Umstände von besonderer Bedeutung. Es sind dies – in formelhafter Abkürzung bezeichnet – das *Prinzip der isolierenden Betrachtung*, die *Methode des Experiments* und das, was ich das *Theorem von der Binnenhaftigkeit des Seelischen* nennen will.

I.

Vom Prinzip der isolierenden Betrachtung war die aus dem 19. Jahrhundert überlieferte wissenschaftliche Psychologie geleitet. Ausgerichtet am methodischen Ideal der messenden Naturwissenschaften hatte sie sich das Ziel gesetzt, die bewegte Mannigfaltigkeit des seelischen Lebens in einfachste Bestandteile (sog. Elemente) zu zerlegen und allgemeine Gesetze zu finden, nach denen sich das seelische Leben in seiner Mannigfaltigkeit und Bewegtheit aus solchen Elementen zusammensetzen läßt. Es wäre in höchstem Grade ungerecht, dieser Psychologie ihre Verdienste aberkennen zu wollen. Wir verdanken ihr vor allem auf dem Gebiet der Sinnesfunktionen und der Wahrnehmung eine Reihe von wertvollen und bleibenden Erkenntnissen. Zugestanden muß jedoch werden, daß die am methodischen Ideal der messenden Naturwissenschaften ausgerichtete Psychologie über einen bestimmten Fragenkreis nicht hinauskam. Diese ihre Grenzen zeigen sich schon äußerlich darin, daß es ihr nicht gelungen ist, diejenigen Begriffe in sich aufzunehmen, die die vorwissenschaftliche praktische Menschenkenntnis in einer jahrhundertelangen Überlieferung der Sprache als fertiges

Gebrauchsgut geschaffen hat. Man sucht in den Lehrbüchern jener Psychologie vergebens nach Begriffen wie Launenhaftigkeit, Eitelkeit, Humor, Selbstsucht, Güte, Resignation, Eigensinn, Verzweiflung u. a. Es führt also offenbar kein Weg von der isolierenden Betrachtung und elementenhaften Aufgliederung zur Erfassung und Erhellung der eben genannten seelischen Vorgänge und Zustände, die ihrerseits doch unleugbar in der Wirklichkeit des seelischen Lebens sinnvolle Einheiten darstellen.

Der Einsicht in solche Unzulänglichkeiten entsprang es, daß man seit der Jahrhundertwende in den Kreisen der wissenschaftlichen Psychologie die bisherige isolierende Betrachtungsweise einer kritischen Besinnung unterzog. Man erkannte, daß das Bemühen, die Welt des Bewußtseins in einfachste Bestandteile aufzulösen, der tatsächlichen Eigenart des Seelischen nicht gerecht zu werden vermag und daß vor allem der Entwicklung des Seelenlebens auf diese Weise nicht beizukommen ist.

Nachdem schon Wundt das Gesetz der schöpferischen Synthese aufgestellt hat, vor allem aber unter der Anregung des Diltheyschen Strukturbegriffs und der Fortschritte des biologisch-genetischen Denkens stellte sich dem Prinzip der isolierenden das der ganzheitlichen Betrachtung entgegen. Man sah ein, daß das Seelische in seiner Eigenart nicht als eine Summe verstanden werden darf, die sich aus einfachsten Teilvorgängen und Teilinhalten *zusammensetzt*, sondern daß es ein Ganzes darstellt, das sich in unterscheidbaren Teilen *ausgliedert*. Wie sich die Ganzheit des Baumes in Wurzeln, Stamm, Ästen, Zweigen und Blättern ausgliedert und die Teile erst vom Ganzen her ihren Sinn bekommen, so verhält es sich auch im Seelenleben des Menschen. Seine begrifflich abhebbaren Teilinhalte – die Wahrnehmungen, Vorstellungen und Gedanken, die Stimmungen und Gefühle, die Affekte und Leidenschaften, Triebe und Strebungen, Entschlüsse und Handlungen – sie alle stehen zueinander in einem sinnvollen Zusammenhang und können in ihrer Bedeutung niemals verstanden werden, wenn man sie herauslöst aus dem gefügehaften Ganzen, das wir mit dem Begriff der Seele eines lebendigen Wesens meinen. Es ist aber im höchsten Grade charakteristisch für die sog. Elementenpsychologie, daß sie nur vom Plural der seelischen Teilvorgänge und -zustände sprach, nach dem Singular einer Seele jedoch überhaupt nicht fragte bzw. ihn als eine vorwissenschaftliche Fiktion hinstellte. Sie war – nach dem Wort von Friedrich Albert Lange – eine „Psychologie ohne Seele“. Erst in der heute gültigen Ganzheitsbetrachtung, die gerade hier in Leipzig eine besondere Förderung und Pflege erfuhr, wurde der Begriff der Seele als übergreifender Einheit der Mannigfaltigkeit unterscheidbarer Einzelvorgänge und -zustände für die psychologische Betrachtung wiedergewonnen. Ich kann die fruchtbaren Erkenntnisse, die sich im Zuge dieser Ganzheitsbetrachtung ergaben, nicht im einzelnen nennen. Grundsätzlich aber muß gesagt werden: der Vorwurf elementenhafter Zerstückelung des seelischen Lebens, mit dem man auch heute noch so gerne alle Bemühungen wissenschaftlicher Seelenkunde zu diskreditieren sucht, ist durch den gegenwärtigen Stand der psychologischen Forschung längst überholt und trifft lediglich eine Wissenschaft von vorgestern.

II.

Eine zweite Wurzel des Mißtrauens gegen die Psychologie ist die Methode des Experiments, also jenes in den messenden Naturwissenschaften beheimateten Verfahrens, bei dem wir bewußt und planvoll die Bedingungen eines Vorgangs schaffen und variieren, um ihn in der Eigenart seiner Erscheinung und der Gesetzmäßigkeit seines Verlaufs beliebig oft beobachten zu können. Wir lassen uns im Experiment belehren, aber – um ein Wort von Kant zu verwenden – „nicht in der Qualität des Schülers, der sich alles fragen läßt, was der Lehrer will, sondern in der Qualität eines bestellten Richters, der die Zeugen nötigt, auf die Fragen zu antworten, die er ihnen vorlegt". Daß das Experiment in der Psychologie zu wertvollen Ergebnissen geführt hat und auch in Zukunft noch führen wird, ist unbestreitbar. Anderseits aber weiß jeder, der tiefere Kenntnis von der menschlichen Natur und der Eigenart des Seelischen besitzt, daß es nur ein beschränkter Umkreis vorwiegend peripherer seelischer Vorgänge ist, die sich durch experimentelle Anordnung im Laboratorium hervorrufen lassen, und daß gerade die tieferen und zentraleren Erlebnisse sich niemals dem wissenschaftlichen Kommando des Experimentes stellen. Es ist nicht die *experimentelle Situation* des Laboratoriums, sondern die *existentielle Situation* des Lebens, durch die ein Gefühl des Hasses und der Liebe, ein Akt unwiderruflicher Entscheidung, eine Haltung des Mutes und der Tapferkeit, eine Manifestation echter, der seelischen Tiefe eingewurzelter Gesinnungen zum Vollzuge gebracht und damit der Beobachtung zugänglich gemacht werden. Die Methode des Experiments läßt uns gerade *da* im Stich, wo wir uns den tieferen Schichten des seelischen Lebens zu nähern suchen. Das Mißtrauen gegen die Psychologie ist deshalb durchaus berechtigt, sofern es den einseitigen methodischen Optimismus betrifft, mit dem man in einer vorwiegend naturwissenschaftlich ausgerichteten Laboratoriumspsychologie sich ausschließlich auf dem Wege des Experimentes der seelischen Wirklichkeit zu nähern sucht. Aber auch hier ist zu sagen, daß – nachdem schon Wundt in seiner Völkerpsychologie von diesem methodischen Optimismus abrückte – die Entwicklung der Psychologie heute über ihre ursprünglichen Grenzen und Einseitigkeiten hinausgeschritten ist, und daß der Weg der *klinisch-charakterologischen* Erfahrung und der Beobachtung an schicksalsmäßig gegebenen aktuellen Lebenslagen zum mindesten als gleichberechtigt neben die Methode des Laboratoriumsexperiments getreten ist. Damit ist auch der Weg freigelegt, das seelenkundliche Wissen, das der Dichter als Beobachter des Lebens und als Deuter der menschlichen Natur vermittelt, für die wissenschaftliche Psychologie fruchtbar zu machen, auch wenn sich dieses Wissen nicht durch exakte Messungen und durch die Möglichkeit experimenteller Überprüfung ausweisen kann. Wer hierin eine Preisgabe des methodischen Gewissens und einen Verstoß gegen wissenschaftliche Disziplin sieht, der hat immer noch nicht die Eigengesetzlichkeit der seelischen Wirklichkeit begriffen, die es nicht zuläßt, sie beliebig an den Versuchstisch zu zitieren, sondern in vielen Fällen eben nur auf *die* Fragen antwortet, die allein vom Leben gestellt werden.

III.

Ich habe vom Prinzip der isolierenden Betrachtung und der Methode des Experiments als Wurzeln eines Mißtrauens gegen die Psychologie gesprochen, wobei es mir darauf ankam zu zeigen, wie weit dieses Mißtrauen durch den Wandel in der wissenschaftlichen Psychologie an Berechtigung verloren hat. Nun hat aber die Skepsis gegen die Psychologie, so viel ich sehe, noch eine *dritte* Wurzel, die die beiden schon genannten an Bedeutung erheblich übertrifft und viel allgemeinerer und grundsätzlicherer Natur ist als jene. Diese dritte Wurzel des Mißtrauens gegen die Psychologie ist durch die Tatsache gegeben, daß gleichsam unter den Händen der psychologischen Betrachtung das Dasein subjektiviert und relativiert wird, so als zwinge die Besinnung auf die seelische Wirklichkeit zu der Auffassung, alle Inhalte unseres Fühlens, Denkens und Wollens bedeuteten nichts anderes als lediglich Tatsachen des Bewußtseins, das seelische Leben sei also in den Käfig der Subjektivität eingesperrt und könne über diesen Bannkreis nicht hinauskommen. Ich nenne diese Auffassung das *Theorem von der Binnenhaftigkeit* oder *Selbstbefangenheit* des Seelischen. Dieses Theorem ist – wie ich auszuführen habe, jetzt aber schon vorgreifend andeuten möchte – keineswegs – wie das Prinzip der isolierenden Betrachtung und die experimentelle Methode – spezifisch für eine bestimmte Psychologenschule oder eine sog. Schulpsychologie, sondern es entspringt gewissen metaphysischen und erkenntnistheoretischen Vorentscheidungen, die seit Descartes und Locke das neuzeitliche Denken verhängnisvoll beeinflußt haben.

Sofern sich nun das Mißtrauen gegen die Psychologie auf das Theorem von der Binnenhaftigkeit des seelischen Lebens bezieht, wird es meine Aufgabe sein, zu fragen, ob uns wirklich die Erfahrung zwingt, das Seelische als etwas aufzufassen, das in sich selbst befangen bleibt. Es wird sich zeigen, daß gerade das Gegenteil der Fall ist, daß gerade die vorbehaltlose und voraussetzungsfreie Besinnung auf die schlichte Gegebenheit bestimmter seelischer Vorgänge zur Annahme einer überpsychischen Wirklichkeit nötigt, in die die Seele mit ihren Erlebnissen vorstößt, ja daß gerade die Eigenart gewisser Erlebnisse nur aus der Anerkennung einer solchen *Transzendenz* der Seele zureichend verständlich gemacht werden kann, und daß überall dort, wo die Seele in reiner Subjektivität und Binnenhaftigkeit betrachtet wird, der Blick von vornherein verstellt ist für die richtige Erfassung und Erhellung wichtigster seelischer Tatbestände.

1. Mit besonderer Aufdringlichkeit zeigt sich diese Wirkung des Theorems von der Binnenhaftigkeit des Seelischen in der Psychologie der *Gefühle.* Bis zu Wundt hin erschöpfte sich die Bestimmung der Gefühle für die wissenschaftliche Schulpsychologie in der Angabe ihres subjektiven Gehaltes an Lust und Unlust. Wundt hat die Enge und Banalität dieser Klassifikation erkannt und zu korrigieren versucht. Der Kern seiner Gefühlstheorie ist die Forderung, die bisher gültigen Kategorien der Bestimmung der Gefühle, also Lust und Unlust, zu vermehren durch diejenigen der Erregung und Beruhigung, der Spannung und Lösung. So wertvoll nun diese Bereicherung für die deskriptive Gliederung der Gefühlsmannigfaltigkeit ist, so gewiß geht auch sie am Wesen der Gefühle vorbei, weil auch sie das Gefühl lediglich als subjektiven Zustand zu bestimmen sucht und verkennt, daß die Seele schon im Bereich der Gefühle den Zirkel der Subjektivität durchbricht.

Zu welchen Folgen diese Verkennung führt, läßt sich nirgends deutlicher aufzeigen als an den Theorien, die man über das Phänomen des *Mitgefühls* aufgestellt hat. Die meisten laufen darauf hinaus, daß sich das Mitgefühl in seinen Formen des Mitleids und der Mitfreude immer nur im Zirkel der Subjektivität bewege und daß die scheinbare Bezogenheit auf den Anderen im Grunde nichts anderes sei als eine faktische Bezogenheit auf das eigene Ich und seine Belange des Wohlergehens. So erklärt Hobbes und ähnlich La Rochefoucauld das Mitleid als eine durch den Anblick fremden Leides ausgelöste *Vorstellung* von der Möglichkeit eigenen Unglücks. Das Mitleid ist also recht eigentlich getragen von einer Überlegung, die, auf eine Formel gebracht, etwa lauten würde: wie wäre mir zumute, wenn ich in dieser Lage wäre. Beruht hier die Entstehung des Mitgefühls auf einer wenn auch unbewußt bleibenden *Vorstellung* einer bestimmten Lebenslage des Ichs, so erklären Hume und Adam Smith die Tatsache des Mitgefühls daraus, daß beim Anblick fremden Leides sich der Gefühlszustand des Anderen durch das Prinzip der Assoziation mit naturgesetzlicher Notwendigkeit im Subjekt des Mitleids realiter wiederholt und zu dessen eigenem Erlebnis wird. Auch in diesem Falle ist das Mitleid nicht eigentlich transzendent, kein Mitleid mit einem Du, sondern letzten Endes eine Einstellung des Subjekts zu sich selbst. Es kommt also über den Kreis der Subjektivität und Ichhaftigkeit nicht hinaus. Nicht viel besser steht es mit der Einfühlungstheorie, wie sie Voltaire, Rousseau und andere vertreten, nach der wir uns im Mitleid mit dem Anderen identifizieren, uns in seine Lage versetzen, seine Gefühle als unsere eigenen wiederholen und so handeln, als ob wir selbst dieser Andere wären. Das Mitleid ist auch hier letzten Endes nur eine Begegnung mit dem Ich und eine Wahrung der ihm zugehörigen Belange.

Es ist das unbestreitbare Verdienst von M. Scheler,[1] aufgezeigt zu haben, daß in all diesen Theorien eine in der schlichten Erfahrung des Mitleids evident gegebene Gerichtetheit auf den Anderen in seiner besonderen und unverwechselbaren Qualität des Du einfach weggestrichen wird, und zwar, wie ich hinzusetze, deshalb weggestrichen wird, weil das Theorem von der Selbstbefangenheit des Seelischen den Blick für

---

[1] M. Scheler: Wesen und Formen der Sympathie, Bonn [2]1923.

die tatsächliche Transzendenz des Mitleids verdeckt. Es soll zugegeben sein, daß es Scheinformen des Mitleids gibt, die ihre Motivation lediglich aus dem Erlebnis subjektiver Belange erhalten. So gibt es ein Verhalten, das den Anschein des Mitleids trägt, im Grunde aber nur darauf gerichtet ist, sich vom Anblick fremden Leides und dem darin gelegenen Vorwurf und Appell zu befreien. Aber hier handelt es sich eben nur um *Scheinformen* des Mitleids. Im echten Mitleid fühlen wir das Leiden des Anderen gerade als das eines Anderen. Das echte Mitleid ist die originäre Begegnung mit einem Du, aus der wir den Aufruf zum Helfen vernehmen. Es handelt sich also um ein wirkliches Durchbrechen der subjektiven Sphäre des Ichs. Dies ist auch der empirische Wahrheitsgehalt in Schopenhauers Deutung des Mitleids, wenn er es als eine der Möglichkeiten auffaßt, das Gehäuse der Individuation zu durchbrechen. Freilich auch Schopenhauer hält diesen Ansatz theoretisch nicht durch, sondern führt das Mitleid letzten Endes doch wieder auf die bloße Subjektivität zurück. Im Mitleid ist, so sagt er in den „Grundlagen der Moral", „die Scheidewand, welche [...] Wesen von Wesen durchaus trennt, aufgehoben und das Nichtich ist gewissermaßen zum Ich geworden". Im Mitleid kommt der Mensch zur Einsicht des *tat-twam-asi*, des „Ich bin Du", also der metaphysischen Einheit und Unterschiedslosigkeit eines allgemeinen Lebensgrundes. Auch nach Schopenhauer fühlen wir also im Mitleid nichts anderes als unser eigenes Leiden. Aber gerade damit wird wiederum die eigenartige Struktur des Mitgefühls verkannt, nämlich seine Bezogenheit auf eine ontisch vorgegebene und nicht reduzierbare Sphäre des Du, die vom Ich unverwechselbar abgehoben ist. Echtes Mitgefühl ist das Bewußtwerden jenes dem individuellen subjektiven Sein übergeordneten Zusammenhangs, den wir als die Realität der Gemeinschaft bezeichnen. Das Mitgefühl hat also transzendenten Charakter und ist durch die subjektiv binnenhaften Qualitäten von Lust – Unlust, Erregung – Beruhigung, Spannung – Lösung überhaupt nicht zureichend zu bestimmen.

Dasselbe gilt für die *ästhetischen* Gefühle. Ich kann hier nicht näher auf die Theorien eingehen, die das ästhetische Erleben verständlich machen wollen als einen Modus rein subjektiver Zustände. Hume bestimmt das Wesen der Schönheit allen Ernstes durch ihre Fähigkeit, Lust zu erregen. Aber auch Kants Ästhetik stellt gar nicht die Frage, was das Wesen dessen sei, dem wir im ästhetischen Erleben begegnen, sondern sie fragt von vornherein lediglich, worin der subjektive binnenhafte Zustand bestehe, auf Grund dessen wir etwas schön finden. Das in unserem Zusammenhang Wesentliche dieser Auffassungen ist dies, daß nach ihnen das ästhetische Gefühl innerhalb des subjektiven Bereiches kreist; es stößt nicht vor zum Innewerden eines Gegenstandes oder einer Wesenheit. Alle ästhetischen Qualitäten werden subjektiv relativiert, sie gehören nur zur Wirklichkeit des Bewußtseins, nicht zur Wirklichkeit einer Welt. Alle diese Erklärungen des ästhetischen Erlebens stehen unter dem Zwang der Annahme von der schlechthinnigen Binnenhaftigkeit und Subjektivität des Gefühls und übersehen das, was jede theoretisch unvorbelastete Beobachtung zeigt, nämlich die faktische *Begegnung*, die sich im ästhetischen Erleben vollzieht. Das Theorem von der Selbstbefangenheit des Gefühls verstellt hier den Blick für die Tatsache, daß die Schönheit eines Kunstwerks oder einer Landschaft immer als Begegnung und Bereicherung erlebt wird und daß gerade dieses Erlebnis uns verweist auf etwas ontisch Wesenhaftes, das uns mit aufblitzender Bedeutsamkeit zur Erfahrung kommt, unsere Innerlichkeit anspricht und sich von sich her offenbart.

Im Erfahrungsbereich der Gefühle ist es dann vor allem noch das Phänomen der *Liebe*, das uns zwingt, der Seele die Möglichkeit der Transzendenz zuzusprechen. Wie sehr gerade das Dogma von der Selbstbefangenheit des Gefühls am Wesen der Liebe vorbeigeht, zeigt die zweifellos geistreiche Theorie Stendhals, der den Vorgang der Liebe in das Gleichnis der Kristallbildung kleidet. Wenn man einen entblätterten dürren Zweig in die Sole einer Salzmine legt und ihn nach einigen Monaten wieder herausnimmt, so zeigt er eine eigenartige Verwandlung: die anspruchslose, wenig fesselnde Form des Zweiges hat sich mit unzähligen glänzenden Kristallen überdeckt, die vor allem in der Sonne ihr zauberisches Spiel entfalten. In ähnlicher Weise – so meint Stendhal – bildet die Liebe um die objektive Gestalt des geliebten Menschen zauberische Kristalle, d. h. sie sieht Qualitäten, die der andere realiter gar nicht besitzt. Diese Theorie, nach der die Liebe in den Zirkel der Subjektivität gebannt ist und nur eine illusionistische Projektion und Verkleidung darstellt, hat sicher ihre Gültigkeit für alle Fälle, in denen es sich um *Verliebtheit* handelt; aber sie trifft nicht das Wesen jener eigentlichen Liebe, die Sokrates-Plato durch den Mund der Diotima gedeutet hat und die gerade einen seelischen Akt eminenter Transzendenz darstellt, nämlich ein Betroffenwerden von übersubjektiven Sinngehalten, ein Aufgerufenwerden, in dem uns eine ontisch vorgegebene Beziehung zwischen dem Liebenden und dem Geliebten zur Erfahrung kommt. Wenn Plato den Eros deutet als ein Hinstreben der Seele zur Teilhabe an der Idee und die Erfüllung dieses Strebens zurückführt auf die Erinnerung (*ἀνάμνησις*) an etwas, das der Seele einmal im Horizont eines vorirdischen Daseins gegeben war, in der Einkörperung des irdischen Lebens aber zunächst vergessen wurde, so ist dies lediglich ein mythologisch-metaphysisches Gleichnis für den Begegnungscharakter der Liebe, für ihre tatsächliche Transzendenz, für jenen Durchbruch der Seele durch den Bannkreis der Subjektivität und Ichhaftigkeit, der der Liebe wesensmäßig eigen ist und zu dem sich jede Theorie von der schlechthinnigen Subjektivität der Gefühle von vornherein den Zugang verbaut.

Ich habe zu zeigen versucht, daß es die dem neuzeitlichen psychologischen Denken offenbar eingewurzelte Annahme von der Selbstbefangenheit des Bewußtseins ist, die die Psychologie der Gefühle in eine Sackgasse treibt und den Zugang zur Einsicht in das Wesen der Gefühle hoffnungslos blockiert. Der Hinweis auf Mitgefühl, Liebe und ästhetisches Erleben sollte verständlich machen, daß diese Gefühle sich gar nicht als rein binnenhafte und subjektive Phänomene erklären lassen und daß nur die Anerkennung einer faktischen Transzendenz der Seele aus jener Sackgasse herauszuführen vermag. Übrigens hat Hermann Lotze, ohne freilich gebührend beachtet worden zu sein, diesen Weg schon gewiesen. Im „Mikrokosmos“ sagt er, „daß in jenem Gefühl für die Werte der Dinge und ihrer Verhältnisse unsere Vernunft eine ebenso ernst gemeinte Offenbarung besitzt, wie sie in den Grundsätzen der verstandesmäßigen Forschung ein unentbehrliches Werkzeug der Erfahrung hat". Es sei noch erwähnt, daß auch von Schleiermacher der transzendente Charakter der Gefühle klar gesehen wurde.

2. Das Dogma von der Selbstbefangenheit des Bewußtseins hat sich nun nicht nur auf die Gefühlspsychologie verhängnisvoll ausgewirkt, sondern auch auf die psychologischen Theorien des *Wollens*, sofern wir den Begriff des Wollens im weitesten Sinne unserer *Strebungen* verstehen, also jener dynamischen Antriebe, die, mehr oder weniger gesteuert durch die Leitung des bewußten Ichs, sich in unseren Handlungen auswirken. Freilich muß zunächst gesagt werden, daß die wissenschaftliche Psychologie bis vor nicht allzulanger Zeit diese zielstrebigen Antriebskräfte überhaupt kaum beachtet hat, so daß der verdiente amerikanische Psychologe McDougall es für nötig fand, seine Lehre ausdrücklich als „dynamische Psychologie" zu bezeichnen, um zur Kenntnis zu bringen, was eigentlich für jeden Psychologen selbstverständlich sein müßte, daß nämlich die Triebe und Strebungen als Angelpunkte des seelischen Lebens aufzufassen sind. Wir müssen deshalb die Theorien, die sich mit den Triebkräften menschlichen Handelns befassen, vorwiegend außerhalb der wissenschaftlichen Schulpsychologie suchen.

Wenn man nun diese Theorien überschaut, dann ist ein erstaunliches Übergewicht jener Ansichten festzustellen, nach denen alle menschlichen Strebungen ihr Ziel in subjektiven Zuständen haben. Verschieden sind diese Theorien lediglich in der inhaltlichen Bestimmung dieses Zieles, das bald als Lust, bald als individueller Vorteil, bald als persönliche Geltung und Überlegenheit angegeben wird. Weiteste Verbreitung hat die hedonistische Theorie, nach der das eigentliche Ziel alles Strebens und Handelns der Gewinn von Lust bzw. die Vermeidung von Unlust ist. Ein Ableger dieses psychologischen Hedonismus ist die Psychoanalyse Freuds, die alles menschliche Tun und Verhalten ausschließlich aus der Wirksamkeit der Libido, des sexuellen Genußstrebens erklärt. In dem gleichen Zirkel der Subjektivität bewegt sich die in der Geschichte der moralpsychologischen Systeme vielfach vertretene Ansicht von der egoistischen Natur des Menschen, die gar nichts anderes zuläßt, als daß der Mensch immer und überall nur das tut, wovon er sich persönlichen Nutzen verspricht. Als Prototyp dieser Auffassung kann der feinsinnige und scharfsichtige Menschenbeobachter La Rochefoucauld gelten. Seine psychologische Theorie läuft auf den Grundsatz hinaus, das Handeln der Menschen werde ausschließlich dadurch bestimmt, daß sie lediglich an sich denken und immer wieder voller Selbstsucht auf sich zurückkommen. Jede sog. Tugend des Altruismus, des Einsatzes und der Hingabe sucht La Rochefoucauld zu entlarven als eine Verkleidung des Eigennutzes und der Selbstsucht. Die Art, wie La Rochefoucauld argumentiert, läßt deutlich erkennen, daß er nicht bloß, worin man ihm durchaus recht geben könnte, ein empirisches Übergewicht ichgebundener Strebungen im Verhalten der Menschen feststellen will, sondern daß er der grundsätzlichen Annahme ist, der Mensch qua Mensch könne sich mit seinem Streben gar nicht anders als im Zirkel seiner Ichhaftigkeit bewegen. Ein derart subjektives Ziel alles Wollens nehmen schließlich auch Machiavelli und Thomas Hobbes an, indem sie den Nerv alles menschlichen Handelns in das Streben nach persönlicher Macht und Geltung legen.

All diesen Theorien menschlichen Handelns steht die schlichte Tatsache gegenüber, daß es – für unser unmittelbares Erleben jedenfalls – Handlungen gibt, deren Ziele nicht subjektive Zustände und Werte sind, sondern Wertwesenheiten und überindividuelle Gültigkeiten, die als eigenbedeutsam im Horizont der Welt stehen und zu denen wir durchzubrechen, an denen wir teilzuhaben und mitzuarbeiten suchen. Die Verbindlichkeiten, die wir im Eros der Erkenntnis, in der Hingabe an Ideale und im Einsatz für Aufgaben erleben, sind der eindeutige Ausdruck einer faktischen Transzendenz der Seele im Streben. „Das menschliche Leben" – so hat es Ortega y Gasset formuliert – „muß seiner eigenen Natur nach für etwas eingesetzt werden [...]. Es handelt sich um eine wunderliche unerbittlich und vom Dasein eingeprägte Bedingung. Einerseits lebt jeder aus sich und für sich. Andererseits sinkt dies mein Leben, das nur mich angeht, wenn ich es nicht in den Dienst einer Sache stelle, haltlos zusammen ohne Spannung und ohne Form [...]. Leben heißt auf ein Ziel abgeschnellt sein, auf etwas zuwandern. [...] Es ist schwerer, als man glaubt, ein reiner Egoist zu sein, und wer es ist, hat noch niemals triumphiert. Die scheinbare Selbstsucht großer Völker und Menschen ist die unvermeidliche Härte, mit der jeder auftreten muß, der sein Leben an eine Sache gesetzt hat."

Die Behauptung von der Transzendenz der Seele im Wollen bedarf keines Beweises, denn sie kann sich auf die Evidenz der Erfahrung berufen. Die Last des Beweises fällt vielmehr jenen subjektivistischen Theorien zu, und sie haben wahrlich an dieser Last schwer genug zu tragen; denn überall da, wo die schlichte Erfahrung gegen sie spricht, suchen sie ihr Erklärungsprinzip durch gewaltsame Konstruktionen und gewagte Kombinationen zu retten, wobei dann nicht selten die unkontrollierbare Wirksamkeit des Unbewußten in Anspruch genommen wird. Es sei hier nur erinnert an Freuds Meinung, alle geistig kulturellen Schöpfungen seien nichts anderes als die Sublimierung, der Ausweg einer gestauten *libido*, die sich auf dem normalen Wege des sexuellen Lustgewinns keine Erfüllung zu schaffen vermag. Der Dogmatismus von der Selbstbefangenheit menschlichen Strebens ist hier auf die Spitze getrieben.

3. Wie in der theoretischen Auslegung der Vorgänge des Fühlens und Wollens, so zeigt sich das Theorem von der Selbstbefangenheit der Seele in verhängnisvoller Weise wirksam auch in der Erklärung der Vorgänge des *Erkennens* und *Denkens*, in denen uns die Welt als gegenständlicher Horizont zur Einsicht und Übersicht gebracht wird. Und zwar läßt sich diese Wirkung des Immanenzdogmas nach zwei Richtungen hin verfolgen: Sowohl die Inhalte der Erkenntnis einer im Daseinshorizont gegebenen Welt als auch ihre formalen Prinzipien und Gesetze werden unter Einwirkung jenes Dogmas als rein subjektiv ausgelegt.

Die Subjektivierung der *Erkenntnisinhalte* zeigt sich in exemplarischer Weise am Phänomen des neuzeitlichen *Bewußtseinsidealismus*, wie er in radikalster Form von

Berkeley in seiner berühmten Gleichung *esse = percipi* ausgesprochen wurde. Der theoretische Ansatz dieses Bewußtseinsidealismus liegt, so hat es den Anschein, in der psychologischen Denkweise. Ausgehend von der Frage, was uns in der Erfahrung gegeben sei, kommt man zur Feststellung, daß wir unmittelbare Kenntnis immer nur von unseren Bewußtseinsinhalten und -vorgängen haben. Wenn aber – so wird weiter argumentiert – das, wovon wir Kenntnis haben, immer nur ein Inhalt unseres Bewußtseins ist, so ist es unmöglich, daß wir auch Kenntnis von einer Wirklichkeit haben könnten, die außerhalb unseres Bewußtseins liegt; es besteht demnach überhaupt kein Recht, von Wirklichkeiten zu reden, die außerhalb unseres Bewußtseins liegen sollen. Es gilt also der „Satz der Phänomenalität",[2] der besagt, die äußeren Objekte der Welt haben lediglich den Anschein, als ob sie existierten, als ob sie ein Sein außerhalb der Seele hätten, in Wirklichkeit aber sind sie nur Bilder der inneren wechselnden Beschaffenheiten der Seele, nur Bilder bloßer Ichzustände. Wir begegnen nach der Theorie des Bewußtseinsidealismus also gar nicht einer Welt seinsmäßiger Selbständigkeit und überindividueller Seinshaftigkeit, sondern immer nur uns selbst. Auf die Frage, wie es zu erklären sei, daß wir diese Zustände im unreflektierten Bewußtsein objektivieren, gibt der Idealismus in der Prägung Fichtes die Antwort, die Objektivation beruhe darauf, daß wir zu unseren subjektiven Zuständen, ohne darum zu wissen, einen Gegenstand als Ursache hinzudenken. Ontisch kommt diesen Gegenständen lediglich die Bedeutung eines Seins im Bewußtsein zu, alle Gegenstände unseres Wissens sind Bilder, die wir nur deshalb für Wirklichkeit halten, weil wir nicht wissen, daß wir sie selbst erzeugen.[3]

Den ersten Schritt, der zum Standpunkt dieses Bewußtseinsidealismus führt, stellt, wie schon gesagt und wie auch Nicolai Hartmann[4] hervorhebt, die psychologische Reflexion, die Besinnung auf die unmittelbaren Gegebenheiten unseres Bewußtseins dar. Man könnte also meinen, daß die Theorie des Idealismus die notwendige Folgerung einer voraussetzungslosen und streng empirischen Besinnung auf die Tatsachen des unmittelbaren Erlebens sei. Ich werde aber zu zeigen haben, daß diese psychologische Reflexion keineswegs so voraussetzungslos und streng empirisch ist, wie sie zu sein vorgibt, sondern nur deshalb zur idealistischen Folgerung der Selbstbefangenheit des Bewußtseins führt, weil der Begriff des Psychischen, von dem hier ausgegangen wird, schon von vornherein das Dogma von der Binnenhaftigkeit der Seele als *πρῶτον ψεῦδος* enthält, und zwar in Auswirkung von Denkgewohnheiten, die auf Descartes und Locke zurückgehen. Die Erörterung dieser wichtigen Zusammenhänge

---

[2] W. Dilthey: Die Funktion der Anthropologie in der Kultur des 16. und 17. Jahrhunderts, in: Gesammelte Schriften, Band II: Weltanschauung und Analyse des Menschen seit Renaissance und Reformation. Abhandlungen zur Geschichte der Philosophie und Religion, hg. von G. Misch, Berlin/Leipzig 1923, 416-492, 454.

[3] Zum Problem des Bewußtseinsidealismus vgl. auch M. Palágyi: Wahrnehmungslehre. Mit einer Einführung von Ludwig Klages, Leipzig 1925.

[4] N. Hartmann: Grundzüge einer Metaphysik der Erkenntnis, Berlin/Leipzig 1921, 105.

muß ich noch zurückstellen, um vorerst die dogmatische Auffassung von der Binnenhaftigkeit des Seelischen in ihrer Wirkung weiter zu verfolgen.

Wie sie nämlich die gegenständlichen Inhalte des Bewußtseins subjektiviert, so subjektiviert sie auch die *formalen* Prinzipien und Gesetze des Denkens, durch die diese Inhalte geordnet und verbunden sind. Es ist im Grunde nichts anderes als die Auswirkung jener prinzipiellen Annahme von der Selbstbefangenheit des Bewußtseins, die etwa bei Lipps, aber auch bei anderen Psychologen zu der Behauptung führt, die logischen Gesetze seien lediglich Realgesetze des Denkverlaufs, ihre Wirklichkeit erschöpfe sich in ihrem empirischen Gegebensein innerhalb des Bewußtseins, darüber hinaus aber käme ihnen keine Wirklichkeit zu. Man hat diese psychologistische Logik mit guten Gründen widerlegt und es darf heute als unbestritten gelten, daß die Gesetze des Denkens keine psychischen Realgesetze sind, sondern überpsychische Normgesetze, die ihre Gültigkeit haben, unabhängig davon, ob sie im seelischen Vollzug beachtet oder nicht beachtet werden. Abschließend ist also zu sagen: auch im Bereiche des Denkens führt das Theorem von der Selbstbefangenheit des Bewußtseins zu unhaltbaren Auslegungen dessen, was sich psychisch vollzieht, auch hier zwingt uns eine kritische Besinnung auf die Eigenart des Gegebenen zur Anerkennung einer faktischen Transzendenz der Seele.

4. Ich habe die Wirksamkeit des Dogmas von der Binnenhaftigkeit des Seelischen und die Notwendigkeit einer Korrektur bisher an den allgemeinpsychologischen Problemgebieten des Fühlens, Strebens, Erkennens und Denkens aufgezeigt. Dieselben Gesichtspunkte müssen auch geltend gemacht werden gegenüber jener Sonderdisziplin der Seelenkunde, die sich als Ergänzung der allgemeinpsychologischen Forschung unter dem Titel der *Charakterologie* um die individuellen ganzheitlichen Ausprägungen seelischen Seins bemüht. Wenn etwa Kretschmer in seinem bekannten Buche „Körperbau und Charakter“ Hölderlin als Prototyp des überempfindlichen Schizothymen schildert, so liegt hierin eine große Gefahr, auf die nicht nachdrücklich genug hingewiesen werden kann: die Gefahr nämlich, daß wir mit dieser Feststellung das Fragen nach dem Phänomen Hölderlin zu Ende gehen lassen, uns also begnügen, es auf eine charakterologische Formel gebracht zu haben. Die Anwendung der Formel ist sicherlich richtig; falsch ist es dagegen zu glauben, das Phänomen Hölderlin damit in seiner Bedeutsamkeit erfaßt und in seinem Wesen erschöpft zu haben. Ein solches Verfahren ist für den Sinn der Existenz Hölderlins völlig blind. Es verkennt, daß die schizothyme Hyperästhesie Hölderlins lediglich den subjektiven Modus darstellt, in dem sich etwas Übersubjektives vollzieht, nämlich die Begegnung mit ontischen Wesensmächten, von denen Hölderlin ergriffen ist und deren Verkünder er wird. „Die Innerlichkeit, auf die es ihm ankam, war keine subjektive Sphäre, sondern der Tiefenbereich des wirklichen Seins, des einzelnen Menschen wie des Volkes, des Stromes und des Berges, der Pflanze und des Tieres, des Landes, der Erde, des Meeres, schließlich

der Welt".[5] Also auch die charakterologische Bestimmung wird zur Banalität, wenn sie die faktische Transzendenz des Seelischen in die Sphäre des Außerpsychischen außer acht läßt.

Von hier aus werden auch die Möglichkeiten und Grenzen der Anwendung der Charakterologie auf das Verständnis geschichtlicher Persönlichkeiten sichtbar. Wenn wir etwa Mommsens charakterologisch ausgezeichnete Schilderung der Persönlichkeit Cäsars lesen (es sei dahingestellt, ob sie historisch richtig ist), so wird klar, daß das Phänomen Cäsar wie das jeder historischen Persönlichkeit gar nicht durch charakterologische Kategorien erschöpft werden kann, weil die seelische Eigenart Cäsars eingebettet ist in die überpsychischen und überpersönlichen Mächte der Geschichte, die als solche niemals in einem Inbegriff seelischer Faktoren aufgehen, sondern ontisch dem seelischen Sein übergeordnet sind, wenn sie auch immer nur durch die Modi des Erlebens der so und so gearteten Persönlichkeit zur Wirkung gebracht werden.

5. Nachdem ich die Wirksamkeit der dem Denken der Neuzeit eingewurzelten Annahme von der Selbstbefangenheit des Seelischen aufgewiesen habe, ist es an der Zeit, die Frage zu stellen, wie es denn überhaupt zu dieser Annahme kommen konnte. Vermutlich spielen dabei eine Reihe von Gründen mit. Unter diesen aber – so glaube ich – kommt ein ganz entscheidender Anteil jener philosophischen Theorie von der schlechthinnigen Getrenntheit und Andersartigkeit von Seele und Welt zu, die durch Descartes in das neuzeitliche Denken eingeführt wurde. Descartes teilt die Wirklichkeit in die *res cogitans*, worunter er nichts anderes als das Bewußtsein versteht, und die *res extensa*, die Außenwelt. Die Behauptung, *res cogitans* und *res extensa*, Bewußtsein und Außenwelt, seien Substanzen, bedeutet nichts Geringeres als die Annahme ihrer ontischen Isoliertheit und schlechthinnigen Andersartigkeit; denn Substanz ist ein Seiendes, das zu seinem Sein bzw. zu seiner Verwirklichung keines andern Seienden bedarf. Damit war der Ausgangspunkt für den modernen Subjektivismus gegeben, die Welt des Bewußtseins wurde als in sich abgeschlossene Sphäre anerkannt, das Dogma von der Binnenhaftigkeit des Seelischen war grundsätzlich ausgesprochen.

Von hier aus führten Erkenntnistheorie und Ontologie geistesgeschichtlich nach zwei Richtungen, die bei aller Verschiedenheit die gemeinsame Herkunft von Descartes deutlich erkennen lassen. Die eine ist die Linie des schon erwähnten Bewußtseinsidealismus, der eine selbständige Realität der sog. Außenwelt überhaupt leugnet und den Anschein einer solchen Welt lediglich als Wirkung des Subjekts auslegt. Die andere Richtung führt zu Lockes sensualistischer Unterscheidung des äußeren und inneren Sinnes, der äußeren und inneren Wahrnehmung. In der äußeren Wahrnehmung kommen nach Locke die Einwirkungen der Außenwelt, in der inneren dagegen unsere eigenen Zustände, inneren Vorgänge und Tätigkeiten zum Bewußtsein. Es hat also zunächst den Anschein, als ob Locke wenigstens in der Sinneswahrnehmung die Mög-

[5] R. Guardini: Hölderlin. Weltbild und Frömmigkeit, Leipzig 1939, 194.

lichkeit einer Transzendenz, einer Begegnung der Seele mit der Welt anerkennt. Genauer besehen bewegt sich aber auch die äußere Wahrnehmung nach Locke im Käfig der Subjektivität. „Wenn es auch wahr sein mag“, so führt Locke aus, „daß die sinnlichen Bilder von äußeren Gegenständen herrühren, so haben wir doch gar kein Recht anzunehmen, daß sie jenen unbedingt ähnlich sein müssen.“ Wir haben kein „Recht, unsere Sinnesempfindungen für Abbilder der Dinge zu halten. Sie sind zunächst nur Wirkungen, welche diese Dinge auf uns ausüben, und eine jede Eigenschaft, die wir einem sinnlichen Ding zuschreiben, ist, richtig gesprochen, nur die Fähigkeit des Dinges, eine bestimmte Wirkung in uns [...] hervorzurufen. An sich liegt in keiner Sinnesempfindung die Gewähr ihrer Realität“.[6] Das Seelische ist also auch in der äußeren Wahrnehmung nach Locke nicht ein Innewerden, eine Begegnung mit der Welt, sondern eine subjektive Umsetzung grundsätzlich unerkennbarer äußerer Anlässe; die psychische Wirklichkeit wird also auch hier in absoluter Binnenhaftigkeit gedacht, sie ist recht eigentlich *weltlos*, nachdem durch Descartes Seele und Welt mit einem metaphysischen Schnitt ontisch auseinandergerissen waren. Und in dem Maße, in dem Locke zum Begründer der empirischen Psychologie der Neuzeit geworden ist, hat sich das Dogma von der Selbstbefangenheit des Bewußtseins bis in die Gegenwart hinein ausgewirkt.

6. Wie nun dieses Dogma auf jener durch Descartes getroffenen Vorentscheidung über das Verhältnis von Seele und Welt im Sinne einer völligen Andersartigkeit und ontischen Isoliertheit beruht, so fordert die Annahme von der Transzendenz der Seele, zu der uns, wie ich glaube, die voraussetzungslose Besinnung auf die seelische Erfahrung zwingt, nichts weniger als eine grundlegende Änderung der Ansicht über das Verhältnis von Seele und Welt. Hat der Satz von der Transzendenz der Seele Gültigkeit, dann dürfen Seele und Welt nicht gedacht werden als zwei gegeneinander verschlossene ontische Sphären, die allenfalls durch kausale Wirkung miteinander in Verbindung treten können, sondern sie müssen verstanden werden als eine zweipolige koexistentielle Einheit. Die Seele als Trägerin einer sog. Innenwelt und die sog. Außenwelt sind in ihrer Unterscheidbarkeit aufeinander zugeordnet als Pole einer Einheit, sie bedingen und durchdringen einander. Diese Auffassung schließt es von vornherein aus, das Bewußtsein – wie in Lockes Sensualismus – als kausale Wirkung der Außenwelt, oder die Außenwelt – wie im Bewußtseinsidealismus – als subjektive Schöpfung des Bewußtseins zu interpretieren. Die Seele muß im Hinblick auf ihre Transzendenz geradezu definiert werden als Seiendes, das der Welt innezuwerden und damit einem Seienden zu *begegnen* vermag, das nicht seinem Sein angehört, sondern ein schlechthin anderes darstellt. Dieses Begegnen ist kein Erleiden von Einwirkungen im Erlebnis subjektiver Zustände und Bilder, sondern ein Ansichtigwerden des-

[6] W. Windelband: Die Geschichte der neueren Philosophie in ihrem Zusammenhange mit der allgemeinen Kultur und den besonderen Wissenschaften, Band 1: Von Kant bis Hegel und Herbart. Die Blütezeit der deutschen Philosophie, Leipzig ^{5}1911, 262.

sen, was sich als Welt von sich her zeigt. Die Seele hat also die auszeichnende Fähigkeit, in Unmittelbarkeit zu einer begegnenden Welt zu treten, die Fähigkeit etwas zu vernehmen, zu bemerken, sich etwas sagen zu lassen.

Geistesgeschichtlich bedeutet diese Auffassung nicht nur eine Abkehr von Descartes und Locke, sondern – in gewissem Grade jedenfalls – eine Rückkehr zu Plato. „Bei Plato wird [...] die schlichte Bemerkung gemacht, ein Gedanke sei doch Gedanke von *etwas*, nicht von nichts, und zwar von *Seiendem*, nicht von Nichtseiendem [...]. Die Befreiung von sinnlicher Weltbefangenheit, die so ausdrücklich und leidenschaftlich erstrebt wird, führt hier keinen Augenblick zum ernstlichen Zweifel daran, daß die ‚dämonische' Seele auf ein Seiendes stößt, das mehr ist als sie selbst und ihr Gedanke".[7]

Natürlich wird auch vom Standpunkt der Transzendenz der Seele die empirische Möglichkeit eines Befangenbleibens im Subjektiven voll anerkannt. Wir brauchen ja nur hinzuweisen auf die Tatsache der Träume, der Halluzinationen und Selbsttäuschungen, der Phantasmen des Wünschens, der Egoismen, der Irrtümer im Urteil und der Fehler im logischen Denken. Aber es handelt sich bei der hier vertretenen Transzendenztheorie gar nicht um die Leugnung der empirischen Möglichkeit einer solchen Selbstbefangenheit, sondern um die grundsätzliche Anerkennung der Möglichkeit der Seele, über sich selbst hinauszukommen und unmittelbar zur Welt zu werden, wie wir es in Liebe und Mitgefühl, im Eros der Erkenntnis, in sozialen Akten und im Erleben logischer und ethischer Verbindlichkeiten erfahren.

7. Es gibt nun Denker, die das, was hier als Transzendenz, Weltoffenheit und Weltunmittelbarkeit der Seele gekennzeichnet wurde, gar nicht mehr dem Bereich des seelischen Lebens zurechnen, sondern in ihm das Wesensmerkmal eines vom Seelischen streng zu unterscheidenden *geistigen* Lebens sehen. Es gilt dies vor allem für M. Scheler und N. Hartmann. Scheler versteht unter geistigem Leben „alle Wirklichkeit, die in ihrer Form des Seins [...] über sich selbst hinausdeutet auf ein Etwas, was sie selbst nicht ist".[8] Ähnlich N. Hartmann: „Der Geist ist, wie wir ihn kennen, vor allem einmal aus sich heraus gerichtet, auf anderes, auf alles, was in seine Reichweite fällt." „Er hat [...] alles Mögliche zum Objekt, was nicht er selbst ist. Er ist grundsätzlich auf alles gerichtet, was ihm entgegentritt, ist weit mehr Weltbewußtsein als Selbstbewußtsein. Darin besteht seine Aufgeschlossenheit für die Welt, in der er sich findet. Anders wäre er in sich geschlossen."[9]

Es wäre nun nichts dagegen einzuwenden, daß man den Begriff des Geistigen in Anspruch nimmt zur Kennzeichnung der Eigenart *jener* Akte, in denen das seelische

[7] G. Krueger: Einsicht und Leidenschaft. Das Wesen des platonischen Denkens, Frankfurt/M. 1939, 267.

[8] M. Scheler: Die transzendentale und die psychologische Methode. Eine grundsätzliche Erörterung zur philosophischen Methodik, Leipzig ^{2}1922, 161.

[9] N. Hartmann: Das Problem des geistigen Seins. Untersuchungen zur Grundlegung der Geschichtsphilosophie und der Geisteswissenschaften, Berlin/Leipzig 1933, 46.

Leben den Kreis der Subjektivität durchbricht und zu Begegnungen gelangt, wie es in Mitgefühl und Liebe, in den Strebungen der Hingabe und des Einsatzes, den Vollzügen des Erkennens und Denkens geschieht. Der Begriff des geistigen Aktes wäre dann eine terminologische Formel, mit der wir der Tatsache Rechnung tragen, daß es im seelischen Leben auch Vorgänge und Zustände gibt, die in der Sphäre reiner Subjektivität befangen bleiben: so die Stimmungen, die Egoismen, die Phantasmen, die Täuschungen der Wahrnehmung und die Fehler des Denkens.

Aber bei Scheler und Hartmann ist der Begriff der geistigen Akte viel radikaler gemeint; nämlich als begriffliche Ausgrenzung des geistigen Lebens gegen das seelische. So kommt Scheler zu der Feststellung, Mitgefühl und Liebe seien keine seelischen, sondern geistige Akte, die er der Kompetenz einer sog. Psychologie entzieht. In ähnlicher Weise bezeichnet Hartmann Subjektivität und Bewußtsein als die spezifischen Kategorien des Seelischen und sagt ausdrücklich: „der Geist verbindet, das Bewußtsein isoliert“.[10]

Man darf sich durch die formelhafte Gängigkeit dieses Satzes nicht darüber hinwegtäuschen lassen, daß er vor dem Urteil der Erfahrung nicht standhält. Wir wissen aus der Entwicklungspsychologie, daß das Kind etwa im dritten Lebensjahr auf den Einspruch und Zuspruch des Erwachsenen durchaus sinnvoll reagiert, aber nicht, weil es den gedanklichen Inhalt der Worte des Erwachsenen erfaßt, sondern weil es den Tonfall des Sprechens, die Nuancierungen des Befehls, der Zurechtweisung, der Beruhigung, des Trostes usw. richtig versteht. Was hier das Kind mit dem Erwachsenen verbindet, ist gerade nicht das Geistige im Sinne Hartmanns, sondern das, was in der Blickrichtung Hartmanns und Schelers als das spezifisch Seelische anzusprechen ist.

Was aber die von Hartmann und Scheler getroffene schroffe Ausgrenzung des geistigen Lebens vom seelischen betrifft, so scheint mir gerade in ihr wiederum das Immanenzdogma des Seelischen sein Wesen zu treiben, also jene Auffassung, nach der das Seelische als das definiert wird, was jederzeit nur subjektiv ist und im Käfig des Bewußtseins gefangen bleibt. Stellt man sich auf den Standpunkt jener von Scheler und Hartmann getroffenen Ausgrenzung, dann würde sich der Gegenstandsbereich der Psychologie einengen auf die Beschreibung und Bedingungsanalyse rein subjektiver Zustände und aller Akte des Egoismus, die sich im Kreis der Ichhaftigkeit bewegen, während alle transzendenten Akte des Mitgefühls, des Liebens und Hassens, der Hingabe und des Einsatzes, des Erkennens und Denkens der Kompetenz des Psychologen entzogen und einer Wissenschaft des Geistes vorbehalten würden. Damit wird aber gerade jene Ganzheit menschlichen Seins wieder zerschlagen, die die Psychologie nach einer Periode der elementenhaften Zerstückelung als fruchtbare Kategorie ihrer Betrachtung richtig erkannt hat. Ist die Seele eine Ganzheit, dann gehören die sog. geistigen Akte ebenso zu dieser Ganzheit wie die rein subjektiven Zustände und Vorgänge. Die Seele stellt ja nicht nur in ihren aktuellen Vollzügen ein Ganzes dar, sondern auch in ihrer Zuordnung auf eine ihr begegnende Welt.

[10] Ebd., 60f.

8. Wenn wir nun abschließend die Frage stellen, wie weit das Dogma von der Selbstbefangenheit und Binnenhaftigkeit des Seelischen, das in der Geistesgeschichte der Neuzeit eine so fatale Rolle gespielt hat, heute noch innerhalb der wissenschaftlichen Seelenkunde in Wirksamkeit ist, so muß erfreulicherweise festgestellt werden, daß man durchaus auf dem Wege ist, sich von ihm zu lösen.

In gewissem Grade wurde diese Entwickelung vorbereitet durch den Kampf gegen den sog. Psychologismus, d. i. jene in der Psychologie vertretene Richtung, die die Inhalte der Erkenntnis, die Verbindlichkeiten der Logik und Ethik, die Gehalte religiösen Glaubens und künstlerischen Erlebens ausschließlich aus psychischen Realgesetzen und Wirkungszusammenhängen zu erklären suchte und ihnen eine übersubjektive Gültigkeit und Wertigkeit aberkannte. Aber den Bekämpfern dieses Psychologismus kam es lediglich darauf an, gewisse Gehalte des Seins und des Geltens der Kompetenz einer psychologisch-genetischen Erklärung zu entziehen, sie als Inhalte rein geistigen Seins der Philosophie vorzubehalten und die Psychologie sich selbst zu überlassen. Für die heutige Seelenkunde aber ist es von entscheidender Bedeutung, gerade an den Theorien des Psychologismus das Dogma von der Binnenhaftigkeit und Weltlosigkeit des Psychischen als *πρῶτον ψεῦδος* zu durchschauen, sich von den seit Descartes und Locke wirksamen Denkgewohnheiten freizumachen und das Seelische zu erkennen in seiner faktischen Weltoffenheit und Weltunmittelbarkeit, zu erkennen, daß seelisches Leben sich nicht erschöpft im Innewerden inselhafter subjektiver Zustände und Vorgänge, sondern recht eigentlich ein Angerufenwerden von der Welt und eine Begegnung mit ihr darstellt. Die Wendung, die damit vollzogen wird, nenne ich die *anthropologische*; denn nur durch sie wird die Psychologie imstande sein, die seelische Wirklichkeit des Menschen richtig zu interpretieren aus seiner Sonderstellung in der Welt und seinem Verwiesensein auf Welt und nur durch sie wird die Psychologie fähig sein, die *Sinnfrage* wieder in sich aufzunehmen, aus der allein das Selbstverständnis des Menschen gewonnen werden kann.

Die Ansätze zu dieser anthropologischen Wendung, die die Überwindung des Theorems von der Binnenhaftigkeit des Seelischen und die Anerkennung seiner faktischen Transzendenz einschließt, sind mannigfaltig.

Man könnte zunächst versucht sein, einen solchen Ansatz schon bei F. Brentano[11] zu vermuten, sofern er im Anschluß an die Scholastiker des Mittelalters die psychischen Erlebnisse als Phänomene definiert, „welche intentional einen Gegenstand in sich enthalten".[12] „In der Vorstellung ist etwas vorgestellt, in dem Urteil ist etwas anerkannt oder verworfen, in der Liebe geliebt, in dem Haß gehaßt, in dem Begehren begehrt".[13] Die Definition des Seelischen durch die „intentionale Inexistenz eines Ge-

---

[11] F. Brentano: Psychologie vom empirischen Standpunkt, Band 1, hg. von Oskar Kraus, Leipzig 1924.
[12] Ebd., 116.
[13] Ebd., 115.

genstandes" ist bei Brentano aber rein phänomenologisch gemeint, d. h. sie enthält sich bewußt der Aussage über den *ontischen* Gehalt des intentionalen Gegenstandes. Der Begriff der intentionalen Inexistenz soll lediglich die Beziehung der seelischen Erlebnisse auf einen Inhalt, die Richtung auf ein Objekt bezeichnen, wobei dieses Objekt, wie Brentano ausdrücklich sagt, nicht als eine Realität zu verstehen ist.[14] Es geht dies auch aus einer Anmerkung hervor, die Brentano bei dem Hinweis auf die Scholastiker macht. „Sie gebrauchen", – so heißt es dort – für die Tatsache der intentionalen Inexistenz „auch den Ausdruck ‚gegenständlich (objektiv) in etwas sein', der, wenn man sich jetzt seiner bedienen wollte, umgekehrt als Bezeichnung einer wirklichen Existenz außerhalb des Geistes genommen werden dürfte. Doch erinnert daran der Ausdruck ‚immanent gegenständlich sein', den man zuweilen in ähnlichem Sinne gebraucht, und bei welchem offenbar das ‚immanent' das zu fürchtende Mißverständnis ausschließen soll".[15] Der Begriff der intentionalen Inexistenz wird also bei Brentano gerade nicht im Sinne der Transzendenz verstanden und kann deshalb auch nicht als Überwindung des Dogmas von der Binnenhaftigkeit des Seelischen aufgefaßt werden.

Dagegen finden wir entscheidende Anregungen hierzu bei Dilthey. Seine grundsätzliche Annahme, daß Seele und Welt in der gegenseitigen Verwiesenheit aufeinander eine untrennbare Einheit darstellen, begegnet uns in abgewandelter Form bei Spranger: Psychologie „ist Wissenschaft vom Einzelobjekt. Aber dieses Einzelobjekt ist aus seinen objektiven Beziehungen gar nicht loszulösen. Subjekt und Objekt können immer nur in Beziehung aufeinander gedacht werden".[16] Wenn ferner Kroh[17] das entscheidende Kriterium für die Phaseneinteilung der seelischen Entwicklung in der Wandlung des Verhältnisses und der Einstellung des Menschen zur Welt sieht, so ist damit in aller Grundsätzlichkeit die Verwiesenheit der Seele auf die Welt zum Angelpunkt ihres Verständnisses gemacht. Auch bei F. Krueger finden wir entscheidende Durchbrüche zur Anerkennung der Transzendenz der Seele. Wenn seine Gefühlspsychologie auch – und das mit gutem Recht – vor allem die subjektiv-zuständliche Seite der Gefühle erörtert, so überwindet sie den Subjektivismus früherer Betrachtungen doch in grundsätzlicher Weise. Indem sie den Charakter der Gefühlserlebnisse als Bedeutungs- und Sinngerichtetheiten, ihre gemeinschaftsbildende Funktion und ihre Verankerung im Wertgrund des Gemütes aufzeigt, macht sie die Gefühle zu entscheidenden Mittlern zwischen Seele und Welt. In programmatischer Weise ist ferner der anthropologische Aspekt der Seelenkunde und die darin einbegriffene Überwindung der Binnenbetrachtung des Seelischen von Tumlirz[18] formuliert: „Da die Psychologie

[14] Ebd.
[15] Ebd.
[16] E. Spranger: Lebensformen. Geisteswissenschaftliche Psychologie und Ethik der Persönlichkeit Halle/S. [7]1930, 7.
[17] O. Kroh: Entwicklungspsychologie des Grundschulkindes als Grundlage volkischer Jugenderziehung, Langensalza [12]1935.
[18] O. Tumlirz: Anthropologische Psychologie, Berlin 1939, 79.

nach unserer Auffassung das Ich als seelisch-körperliche Ganzheit in seiner polaren Zusammengehörigkeit mit dem Nichtich zu betrachten, die Verflechtungen der Eigenwelt mit den Fremdwelten zu untersuchen hat, so muß sie vor allem als *anthropologisch* bezeichnet werden.“ Nicht zuletzt ist auch Klages zu nennen. Seine Lehre vom „Schauvermögen der Sinne” und von der „Wirklichkeit der Bilder“ ist ein wohlbegründeter Protest gegen die von Locke stammende Subjektivierung der sog. sekundären Qualitäten. Gerade die Psychologie von Klages betrachtet das seelische Leben nicht in der Inselhaftigkeit subjektiver Zustände und Vorgänge, sondern recht eigentlich als Begegnungen mit der Wirklichkeit, deren Bestimmung von ihm freilich durch gewisse metaphysische Vorurteile eingeengt wird.

Auch die Bedeutung, die die Ausdruckspsychologie besonders durch die Forschungen und grundsätzlichen Erörterungen von Klages gewonnen hat, spiegelt die Überwindung des Theorems von der Binnenhaftigkeit des Seelischen wider. Gerade im Ausdrucksverstehen bewährt sich die Transzendenz der Seele; in ihm erweist sich ein ursprüngliches Erschlossensein des Ichs für die andere Seele. Das Ausdrucksverstehen ist ein originäres Innewerden im Modus der Begegnung, dem der Charakter der Unmittelbarkeit zuerkannt werden muß. Wenn die sog. Analogieschlußtheorie diese Unmittelbarkeit leugnet, so tut sie dies auf Grund einer falschen Voraussetzung, und diese Voraussetzung ist nichts anderes als das Theorem von der Selbstbefangenheit des Seelischen. Nach ihm kreist ja das Seelische immer nur in absoluter Einsamkeit und Inselhaftigkeit in sich selbst, und so ist es lediglich die Folgerung aus diesem Theorem, wenn die Analogieschlußlehre behauptet, das Seelische sei originär und unmittelbar nur in der Selbstbeobachtung faßbar. Der Schritt aber, der in der heutigen Psychologie vom Wege der Selbstbeobachtung (Introspektion) zu dem des unmittelbaren Ausdrucksverstehens vollzogen wird, geschieht gerade im Zuge der Abkehr vom Dogma der Selbstbefangenheit des Psychischen.

Die Ansätze zur Überwindung des Theorems von der Binnenhaftigkeit des Seelischen sind – wie die keineswegs erschöpfende Aufzählung zeigt – mannigfaltig und, was nicht verschwiegen werden darf, in ihren Durchführungen recht verschiedenartig. Es sei deshalb noch einmal grundsätzlich und allgemein formuliert, worauf es bei der anthropologischen Wendung in der Psychologie ankommt. Die anthropologisch ausgerichtete Seelenkunde begnügt sich nicht mit der Klassifikation einzelner Phänomene, ihrer Beschreibung im zeitlichen Verlauf und ihrer Erklärung aus zureichenden Bedingungen, sondern sie sucht sie zu verstehen als Tatsachen und Weisen menschlicher *Existenz*, die sich immer nur im Verwiesensein auf die Welt vollzieht. Die Seele wird nicht mehr in der solipsistischen und subjektivistischen Isolierung einer früheren Auffassung gedacht als abstraktes Bewußtsein, das außerhalb und neben einer Welt ist, sondern als Trägerin eines Daseins, zu dessen Wirklichkeit es gehört, „in-der-Welt” (im Sinne Heideggers) zu sein, der Welt als einem anderen zu begegnen, das nicht es selbst ist. „Ich komme zu meinem Dasein nur durch Teilnahme an der Welt. [...] Selbstsein ist nur eigentlich wirklich, sofern es in der Objektivität des Weltseins sich erscheint".[19] Die Welt ist in das Dasein der Seele unlösbar eingebunden, die Seele aber wird gleichsam zum Spiegel, in dem die Welt in ihren Möglichkeiten sich selbst offenbar wird.

Ich komme zum Schluß und fasse zusammen: Wenn das Mißtrauen gegen die Psychologie, von dem ich ausging, seine Wurzeln in jenen drei Faktoren hat, die als das Prinzip der isolierenden Betrachtung, die Methode des Experiments und das Theorem von der Binnenhaftigkeit des Seelischen bezeichnet wurden, so ist dieses Mißtrauen zwar geistesgeschichtlich verständlich, aber heute nicht mehr gerechtfertigt. Denn die wissenschaftliche Seelenkunde hat das Prinzip der isolierenden Betrachtung durch die ganzheitspsychologische Grundauffassung ersetzt, die Methode des Experiments durch die der klinisch-charakterologischen Erfahrung ergänzt und das Theorem von der Binnenhaftigkeit des Seelischen durch die anthropologische Ausrichtung überwunden.

---

[19] K. Jaspers: Philosophie, Band 2: Existenzerhellung, Berlin u. a. 1932, 48.

Reihen und Titel des Albunea Verlags

Reihe Naturreligion und Mythologie:

- Robert Josef Kozljanič: Antike Heil-Ort-Rituale – Traumorakel, Visionssuche und Naturmantik bei den Griechen und Römern. (2004 erschienen)
- Charles A. Eastman (Ohiyesa): Die Seele des Indianers – Ein Siouxindianer berichtet über Glauben und Sitten seines Volkes. (2009 erschienen)
- Helena Rytkönen: Opferriten und Pfannkuchen – Eine Reise ins Land der Mari an der Wolga. (2010 erschienen)
- Hymnen an antike Gottheiten – Ein Gebetbuch für naturreligiöse Menschen. Zusammengestellt, erläutert u. hg. v. L. Lohenstein. (In Bearbeitung)

Reihe Kulturgeschichte:

- Robert Josef Kozljanič: Der Geist eines Ortes – Kulturgeschichte und Phänomenologie des Genius Loci. 1. Band: Antike – Mittelalter. 2. Band: Neuzeit – Gegenwart. (2004 erschienen)
- Andrea Kölbl: Fiktionen der Liebe – Europäische Volksmärchen und populäre Spielfilme im Vergleich. (2006 erschienen)
- Robert Josef Kozljanič: Gaia – Kulturgeschichte der Mutter Erde. (Geplant)

Reihe Volkskunde und Volksglaube:

- Karl Freiherr von Leoprechting: Aus dem Lechrain. Zur deutschen Sitten- und Sagenkunde. Teil 1: Erzählungen aus dem Volk. Teil 2: Das Bauernjahr. Neu herausgegeben und eingeleitet von Marco Höppner und Stefan Daniel (In Bearbeitung)
- Paracelsus: Liber de nymphis, Buch über Nymphen und andere Elementargeister. (Geplant)
- Johannes Praetorius: Blockes-Berges-Verrichtung. Von unheimlichen Orten, Hexen, Werwölfen und anderen Sagengestalten. (Geplant)

Reihe Lebensphilosophie:

- I. Jahrbuch für Lebensphilosophie (2005). Zur Vielfalt und Aktualität der Lebensphilosophie. Hg. v. R. J. Kozljanič. (Erschienen)
- II. Jahrbuch für Lebensphilosophie (2006). Leib-Denken. Hg. v. R. J. Kozljanič. (Erschienen)
- III. Jahrbuch für Lebensphilosophie (2007). Praxis der Philosophie – Gernot Böhme zum 70. Geburtstag. Hg. v. U. Gahlings, D. Croome u. R. J. Kozljanič. (Erschienen).
- IV. Jahrbuch für Lebensphilosophie (2008/2009). Lebensphilosophische Vordenker des 18. und 19. Jahrhunderts. Hg. v. R. J. Kozljanič. (Erschienen)
- V. Jahrbuch für Lebensphilosophie (2010/2011). Gelebter, erfahrener und erinnerter Raum. Hg. v. J. Hasse u. R. J. Kozljanič. (Erschienen)
- Philipp Lersch: Erlebnishorizonte – Schriften zur Lebensphilosophie. Herausgegeben und eingeleitet von Thomas Rolf. (2011 erschienen)

Reihe romantische Dichter und Denker:

- Carl Gustav Carus: Briefe über Landschaftsmalerei. (In Bearbeitung)
- Georg Friedrich Daumer: Göttermutter oder Muttergottes? Religionsphilosophische und mythologische Schriften. (Geplant)
- Gotthilf Heinrich von Schubert: Symbolik des Traumes. (Geplant)
- Romantische Gedichte an die göttliche Natur. Ein weiteres Gebetbuch für naturreligiöse Menschen. Zusammengestellt, erläutert u. hg. v. L. Lohenstein. (Geplant)

ALBVNEA VERLAG MVENCHEN

Seldeneckstr. 18
D-81243 München
Tel.: ++49/(0)89/877165
www.albunea.de
info@albunea.de